마르틴 루터와 그의 시대

믿음이란 한 알의 밀알이 땅에 떨어져 죽음으로 많은 열매를 맺음과 같이 진리의 열매를 위하여 스스로 죽는 것을 뜻합니다. 눈으로 볼 수는 없으나 영원히 살아 있는 진리와 목숨을 맞바꾸는 자들을 우리는 믿는이라고 부릅니다. 「믿음의 글들」은 평생, 혹은 가장 귀한 순간에 진리를 위하여 죽거나 죽기를 결단하는 참 믿는 이들의, 참 믿는 이들을 위한, 참 믿음의 글들입니다.

말틴 루터 와
그의 시대

파이트-야코부스 디터리히 지음 | 박흥식 옮김

홍성사

일러두기

_ * 표시는 옮긴이 주다.
_ 본문에 **강조된 단어**는 〈용어 설명〉에 그 단어에 대한 설명이 나온다.
_ 본문의 성경 구절은 문맥에 따라 직역했으며, 그렇지 않을 경우 개역개정판을 기준으로 삼았다.

"내 주는 강한 성이요, 방패와 병기이니라.
그가 모든 환난에서 우리를 도우시리라."

차례

1. 성경 박사이며 교황의 적입니다
   한 종교개혁가의 과업 · · · 9

2. 나는 농부의 아들입니다
   유년기와 청소년기(1483-1500년) · · · 17

3. 모든 것이 풍부한 좋은 나라
   1500년경의 독일 · · · 25

4. 기꺼이 수도사가 되었던 것은 아닙니다
   대학생 시절과 수도사(1501-1517년) · · · 43

5. 면벌부 설교자의 파렴치한 발언에 맞서다
   95개조 논제와 그 결과(1517-1520년) · · · 59

6. 내 주장을 고수할 것입니다
   보름스와 바르트부르크(1521-1522년) · · · 77

7. 농부들을 모두 박살내 버렸습니다
   개혁가와 혁명가(1522-1525년) · · · 89

8. 그리스도인이라면 누구나 알아야 하는 것
   건설과 경계짓기(1525-1529년) · · · 109

9. 믿음으로 의에 이른다
   비텐베르크와 세상(1530-1540년) · · · 127

10. 받아 적은 모든 것이 도움이 되는 것은 아니네
    손님으로 찾은 루터의 집 · · · 143

11. 설교자는 진리를 명료하게 전달해야 합니다
    설교자이자 교수 · · · 159

12. 쓰려고 마음만 먹으면 글이 술술 써집니다
    저널리스트이자 개혁강령 입안자 · · · 175

13. 자녀들을 학교에 보내야만 합니다
    정치가이자 교육자 · · · 193

14. 구더기들에게 뚱보 박사를 먹잇감으로 내줄 셈이오
    노년과 죽음(1540-1546년) · · · 207

15. 내 이름을 언급하지 않기 바랍니다
    루터의 어제와 오늘 · · · 227

옮긴이의 말 · · · 244

부록
  용어 설명 · · · 248
  인물 설명 · · · 253
  연표 · · · 256
  도판 출처 · · · 259
  참고문헌 해설 · · · 260
  인명 색인 · · · 263
  지명 색인 · · · 266

ANNO ÆTATIS · 59 ·   1543

1. 성경 박사이며 교황의 적입니다
한 종교개혁가의 과업

"고백하건데, 나는 한 농부의 아들이지만, 성경 박사이며 교황의 적입니다." 이 짧은 문장으로 루터는 식사 자리에서 자신의 특성을 드러냈다. 여기에는 그의 출신, 직업 그리고 필생의 과업 세 가지 요소가 포함되어 있다. "농부의 아들", 즉 농부 집안 출신이라는 말은 곧 사회적으로 주변 사람들이 부러워하는 신분상승을 이루었다는 것을 의미한다. 성경 박사이자 신학교수는 독일에서 선택된 지식인 집단에 속했기 때문이다. 학자이자 흠잡힐 것이 없는 수도사인 그는 그리스도교 세계의 우두머리와 다투기 시작했으며, **교회의 진리 주장**에 의심을 품었다. 이것이 그의 가장 본질적인 측면이다.

루터는 자신의 특색을 제대로 표현했다. 그는 **교황**의 적이었기에 16

그림 1 루터는 독일 역사상 가장 많은 초상화를 남긴 인물이다. 이미 생전에 비텐베르크의 궁정화가 연로 루카스 크라나흐Lucas Cranach der Ältere가 상당수의 루터 초상화를 그렸다(*아들도 이름이 동일하여 아버지에게는 연로, 아들에게는 연소라는 별칭을 붙여 구별했다). 그 초상화들 중 다수가 전단지에 실려 널리 확산되면서, 이 종교개혁가의 모습이 세상에 알려졌다. 이 세밀화는 1543년에 제작된 일명 '화가의 기념첩'에 그려진 것이다.

세기의 핵심 인물이 되었다. 그리고 그 이후 시기까지 독일 역사는 물론이고 종교사 및 정신사를 막론해 커다란 영향을 끼쳤다. 한 시대 전체가 그가 시작한 변혁에 의해 종교개혁 시대라 불리게 된 것이다. 이는 근대의 시작을 결정지은 근본적인 전환점이었다. 그 개혁의 영향은 독일, 유럽 그리고 전 세계에 산재해 있는 루터 교회뿐만 아니라, 오늘날까지도 서양 문화의 강력한 요소로 생생하게 살아 있다. 종교개혁으로 인해 유럽 그리스도교 세계 내에 종교적 다원성이 공식적으로 인정되었다.

루터의 짤막한 '자전적 언급'에서 그의 사적인 측면도 알 수 있다. 다른 어떤 것과의 경계와 대립으로 자신의 정체성을 규정하는 사람이라면 분명 엉뚱한 생각을 하며 개성 강한 얼굴을 지녔을 것임이 틀림없다. 그리고 빛이 그늘을 필요로 하고 낮이 밤을 필요로 하듯이 아마도 대립적인 존재를 필요로 하는 고집쟁이일 것이다. 동시대인들은 루터를 그렇게 알고 있었고, 후대에도 토마스 만이 그를 "고집 세고 옹졸한 맹신자"stiernackiger Gottesbarbar라고 표현했다.

루터가 상습적인 불평꾼이었다는 평가는 논란의 여지가 있다. 그는 그 누구보다도 정신적으로 극과 극을 오갈 수 있는 사람이었기에 평가가 갈린다. 사람들은 이 위대한 인물과 그의 업적을 전혀 상반되게 판단하는 경향이 있다. 루터의 성격에 매혹되었던 괴테는 어떤 때에는 그의 저작을 사소하고 '혼란스런 잡동사니'라고 폄하하더니, 다른 경우에는 한 영웅의 더할 나위 없는 업적이라며 칭송했다.

우리끼리 이야기이지만 루터의 성격만큼 흥미로운 것은 없습니다. 그리고 바로 그것이 많은 사람을 감탄시키는 유일한 것입니다. 그 밖의 다른 것들은 모두 우리에게 부담을 주는 혼란스런 잡동사니에 불과합니다.

— 1817년, 크네벨Knebel에게 보낸 편지에서 괴테가 한 말

우리는 루터와 종교개혁에 전적으로 감사해야 한다는 사실을 전혀 모르고 있습니다. 우리는 종교적 편협함이라는 사슬에서 자유로워졌고, 성숙해진 문화로 인해 근원으로 되돌아가 순수한 그리스도교를 이해할 수 있는 능력을 갖게 되었습니다. 우리는 다시 이 세상에 발을 견고히 디디고 서서 하나님이 주신 인간의 본성을 자각할 수 있게 되었습니다.

— 1831년, 에커만Eckermann과의 대화에서 괴테가 한 말

이와 같은 개성을 지닌 인물을 쉽게 다룰 수는 없을 것이다. 루터 스스로도 자신의 역량을 잘 다루지 못했으며, 때로는 자의식으로 충만했다가 때로는 주저하며 의심하는 상태 사이에서 늘 동요한 듯했다. 그는 불완전했다.

"그리고 바울이 그의 거짓 사도들에게 맞서 스스로를 자랑했듯이(고후 11:22 이하), 그렇게 나도 당나귀들에 맞서 스스로를 칭찬하겠습니다. 그들이 박사라고요? 나도 그렇습니다. 그들이 학식이 깊다고요? 나도 그렇습니다. 그들이 설교자라고요? 나도 그렇습니다. 그들이 신학자라고요? 나도 그렇습니다. 그들이 논쟁가라고요? 나도 그렇습니다. 그들이 철학자라고요? 나도 그렇습니다. 그들이 변증론자라고요? 나도 그렇습니다. 그들이 강의를 한다고요? 나도 그렇습니다. 그들이 책을 쓴다고요? 나도 그렇습니다. 조금 더 자랑해 보겠습니다. 나는

시편과 예언서를 해석할 수 있으나 그들은 할 수 없습니다. 나는 번역을 할 수 있으나 그들은 할 수 없습니다. 나는 성경을 읽을 수 있으나 그들은 할 수 없습니다. 나는 기도를 할 수 있으나 그들은 할 수 없습니다. 그리고 나는 겸손하게 그들의 수준으로 나를 낮출 수 있습니다. 그들 고유의 변증과 철학에 있어서, 그들 모두를 합친 것보다 나을 수 있습니다. … 하나님은 지난 천 년 동안 어떤 주교에게도 내가 받은 **은총**을 주시지 않았습니다. 참으로 하나님의 은총은 자랑해도 괜찮습니다." 루터는 《번역자의 회람서신 *Sendbrief vom Dolmetschen*》에서 자부심에 넘쳐 자신에 대해 이렇게 표현했는데, 다시 전혀 다른 어조로 《탁상담화 *Tischreden*》 한 부분에서 다음과 같이 말했다. "나는 학식이 있는 성경해석자이지만, 그럼에도 가장 어리석은 자입니다. 내가 뭔가 할 수 있으리라 생각할 수도 있을 겁니다. 그렇지만 나는 내가 얼마나 부족한지 잘 압니다. … 나는 진정 열심히 연구했지만, 성경 전체에서 단어 하나도 제대로 이해하지 못했습니다. 나는 아직 소교리문답조차 끝내지 못했다고 할 수 있습니다. 나는 매일 마음속으로 알고 있는 것을 반복하며 십계명과 사도신경을 이해하려고 노력합니다. 박사 학위까지 있는 나의 의지와는 무관하게 성경의 가르침에 있어서는 내 자녀들인 한스와 막달레나의 수준에 머물러 있습니다. 그렇지만 결코 그와 같은 사실로 불쾌하지는 않습니다. 나는 그 아이들이 교육받는 곳과 동일한 학교에 속해 있습니다."

루터는 인생에 부침이 심했다. 때로는 시민적인 안락함을 누렸고, 때로는 극심한 위기와 믿을 수 없을 정도의 고초를 겪기도 했다. 그중에는 일종의 범죄 사건도 있었다. 이 수도사는 독일 황제와 신성로마

그림 2a 종교개혁 초기(1521년경) 한스 발둥-그린이 그린 루터의 목판화. 루터는 성인이 되었으며 관상기도觀想祈禱의 대상이 되었다. 교황 대사 알레안더는 깜짝 놀라 말했다. "이처럼 사람들은 요즘 그(루터)의 머리 위에 성령의 상징인 비둘기를 그리고, 십자가를 지니거나 후광을 지닌 모습으로 묘사한다. 그들은 이것을 돈을 주고 사서 입을 맞추고 휴대한 채 황궁으로 들어간다."

제국의 제후들 앞에서 첫날에는 긴장했지만, 다음 날에는 영웅처럼 소신을 밝혔다. 그러나 얼마 지나지 않아 공개무대에서 사라져 버렸다. 낯선 사람에게 납치되었기에 독일 사람들은 모두 그가 죽었다고 생각했다. 이렇게 루터의 생애, 특히 초기의 삶은 마치 영화와 같았다.

루터의 생애는 전기를 쓰기에도 적합하다. 루터의 생애와 업적을 재구성하는 데 필요한 원전은 놀라우리만큼 풍부하다. 이 종교개혁가에 대해 우리는 동시대의 어떤 사람보다, 또한 그 이전의 어느 누구보다 많은 정보를 갖고 있다. 루터 스스로 저작, 서신, 메모 등 수많은 글을 남겼다. 특히 독일 **프로테스탄트**의 '새로운 로마'인 비텐베르크에서는 모든 것이 루터를 중심으로 돌아가는 것 같았다. 그 도시를 넘어 독일 전체, 그리고 유럽의 중부와 북부에서도 상황은 비슷했다.

그림 2b 1521년에 목판화로 제작된 루터 풍자화. 종교개혁의 적대진영도 선동 활동에 손 놓고 있지 않았다. 이 풍자화에서 보는 것처럼 그들은 루터를 악마의 백파이프이나 머리 일곱 달린 괴물로 묘사했다.

글을 쓸 수 있는 거의 모든 사람은 루터에게, 그리고 루터와 관련한 글을 썼다. 당연히 구교도들도 자신들이 혐오하는 이 인물에게 적대적인 글을 썼다. 인격과 성경의 가르침으로 준비된 루터는 그들을 공개적으로 논쟁에 초대했다. 그의 생애 내내 이러한 논쟁은 출판 시장, 주점까지 포함하는 공적 담론장들, 그리고 심지어 개별 가정의 식탁 대화에까지 영향을 끼쳤다.

우리는 마르틴 루터의 생애 대부분의 국면에 대해 날짜와 시각까지 정확하게 기록한 전기를 완성할 수 있을 만큼 풍부한 자료를 갖고 있다. 정보의 과잉은 원전이 고갈되지 않을 정도로 많다는 것을 의미하지만, 오히려 고통이 되기도 한다. 반드시 필요한 자료만을 선별하고 압축하는 일이 여간 어렵지 않아 루터 전기 저술을 끝도 없이 이어지는 시시포스의 노동으로 만들기 때문이다.

이 책은 두 영역으로 나뉘어 독특한 방식으로 서술될 것이다. 먼저, 새로운 연구 결과를 토대로 사실들과 역사적 사건들을 간략하게 서술할 것이다. 그리고 발생한 일들이 어떻게 평가되고 어떤 의미를 지니는지에 대하여 다양하고 때로는 서로 모순되는 의견들을 제시할 것이다. 유일한 해석을 일반화해 설명하기보다는 가능하면 많은 의견을 언급할 것이다.

그리하여 영웅의 초상 대신, 다양한 측면을 지녔으며 때로는 분열적이고 모순적이기도 한 인물과 그가 일군 일생의 업적에 대한 복잡하게 얽힌 묘사가 나타날 것이다.

2. 나는 농부의 아들입니다
유년기와 청소년기(1483–1500년)

루터는 1483년 11월 10일 백작령 만스펠트의 아이스레벤에 거주하는 한스 루더Hans Luder와 마아가레테Margarete 사이에서 첫째(혹은 둘째) 아들로 태어났다. 모친의 결혼 전 성은 린데만Lindemann이었으며, 이 부부는 자녀를 일곱 혹은 아홉을 갖게 된다. 훗날 성을 루터로 변경하게 되는 이 아기가 태어날 때 종교사의 위대한 인물 중 하나이자 독일의 영웅이 될 법한 특별한 징후는 없었다.

다음 날 갓난아기는 그날의 성자였던 마르틴의 이름으로 세례를 받았다. 세례를 서둘러 받았던 이유는 당시에는 신생아 중 절반 정도만 성년을 맞이하게 되었기 때문이었다. 높은 유아사망률 탓에 평균 기대수명은 35세에서 38세 정도에 불과했다. 마르틴 루터가 이끈 종교개혁은 이러한 통계에도 어느 정도 변화를 주었다. 프로테스탄트 마을들에서는 복음주의적 방식으로 세례를 거행한 젖먹이들에 대해 더 오랫동안 수유했는데, 이것이 아기들의 저항력을 높여 결과적으

그림 3 마르틴 루터. 연로 루카스 크라나흐의 1526년 작품. 그림에 적힌 글은 루터의 박사 칭호를 나타낸다.

로 생존 확률을 높일 수 있었다.

다음 해에 루터의 가족은 만스펠트 시로 이사했다. 그곳에서 농부 집안 출신인 루터의 아버지는 한창 호황을 누리고 있던 광산업에서 기회를 잡았다. 단순 갱부에서 제련소 주임으로, 그리고 여러 소규모 광산조합에 일정 지분을 가진 공동출자자로 성공했다. 일시적으로 시 **당국**에 맞서 시민공동체 대표의 일원으로 활동한 적도 있었다. 1530년 그가 사망했을 때 남긴 유산이 1,250굴덴이었는데, 이는 커다란 농장 두 곳을 살 수 있는 큰돈이었다. 그는 경제적 환경 변화의 승자가 되어 사회적 신분 상승을 이루었다. 일종의 벼락부자가 된 인물이라고 할 수 있다. 그러나 마르틴의 유소년기에 이 가족의 상황은 아직 꽤 옹색했다. 훗날 루터가 자신을 소박한 농부의 아들이라고 겸손하게 표현한 것은 간단한 소개이지만 진실을 담고 있다. "나는 농

그림 4 아이스레벤에 있는 루터가 15번지. 이 집에서 루터가 출생했다. 그는 성 베드로-바울 교회에서 출생 다음 날 세례받았다. 그는 숨을 거두기 며칠 전 시장교회 성 안드레아스에서 마지막 설교를 했다. 루터가 사망한 곳은 생가에서 잠깐 걸으면 닿을 수 있는 거리에 있다.

부의 아들이고 아버지, 할아버지 그리고 조상들이 모두 농부였습니다. 본래 내게는 관리자, 수령 또는 마을에서 다른 사람들에 비해 높은 직책을 차지하게 되리라는 기대가 있었습니다."

은을 함유한 구리가 채굴되던 만스펠트 광산은 중부 독일 경제력의 핵심이었다. 그 당시 광산은 어디에서나 노다지를 채굴할 것 같은 분위기였다. 주로 철광석, 구리, 은 등이 채굴되었다. 15세기 말에는 전체적으로 광물의 수요가 크게 늘어났고 은의 경우는 두 배까지 증가했지만, 1530년대부터 현저히 줄어들었다. 광산업은 독일 경제 발전의 원동력이었다. 그 시기 동안 경제는 가파르게 성장했으며, 루터 가족은 호경기로 이득을 보았다.

제련소의 일정 지분을 지닌 한스 루더는 용광로를 운영했다. 그로 인해 루터는 훗날 한 대화에서 광산의 특징에 대해 다음과 같이 판단할 수 있게 되었다. "사탄이 많은 사람으로 하여금 광산에 엄청난 양의 구리와 은이 매장된 것처럼 현혹시키지만, 실상은 아무것도 없습니다."

1490년 이후 마르틴은 만스펠트의 도시학교에 다녔다. 그리고 7년 뒤에는 막데부르크에 있는 성당학교로 옮겼다. 이곳에서는 일종의 기숙사에서 지냈고 다시 1년 후에는 어머니의 고향인 아이제나흐의 교구학교에 들어갔다. 그는 여기서 3년 동안 공부했다. 당시 상급학교에서는 주로 라틴어를 배웠다. 라틴어는 학자와 **성직자**의 언어였다. 그 밖에 종교적·도덕적 가르침, 수사학과 음악 수업 등이 있었다. 음악은 특히 학생들로 하여금 예배에서 찬송을 담당시키기 위한 것이었다.

루터는 유년 시절과 학창 시절에 대해 분열적인 기억을 지녔다. 한

그림 5, 6 두 그림 모두 1527년경 연로 루카스 크라나흐가 그린 것으로, 루터의 부모 한스 루더(1530년 사망)와 마아가레테(1531년 사망)다. 루터와 부모의 관계는 한편으로는 사랑과 감사로, 다른 한편으로는 특히 아버지와의 심각한 긴장과 갈등으로 각인되었다.

편으로 어머니와 아버지에 대한 지극한 사랑과 존경이고, 다른 한편으로는 집안과 학교의 엄격한 교육이었다. 매질, 즉 몽둥이질은 일상이었다. 《탁상담화》에서 그는 이렇게 회상했다. "부모님은 기가 꺾이도록 나를 엄격한 규율에 따라 키우셨습니다. 어머니는 단지 호두 한 개 때문에 피가 날 때까지 나를 때렸습니다. … 한번은 아버지가 너무 심하게 매질을 해서 도망친 적이 있었는데, 다시 친근감을 느낄 때까지 아버지를 두려워했습니다."

언젠가 루터는 학교에서 아무 잘못도 없이 오전 중에만 열다섯 번이나 매를 맞았다. 라틴어 어휘 변화를 능숙하게 하지 못했기 때문이다. 하지만 그것은 아직 배우지도 않은 내용이었다! 훗날 루터는 적지 않은 교사들이 채찍질했으며 "마치 형리처럼 혹독"했다고 말했다. 이러한 엄격함은 그 시대의 추세에 속했다. 한 교사는 자신이 근무하는 기간 동안 '태형 91만 1,527번, 채찍질 12만 4,000번, 맨손 구타 13만 6,715번, 따귀질 111만 5,800번'을 했다고 자랑하기도 했다. 루터는 훗날 교육에 체벌은 필요하며 성경에도 근거가 있다고 긍정했지만, 한편으로는 상당히 비판적인 입장을 내비치기도 했다. 특히 지나친 몽둥이질을 반대했다.

> 아버지가 내게 주신 최고의 유산은 나를 교육시킨 것입니다. 자녀를 학자로 양성하는 것보다 더 훌륭한 가정경제의 투자처는 없습니다.
> ─ 루터, 《탁상담화》에서

다른 종교개혁가들과 마찬가지로 루터는 전형적인 소도시 출신이었다. 아이스레벤은 주민이 약 4,000명이었고, 만스펠트에는 비텐베르크와 마찬가지로 성이 3개나 있었지만 주민은 고작 2,000명이었으며, 아이제나흐는 아이스레벤보다 두 배 가량 되었다. 그에 반해 에어푸르트는 약 2만 명의 주민과 36개의 교회가 있던 대도시로, 루터는 대학생 시기와 수도사 시절 몇 년 동안만 제대로 된 대도시에서 생활했다. 루터가 생존할 때 머물렀던 모든 장소는 아주 좁은 세계는 아

문학, 음악, 영화에서 조명된 루터

- 한스 작스Hans Sachs의 《비텐베르크의 나이팅게일Die Wittenbergisch Nachtigall》(1523): 루터에 대한 일종의 찬양시.
- 펠릭스 멘델스존 바르톨디Felix Mendelssohn-Bartholdy의 《교향곡 제5번 종교개혁, 라단조, op. 107》 (1832)
- 토마스 만의 상연하지 못한 드라마 프로젝트 《루터의 결혼Luthers Hochzeit》 및 루터의 로마 프로젝트
- 디터 포르테Dieter Forte의 《마르틴 루터와 토마스 뮌처 혹은 부기의 도입Marin Luther & Thomas Müntzer oder Die Einführung der Buchhaltung》(1971): 루터에게 비판적인 연극
- 《루터》: 에릭 틸Eric Till 감독의 영화(독일, 2003): 인기스타들이 등장하는 호화 배역

니었지만, 도시의 경계를 한눈에 조망할 수 있을 정도의 작은 지역들이었다. 이것은 그의 지평에 결정적인 영향을 미쳤다.

1500년에 마르틴 루터는 17세였다. 유년 시절은 이미 오래전에 지났고, 학창 시절도 거의 끝나가고 있었다. 반년 후 그는 에어푸르트 대학에 입학했다.

이제 성년의 문턱에 있는 청년 루터의 기대수명은 이미 57세가 되었고, 농촌에서는 기대수명이 60세를 넘기기도 했다. 반면 도시 주민의 평균 기대수명은 48세에 불과했다. 도시의 보건위생 환경이 심각했기 때문이다. 따라서 통계적인 관점에서 본다면 루터의 삶은 약 30-40년 남아 있었다. 필생의 과업을 이루기에는 충분한 시간이었다.

3. 모든 것이 풍부한 좋은 나라
1500년경의 독일

루터는 독일에서 가장 강력한 권력을 가진 사람인 황제 카알 5세를 개인적으로 알고 있었다. 루터는 1519년에 있었던 황제 선거에서 카알 5세에 대해 "하나님께서 우리에게 고귀한 가문의 젊은 지도자를 주셨고, 이로써 많은 사람이 위대하고 선한 희망을 갖게 되었습니다!"라고 논평했던 반면, 1530년대에는 동일한 황제에 대해 "내가 무슨 말을 하겠습니까? 독일에는 지도자가 없습니다!"라며 전혀 달리 판단했다. 물론 이 통치자도 시간이 지나면서 루터에 대한 자신의 의견을 변경했다. 카알은 보름스 **제국의회**로 루터를 소환할 때에 "존경하는 분, 친애하는 분, 신앙심이 깊은 분!" 같은 정중한 호칭을 사용했으나, 나중에는 안전한 통행을 보장해 주기로 약속하고 이를 준수했던 것을 심히 후회했다. "내가 루터를 죽이지 않은 것은 잘못이었다."

그림 7 화가 한스 홀바인Hans Holbein d. J.이 1522년에 그린 〈독일의 헤라클레스Hercules Germanicus〉. 한 전단지에 실린 이 그림은 교회를 '아우게이아스의 외양간'으로, 루터를 그 외양간을 청소하는 헤라클레스로 비유해, 그를 교회의 악폐를 청소하는 인물로 묘사했다. 이 그림을 통해 당시 사람들이 종교개혁과 종교개혁가가 교회, 정치, 사회 분야를 변화시키고 개선시킬 것이라는 기대를 가지고 있음을 생생히 알 수 있다.

그림 8 독일 황제인 카알 5세(1500–1558, 재위 1519–1556). 네덜란드 르네상스 화가 바렌트 반 오를리Bernaert van Orley의 1516년 작품.

1500년에 카알 5세의 할아버지인 막시밀리안 1세(1493-1519)가 (위기를 극복하고 다시) 권력을 장악했다. 그는 무엇보다 영리한 결혼 정책을 통해 합스부르크가가 세계 패권을 잡을 수 있는 토대를 놓았다. 그의 모토는 "다른 나라들이 전쟁을 벌일지라도, 그대 행운의 오스트리아여, 결혼하라"였다. 훗날 황제가 된 그의 손자이자 후계자 카알 5세는 정확히 세기의 전환기에 태어나 할아버지가 추진한 정책의 결실을 거두어들였다. 그는 유럽은 물론 세계에서 가장 강력한 지배자가 되었다.

종교개혁 시대 유럽의 통치자

- 잉글랜드 왕 헨리 8세(재위 1509–1547): 측근들에 의해 조종된 인물이며 변덕스러움.
- 프랑스 왕 프랑수아 1세(재위 1515–1547): 탁월한 전략가, 일상적인 정무에서는 지나칠 정도로 불안정했으며 종종 자제력을 상실함.
- 독일제국의 황제 카알 5세(재위 1519–1556): 대단한 야심가, 외적으로는 항상 절제를 잘했으며 꼼꼼함.

그의 통치 지역에는 오스트리아에 위치한 합스부르크가의 본거지, 헝가리와 보헤미아, 남부 이탈리아와 북부 이탈리아의 도시들, 나아가 독일과 프랑스 사이에 있는 부르고뉴 왕국, 네덜란드와 스페인, 마지막으로 중부 및 남아메리카에 새로 정복한 지역인 멕시코의 아즈텍 왕국과 페루의 잉카 왕국까지 포함되었다. 황제가 의기양양하게 표현한 것처럼 '태양이 결코 지지 않는' 제국은 황제의 자부심에 상응해 세계의 경계들을 돌파하는 좌우명을 갖고 있었다. 즉 "그 너머로 나아가라!"Plus ultra였다.

적어도 유럽에서는 통치가 평화로운 방식으로 실현되었지만, 그와 같은 권력의 밀집은 적들을 만들었기 때문에 수많은 전쟁을 통해 방어해야만 했다. 서쪽의 프랑스 왕 프랑수아 1세는 프랑스가 합스부르크 대제국에 의해 북쪽, 동쪽, 남쪽으로 포위되었다고 생각했으며, 부르고뉴와 북이탈리아에 대한 자신의 권리를 주장했다. 남쪽의 교황도 마찬가지로 카알 5세가 자신을 둘러싸고 있다고 느꼈는데, 서양 그리스도교 세계에서 우위를 둘러싼 다툼에서 여전히 자신이 태양이며 황제는 태양의 광채에 종속된 달과 같은 존재라고 간주했다. 마지막으로 남동쪽에는 술탄 술레이만Suleiman 2세가 있었다. 오스만 제국을 전성기로 이끈 그는 발칸반도로 진출했고, 1529년에는 합스부

노년에 양위함. 1558년 사망.
- 오스만 제국의 술탄 술레이만 2세(재위 1520-1566): 수많은 원정과 새로운 기관들을 설립해 오스만 제국을 전성기로 이끌었고, 1529년에는 빈 앞까지 진격함. 문학적 재능이 있어 글을 남김.
- 교황 레오 10세(재위 1513-1521). 본명은 조반니 데 메디치Giovanni de' Medici. 정치에 큰 야망을 가진 반면 종교적 사명은 소홀함. 르네상스 건축의 건설자이자 예술 보호자. 르네상스 문화의 절정기.

르크가의 수도인 빈 앞까지 이르렀다.

카알 5세는 셀 수 없이 빈번하게 일어나는 전쟁을 통해 자신의 통치권을 방어해야만 했으며, 프랑스, 북이탈리아, 발칸반도, 로마 그리고 심지어 튀니지에 이르기까지 원정하며 군대를 통솔했다. 그는 종종 꽤 훌륭한 전과를 거두었지만, 그에게 주어진 또 다른 커다란 과제를 해결해야 했기에 자유롭지 못했다. 황제를 로마 교회의 신실한 아들이라고 표현한 것처럼, 심각한 이단이며 위험한 오류인 종교개혁을 막는 것이 그에게 맡겨진 커다란 과제였다. 매부리코에 턱이 앞으로 돌출된 강인한 인상의 황제는 지치고 쇠약해져 54세가 되었을 때에 "혼란이 걷잡을 수 없도록 커졌다"는 말과 함께 권력을 동생과 장남에게 양도했다. 생의 마지막 2년 동안 카알은 궁벽한 **수도원**에 들어가 은거했다. 극단적으로 표현한다면, 프랑스인, 무슬림 그리고 심지어 교황들까지도 황제의 권력을 속박했다는 면에서 독일의 종교개혁이 가능하도록 기여한 셈이었다.

제국 내에서 황제는 자신이 원했던 것만큼 강력한 힘을 과시할 수 없었다. 제국의 기관들은 황제 편이었지만 그와 대립했다고도 할 수 있다. 1495년 역사적으로 가장 중요한 제국의회 중 하나로 꼽히는 보름스 제국의회에서 제국의 광범위한 개혁을 의결했다. 제국의 기관으

루터의 원거리 여행

선제후령 작센 외부로의 원거리 여행과 비텐베르크 외부로의 장기 체류
- 아우구스티누스 수도회의 지시에 따라 로마(1510/11), 쾰른(1512), 하이델베르크(1518)로 여행.
- 교황 사절이자 추기경 카제탄Cajetan의 심문을 받기 위해 아우크스부르크로 소환(1518).
- 황제 카알 5세에 의해 보름스 제국의회에 소환(1521).

로서, 일종의 최고 항소기구인 제국 최고법원Reichskammergericht이 설립되었고, 황제 부재 시에 통치를 관장하는 제국정부Reichsregiment가 조직되었다. 황제가 항상 독일에 머물러 있는 것은 아니었기 때문이다. 황제는 독일에 안정적인 궁전이 없었으며, 앞선 시기에 건설된 여러 궁전을 전전했다. 남부 독일에 위치한 제국도시들에서 주로 열렸던 제국의회에서는 독일 전체에 해당되는 가장 중요한 문제들이 논의되고 결정되었다. 정치개혁들은 한편으로 제국의 권력이 집중되는 것을 촉진했지만, 다른 한편으로 황제의 권력을 제한하기도 했다. 근대적 의미의 입법, 행정, 사법 사이의 권력 분할이 이루어지지 않았던 시대에, 황제와 제국의 기관들 사이에 엄격하게 균등한 권한을 주어 통치권에 대한 제한과 통제가 뒤따르게 했기 때문이다.

이 밖에도 이 보름스 제국의회에서 영구 영방평화령Ewiger Landfriede이 선포되었다. 이는 오랜 기간 지속된 소규모 전쟁들을 종식시키고 국가가 권력을 독점할 수 있는 토대를 놓으려는 의도였다. 이 영방평화령은 루터의 **종교개혁**을 통해 처음으로 대대적인 시험대에 올랐는데, 물론 기사들과 농민들의 경우 희생을 치렀지만, 상당히 훌륭하게 작동한다는 사실이 입증되었다. 1500년경의 독일은 제국적 차원에서 변화, 나아가 변혁의 소용돌이 안에 있었다.

- 성찬 문제 논란을 해결하기 위해 마부르크Marburg에서 개최된 복음주의 신학자들의 회담에 참석(1529).
- 아우크스부르크 제국의회 기간 동안 코부르크Coburg에 반년 체류(1530).

루터는 비텐베르크에 머물며 선제후령 작센 지역을 수없이 여행했다. 특히 자주 여행한 곳은 토르가우, 슈말칼덴 그리고 고향인 만스펠트와 아이스레벤이었다.

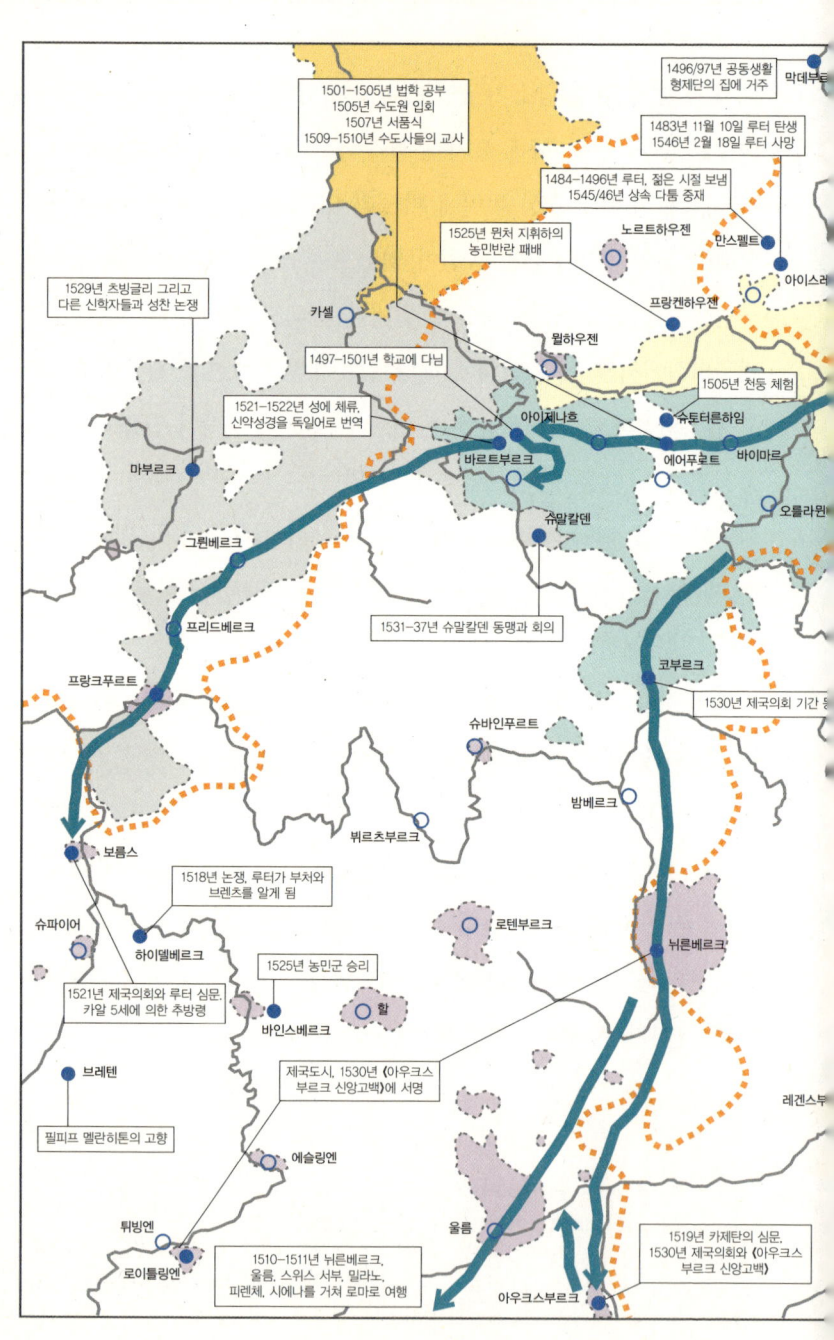

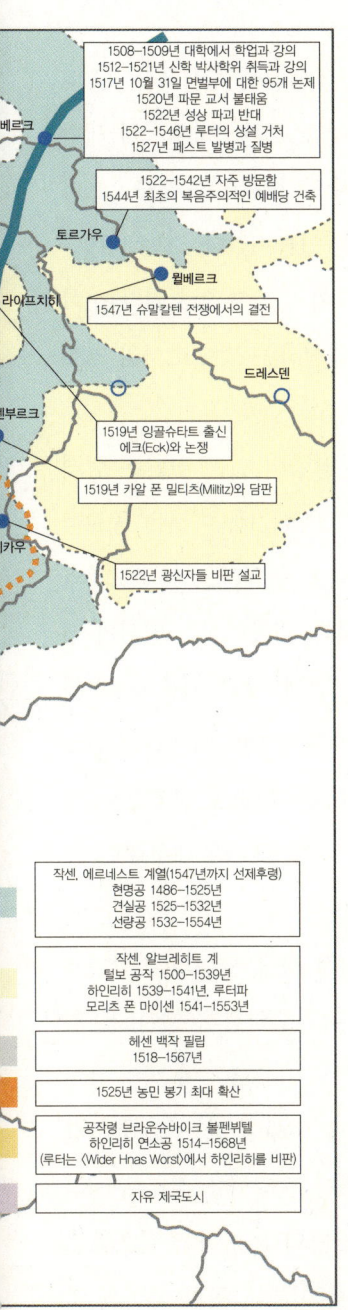

그림 9 약 300개의 통치지역으로 분열된 독일에서 선제후령 작센(에르네스트 계열)은 가장 크고 강력한 영방 중 하나였다. 루터는 이곳과 이웃한 지역(고향인 백작령 만스펠트)에 주로 머물렀다. 특히 초기에 이 지역을 벗어나는 여행은 좀처럼 시도하지 않았다.

황제는 정치에 의존적이었다. 특히 황제 선출권을 행사하던 세 명의 종교제후들과 네 명의 세속제후들, 총 일곱 명의 **선제후**이자 영방군주들에게 의존적이었다. 루터의 영방군주인 작센 선제후도 그 가운데 하나로, 이 고관대작들 중 가장 강력한 인물이었다. 그는 1519년 황제 선출에서 한동안 제국 최고의 자리를 차지할 수 있으리라는 희망을 갖기도 했다. 그렇지만 결국 황제를 견제하는 맞수로서의 역할로 만족했으며, 그 역할을 훌륭하게 해냈다.

세 부분으로 구성된 제국의회에서 가장 영향력 있는 집단은 선제후 협의회였다. 그 밖에 제국제후참사회가 있었는데, 이것은 종교적 분파와 세속적 분파로 나뉘어 있었다. 또 다른 협의체는 제국도시와 자유도시 대표자들로 구성된 도시참사회였다. 제국의회는 당시의 신분사회를 그대로 반영했다. 성직자들이 첫 번째, 상층 귀족이 두 번째, 도시민들이 세 번째 **신분**에 속했다. 정치적 책임이 배제된 집단으로는 하위 귀족, 지방의 기사들, 때로 '제4신분'이라고도 불리는 농민 등이 있었다. 특히 '생산 신분'인 농민들은 독일 영토의 대부분인 농촌 지역을 구성하는 인구의 절대다수였다.

군주정적인 황제와 제국기관들의 신분제적 성향 사이의 긴장관계에 더해서 개별 영방군주 및 제국도시의 지역주의적 경향이 제3의 요소로 추가적으로 부각되었다. 1500년경의 독일은 300여 개의 통치권역들로 나뉘어져 있어서 마치 여러 조각을 덧대서 만든 조각보 같았다. 하지만 각 통치단위는 독일에 속해 있다는 의식을 결코 부정하지 않았다. 프랑스나 영국에서 이미 민족국가의 초기적인 단초들을 엿볼 수 있던 것과 달리, 독일은 민족국가를 이루지 못한 하나의 국가였으며, 선거연합군주국Wahlmonarchie이자 지방색이 강한 세습왕조였다. 독일은 제후들과 도시들로 구성된 나라였다.

이 나라에서 황제는 단지 제한적으로만 명령을 내릴 수 있었다. 그가 직접 권력을 행사할 수 있는 지역은 그 자신이 최고 영방군주로 통치하는 독일의 일부에 국한되었다. 이러한 독일제국의 복잡한 정치체계로 인해 루터의 종교개혁이 용이하게 전개될 수 있었다. 루터가 이러한 상황을 효과적으로 활용했다고 평가할 수 있다.

루터는 수도사 시절 성지 로마에 몇 주간 머문 적이 있었지만, 유럽에서 두 번째 중심인물인 교황을 개인적으로 알지는 못했다. 당시에 교황들은 종교뿐만 아니라 세속의 지배자 역할도 수행했다. 세기 전환기에 보르자 가문의 교황 알렉산더 6세(1492-1503)는 자신의 궁전 발코니에서 팔로 딸을 감싸 안고 말 사육장의 종마(種馬)들을 보며 감탄하곤 했다고 전해진다. 그는 정적을 살해하려던 독에 자신이 독살당해 생을 마쳤다. 교황 율리우스 2세(1503-1513)는 정치가나 다름없었는데, 16세기 초 그가 촉발한 수많은 전쟁을 직접 이끌었다. 한 논쟁적인 글은 그를 "율리우스 엑스클루수스"Julius exclusus, 즉 "천국에서 추방된 자"라고 표현했다. 훗날 루터는 이 교황을 간결하게 "피를 마시는 자"라고 기술했다. 종교개혁이 시작될 무렵 교황이었던 레오 10세(1513-1521)는 탁월한 외교가이자 명민한 사상가이며, 동시에 예술에도 정통했다. 그는 예술후견자로서 무엇보다 베드로 성당의 개축을 통해 명성을 얻었다. 그렇지만 동시에 이러한 후견 활동을 위해 특히 이탈리아와 독일에서 엄청난 자금을 끌어모아야 했으며, 그 과정에서 많은 적을 만들었다. 이것이 루터가 종교개혁을 일으킨

그림 10 종교개혁 초기의 교황 레오 10세. 1518년 경 유명한 르네상스 화가 라파엘로가 그린 초상화.

계기가 되기도 했다.

정치저술가 니콜로 마키아벨리(1469-1527)가 1513년에 저술한 후 오늘날까지도 고전으로 호평받으며 널리 읽히고 있는 《군주론》에서 이성적인 통치라고 설명했던 것, 즉 '마키아벨리즘'이라는 용어로 잘 알려진 권력과 무력에 의한 통치는 사실상 교황들에게서 배울 수 있었다.

네덜란드 출신 교황인 하드리아누스 6세(1459-1523)의 사례는 전혀 다른 부류의 교황도 있었음을 보여 준다. 그는 1522년 뉘른베르크에서 열린 제국의회에서 놀랍게도 교회에 죄가 있음을 고백했다. 그런데 그는 다음 해에 사망했다.

교회의 지도자와 마찬가지로 구성원들 역시 부패했는데, 많은 경우 이들의 부패가 지도자들보다 심각했다. 사제와 수도사, 특히 가장 엄격한 개혁교단인 프란체스코 수도회 수도사들의 무식, 부패, 파렴치함은 익히 알려져 있다. 이에 대한 재미있는 이야기가 종교개혁 초기에 발간된 한 프란체스코 설교자의 교화집에서 발견된다. 어떤 사제가 무식함 때문에 고발당해 주교 앞에 섰다. 주교는 그를 좌천시키려 했다. 그러자 사제가 말했다. "네, 좋습니다. 그럼 저를 주교에 앉히시고 주교님은 교구를 맡으시죠."

민중은 무지하다고 간주되었다. 라틴어로 거행되는 **미사**에서 사제는 그들의 눈앞에 대고 '호쿠스포쿠스'Hokuspokus라고 따라 외치라고 다그쳤다. 이 용어는 본래 성찬식에서 사용하던 "Hoc est enim corpus meum"(이는 곧 나의 몸이니라)이란 표현이 축약되고 변화된 것으로 추정된다. 종교개혁적 사상을 지닌 사람들은 이와 같은 민중의 무지를 문학적으로 논박했다. 한 성직자가 노파에게 미사에서 무엇을 깨달았냐고 묻자, 노파는 "아니, 뭘 묻는 거요? 나는 단 한 단어도 들리지가 않던데…"라고 대답했다.

중세의 가을인 1500년은 근대로의 전환기였다. 이제 중세도 거의 저물었지만, 이 시대는 종종 회고적으로 표현되듯이 '암흑시대'는 결코 아니었다. 그보다는 삶의 즐거움과 죽음의 공포가 아주 밀접하게

> 로마에서는 세 가지가 판매된다. 예수 그리스도, 사제직, 여자.
> 로마에서는 세 가지가 미움을 받는다. 보편 공의회, 교회 개혁, 독일인에게 눈을 뜨게 하는 것.
> 나는 로마를 위해 세 가지 재앙을 간청한다. 흑사병, 기근, 전쟁.
> 이것이 나의 삼위일체설이다.
>
> — 기사이자 인문주의자이며 루터 추종자인 울리히 폰 후텐의 소책자에서

> 나는 교황이 적그리스도라고 확신합니다. 혹 누군가 투르크인도 적그리스도에 덧붙이고자 한다면, 교황은 적그리스도의 정신이며, 투르크인은 적그리스도의 육신이라 할 수 있을 겁니다. 그들은 서로 돕고 있는데, 투르크인은 육체와 칼을 통해서, 그리고 교황은 교리와 정신을 통해서 목을 조릅니다.
>
> — 루터, 《탁상담화》에서

결합되어 있는 시대였다. 루터가 지은 찬송가 중 오늘날까지도 친숙한 대목은 이러한 삶의 감정을 탁월하게 표현했다. "생의 한가운데를 지나는 동안 죽음이 우리를 둘러싸고 있네."

일을 하지 않는 주일과 축일이 1년에 약 100일이나 될 정도로 비중이 컸던 반면, 지옥과 연옥에 대한 공포도 그에 못지않게 컸다. 종교개혁은 지옥에 대한 두려움과 즐거운 축일을 모두 결정적으로 변화시켰다. 성자들의 축일이 폐지됨으로써 발생한 휴무일의 축소는 곧 프로테스탄트 지역의 생산량이 눈에 띄게 증가하는 데 기여했다.

삶의 즐거움이나 지옥에 대한 공포 모두에 종교가 완전히 침투해 들어갔다. 당시에는 종교를 사적인 영역으로 간주해 세속사회와 구분하는 근대적인 성격의 신정(神政) 분리라는 개념이 없었다. 신학이 곧 일상이었다. 식사 자리는 일종의 현지 신학대학의 토론장이었다. 1512년 트리어Trier에서 있었던 성의(聖衣) 전시에 10만 명의 인파가 몰렸는데, 황제도 두 차례나 방문했다. 황제는 그것이 자신의 고통을 치유해 줄 것이라고 기대를 걸었다.

술집들에서는 특히 교회의 상태가 대화의 주제였다. 15세기 중반 이래 제국의 고위급 정치에서도 교회 내부 상황에 대한 공식적인 불평목록이 작성되었다. 이는 곧 개혁에 대한 격렬한 요청이었다. 종교개혁이 일어나기 직전에 익명의 작가가 쓴 《지그문트 황제의 개혁 *Reformatio Sigismundi*》이 널리 유포되었다. 이 글에서 종교와 세속의 지배자들은 개선 요구에 대해 "그저 시늉만" 취했을 뿐, 탐욕, 관직매매, 폭력은 방치해 두었다는 사실을 중점적으로 비판했다. 물론 그와 같은 비판적 입장 표명은 희망했던 성과를 거두지 못했다. 그렇지만

개혁에 대한 절박한 소망이 있었다. 루터의 논제는 이미 준비된 비옥한 땅에 떨어진 씨앗이었다.

천국에 대한 희망과 지옥에 대한 공포를 이용해서 일종의 종교적 공채를 거래하는 **면벌부**(免罰符) 사업은 큰돈을 벌어들였다. 사람들에게는 연옥의 고통과 최후의 심판이 예고되어 있었다. 반면 교회는 특히 수도사, 복자, 성인 등의 선행으로 천국에 보고(寶庫)를 채워 둘 수 있었다. 신자들은 고해성사를 통해 영벌과 지옥의 저주를 피할 수 있었지만 현세와 내세의 일시적인 형벌, 특히 영혼이 연옥에서 정화되는 기간은 교회가 보고로 쌓아 놓은 면벌부를 구매해야만 단축시킬 수 있었다.

그림 11 네덜란드 화가 히에로니무스 보스Hieronymus Bosch가 1480-1490년 사이에 제작한 세 쪽짜리 제단화, 〈쾌락의 정원Der Garten der Luste〉이라는 제목으로 알려져 있다. 이 그림에는 낙원(왼편)과 함께 쾌락의 정원(중앙), 지옥의 벌(오른편)이 묘사되어 있다. 이 그림은 여러 의미로 해석될 수 있다. 육체적 욕망을 추구하다가 타락하여 지옥에서 벌을 받는 상황을 표현한다고 볼 수 있고, 육체적 욕망은 죄악이 아니므로 양심에 따라 마음껏 즐겨도 된다는 시대정신을 나타낸다고도 볼 수 있다.

시간이 경과되면서 면벌부 사업은 더욱 확대되었다. 가족들은 이미 사망한 친척을 위해서도 면벌부를 구입할 수 있었다. 그리고 스스로를 위해서는 '버터 구입 허가증'을 구입함으로써, 사순절 동안의 엄격한 금식 규정에서 부분적으로 해방될 수 있었다. 하지만 면벌부 제도의 확대와 강화는 동시에 그에 대한 해이(解弛)를 유발했다. 면벌부가 항상 만족감을 제공할 수는 없었다. 그렇지만 면벌부 판매를 촉진하기 위해 사람들을 과도하게 충동질했다.

물론 진지한 종교적 추구도 있었다. 중세에도 소위 '개혁 수도원들'이 개혁을 위해 노력했다. 청빈운동은 그리스도 제자들의 소박한 삶을 이상으로 삼았다. 그러나 이러한 운동들 중 상당수는 교회 주변부에 머물렀으며, 상당수는 교회를 벗어났다. 특히 교회를 과격하게 비판한 인물로는 영국인 존 위클리프(1320-1384)와 루터에게 강한 영향을 주었던 체코인 얀 후스(1372?-1415)가 있었다. 후스로 인해 보헤미아와 모라비아에서는 루터보다 100여 년 앞서 개혁적인 운동과 교회가 출현했다.

종교개혁 직전 정신 및 종교적 영역에서는 인문주의가 만개했다. 네덜란드 학자인 에라스무스(1466?-1536) 같은 지식인들은 학문 일반은 물론 문헌학의 발전에 의미 있는 성과를 남겼다. 그와 더불어 에라스무스는

> 교황 성하께서 연일 그렇게도 많은 **사면** 선언과 면벌부를 독일에 하사한 것도 사실은 독일 민족을 대단히 괴롭히는 일이었다. 이를 통해 가난하고 순진한 사람들을 현혹했으며, 재빨리 그들의 재산을 뺏으려고 기만했기 때문이다. 바로 이런 방식으로 가련한 그리스도인을 위한 다양한 저주들이 생겨났으며, 독일 민족은 재정적으로 심하게 압박받았다. 따라서 우리 민족의 계속되는 폐해와 타락을 막기 위해서는 이와 관련한 개선과 광범위한 개혁이 반드시 일어나야 한다.
> — 1521년 보름스 제국의회에서 발표된 독일 민족의 불평들 중에서

실용적이며 도덕을 지향하는 경건함을 대변했다. 1516년에 출판된 그의 신약성경 비평본은 훗날 루터의 **성경 번역**에 중요한 기반이 되었다.

이미 15세기 중엽에는 구텐베르크로 알려진 요하네스 겐스플라이쉬_{Johannes Gensfleisch}를 통해 서적 인쇄가 혁명적으로 발전해 책이 대중 소통을 위한 수단으로 부상했다. 종교개혁가들, 특히 마르틴 루터는 자신의 의견을 신속하고 광범위하게 확산시키는 데 이러한 인쇄매체를 유용하게 활용했다. 종교개혁 시대는 선전용 전단지와 근대적 캐리커처가 발명되어 절정에 이르렀던 시기이기도 했다.

또한 15세기 말엽에는 제국우편제도가 창설되어 신뢰할 만한 서신 배달 업무도 시작되었다. 루터는 이러한 우편제도의 유익도 충분히 누렸다. 그는 당대에 서신을 가장 많이 쓴 인물 중 한 사람이었다.

교회 영역에서 벌어진 모든 문제에 있어서도 1500년경 독일은 장기적으로 발전이 이루어지던 국면이었다. 독일 지역에는 약 900만 명의 주민이 살고 있었다. 새로운 세기에 인구는 크게 증가했는데, 특히 종교개혁에서 결정적 시기였던 1520년부터 1560년 사이의 인구성장률은 매년 7퍼센트에 이를 정도였다. 그 결과 17세기가 시작될 무렵 독일에는 1,700만 명 이상이 거주했다. 1500년경과 비교해 약 두 배나 되는 인구였다.

1470년대 이래 경제 발전과 더불어 진행된 사회 변혁은 급격한 인구 증가를 동반했다. 광산업과 해외무역뿐 아니라 식료품 생산 분야의 비약적인 성장으로 인한 수익을 누린 사람들은 은행업에도 종사하던 대상인들이었다. 그들의 선두에는 남부 독일의 교역상사들, 특히 아우크스부르크의 푸거 가(家)가 있었다. 야콥 푸거_{Jakob Fugger}

(1459-1525)에게는 부호(富豪)라는 별칭이 뒤따랐는데, 그는 유럽을 넘어 세계 최고의 부자였으며, 제후들은 물론 황제에게도 자금을 대주었다. 그는 자신이 아니었더라면 황제가 '제관을 차지하지 못했을 것'이라는 사실을 연상시키면서 황제를 길들였다. 그의 부탁에 따라 카알 5세는 푸거 가문에게 유리하도록 제국최고재판소에 계류 중이던 독점권 소송에 수차례 개입했다.

역사상 처음으로 최상위 정치가 경제에 종속되었다. 그래서 사람들은 야콥 푸거를 '왕관이 없는 유럽의 지배자'라고 칭했고, 그 시대를 '푸거 가의 시대'라고 표현했다. 그래서 루터는 1520년에 저술한 《독일 그리스도교 귀족에게 Adelsschrift》에서 권력과 돈의 엄청난 축적을 비난하면서 사람들에게 진심 어린 말을 건넸다. "참으로 푸거 가 또는 그와 유사한 부유층의 입에는 재갈을 물려야만 합니다. 한 인간의 생애 동안 왕의 재산에 버금가는 거대한 부를 모으는 것이 하나님의 뜻에 부합하고 공정할 수 있습니까?

> 독일은 사람들에게 필요한 모든 것이 풍부한 좋은 나라입니다. 온갖 과일, 곡물, 잡곡, 포도주, 소금, 광산 등과 땅에서 얻고 키울 수 있는 것은 모두 가졌습니다. 그러나 이 땅에 단 한 가지 부족한 것이 있습니다. 어떻게 하나님을 예배하고 이웃에게 유익을 끼칠 수 있는지, 그리고 어떻게 하나님께 감사해야 하는지 등에 대해서는 관심이나 주의를 기울이지 않는다는 것입니다. 우리는 돼지만도 못할 만큼 독일을 가장 파렴치하게 악용하고 있습니다.
>
> ─루터, 《탁상담화》에서

마르틴 루터와 동시대에 활동한 유명 인사들

천문학자이자 수학자인 니콜라우스 코페르니쿠스 Nikolaus Kopernikus(1473–1543): 루터보다 약 10년 연상인 그는 사망하던 해에 비로소 출판된 저서를 통해 세계상에 혁명적인 변혁을 초래했다. 그는 낡은 지구중심설(천동설)을 근대적 태양 중심설(지동설)로 대체했다.

나는 이해할 수 없습니다."

경제 발전으로 피해를 본 쪽은 농촌이었다. 인구의 약 90퍼센트는 농촌에 살고 있었다. 기사들은 토지를 갖고 있었지만 현금은 거의 없었다. 그들은 농민들에게 더 커다란 부역과 토지세를 강요하기 시작했다. 그에 대해 농민들은 분트슈 Bundschuh 운동, 즉 농민봉기로 저항했다. 광산에서 일하는 단순노동자인 갱부들과 직조공처럼 도시의 늘어가는 하층민들도 불만을 가진 무리에 포함되었다. 여기에 더 이상 육체노동으로 생계를 이어 갈 수 없는 사람들, 즉 빈민, 병자, 노인들도 있었다. 호화로움과 부가 증가하는 것과 마찬가지로 빈곤과 곤궁도 증가했다. 빈부의 격차는 점점 더 커졌다.

심각한 동요가 일기 시작했다. 사람들은 교회 개혁과 더불어 사회 개혁도 요구했다. 이런 요구들이 종교개혁이 신속하게 터를 잡을 수 있는 기반이었다.

신용대부의 사도신경
푸거 가문의 연도連禱
오 자본이여, 우리를 불쌍히 여기소서.
당신은 모든 것의 처음이자 끝입니다.
하늘과 땅에 있는 모든 권력을
가지셨나이다.
오 자본이여, 우리를 구원하소서.
자본이여 칭송을 받으소서. 영원히.
아멘.

― 디터 포르테Dieter Forte의 비판적 연극
〈마르틴 루터와 토마스 뮌처 혹은 부기의 도입〉
(1971)에서 발췌

의사이자 철학자인 파라켈수스Paracelsus(1493-1541): 루터보다 약 10년 연하로 근대 의학의 개척자로 여겨진다. 동시대인들은 그를 '의학계의 루터'라고 불렀다. 그러나 파라켈수스는 "나는 루터라는 이름에 걸맞은 책임을 질 수 없습니다"라며 그와 같은 호칭을 거부했다.
루터는 의사들에 대해 이중적인 태도를 보였다. 그는 많은 질병을 앓았기 때문에 의사들의 도움을 받았지만, 그들의 과격한 치료에 대해 심하게 불평하기도 했다.

4. 기꺼이 수도사가 되었던 것은 아닙니다
대학생 시절과 수도사(1501–1517년)

    1501년 봄 루터는 17세의 나이로 에어푸르트 대학 기초과정을 시작하여 1505년 초 석사학위를 받고 그 과정을 마쳤다. 이 기초과정은 주로 라틴어와 철학으로 구성되어 있었다. 이어지는 상급과정에서는 세 가지 전공 중 하나를 선택할 수 있었다. 교회의 주요 관직을 수행하기 위한 신학, 국가 관리직을 담당하기 위한 법학 그리고 의학이 개설되어 있었다. 루터는 법학을 선택했는데, 전적으로 아버지의 의지에 따른 결정이었다. 루터의 부친은 당연히 아들이 장차 자신보다 훨씬 출세해야만 하며, 그런 아들을 위한 최고의 직업은 법학이 적절하리라고 생각했던 것이다. 그렇지만 상황이 그의 바람과 다르게 진행되었다.

    같은 해 7월 2일 마르틴은 부모를 방문하고 학교로 돌아가는 길에 에어푸르트 근처 슈토터른하임에서 엄청난 천둥에 크게 놀랐다. 그가 서 있던 곳 가까이에 벼락이 떨어지자 놀란 그는 바닥에 쓰러졌

그림 12 아우구스티누스회 수도사 마르틴 루터. 연로 루카스 크라나흐의 1522년 작품.

그림 13 1507년 사제 서품을 받은 루터는 다른 사람의 고해를 들을 수 있었다. 같은 해 뉘른베르크의 화가 알브레히트 뒤러Albrecht Durer(1471-1528)는 〈아담과 하와 Adam und Eva〉라는 이중 초상화를 그렸다. 이는 독일 최초의 실물 크기 나체화다. 뒤러는 루카스 크라나흐와 함께 걸출한 화가였다. 미술사에서는 1500년경을 '뒤러의 시대'라고 부른다.

고, 죽을지도 모른다는 두려움에 휩싸여 성모 마리아와 광부들의 수호성인에게 도움을 요청했다. 그러면서 "성 안나여, 도와주소서. 살려만 주시면 수도사가 되겠습니다!"라고 서약했다. 부친의 불만을 초래하게 될 일이었지만, 루터는 두 주 뒤 천둥 속에서 했던 서약을 지켰다. 7월 중순 21세의 루터는 에어푸르트에 있는 **아우구스티누스 은둔자 교단**의 수도원에 들어갔다. 친구들에게 "자네들은 오늘 나를 보지만,

수도사의 삶

수도사의 삶은 그리스도교에서 오랫동안 완전한 그리스도인의 삶으로 여겨졌다. 수도사들은 외적으로 검소한 의복(두건 달린 수도복)과 가장자리만을 남기고 다 깎은 머리로 구별되었다. 그들은 청빈, 복종, 순결을 칭송했다. 수도원 생활은 끝없는 참회로 이어졌고, 매주 행하는 고해와 면죄, 그리고 끝없는 참회의 선행 또

다시는 보지 못할 것이네"라고 작별하고 수도원 문안으로 사라졌다.

그럼에도 불구하고 우리는 이후 그의 성장하는 모습을 대략 알고 있다. 수련 기간을 마친 후 루터는 수도사 서약을 했고, 1507년에는 **사제** 서품을 받고 첫 미사를 집전했다. 그 후 신학 공부를 했으며, 결국 수도회의 지시에 따라 교수가 되었다. 비록 외적으로는 처음 생각했던 것만큼 화려하지 않았지만 아무튼 루터는 출세했다. 22세에서 44세까지 루터는 수도사로 살았다. 그의 삶을 세 부분으로 구분할 때, 이 시기는 두 번째에 해당하는 기간으로 상당히 활동적이고 생산적인 기간이었다.

그가 수도원에 들어간 동기에 대해서는 여러 추측이 있다. 단지 천둥 때문만은 아니었다. 루터의 생애 전 기간은 그리 순탄하지 않았다. 대학생 시절 루터는 칼에 다리의 대동맥을 찔렸는데 출혈이 많아 거의 죽을 뻔한 위기를 넘겼다. 에어푸르트에서의 석사 초기에 그는 우울증에 시달렸으며, "종종 슬픔에 잠겨 여기저기" 떠돌아다녔다. 그와 더불어 종교적 가책과 동경도 적잖은 영향을 끼쳤다. 루터는 훗날 이때를 돌아보며 "내가 수도원에 들어가 거기서 섬기면, 하나님께서 내게 보상하시고, 나를 환영하실 것"이라고 생각했다고 말했다. 그리고 해골처럼 피골이 상접한 채 탁발 수도사처럼 생명을 이어 가는 한 제

는 보속, 특히 금식과 기도로 이루어졌다. 하루 일곱 번의 공동기도 및 예배 시간이 있었는데 이른 새벽부터 한밤중까지 이어졌다. 이에 대한 보답으로 영생의 면류관이 보장되었고, 천국의 약속이 주어졌다. 아우구스티누스 은둔자 교단OESA, Orden der Augustiner-Eremiten은 개혁교단이자 탁발교단 중 하나로 유난히 엄격한 규율들, 특히 경건, 금욕, 수도사 서원을 매우 중요시했다.

후를 보았을 때의 심정을 다음과 같이 토로했다. "그를 본 사람은 누구나 경건한 마음이 우러났고 세속의 신분이 부끄러워졌습니다." 루터의 결정은 아버지와의 관계에도 영향을 미쳤다. 부친은 루터가 세속적으로 성공할 수 있도록 노력했으며 그를 위해 미리 진로를 설정해 두었다. 아들이 독단적인 결정을 내려 아버지와 풀기 힘든 갈등에 대한 부담을 감수했다. 아버지 한스 루더는 법학을 공부하던 아들에게 '그대'라는 존칭어를 사용했으나, 이제는 다시 평범하게 '너'라는 평칭으로 불렀으며, 화가 치밀어 아들과의 관계를 거의 단절하다시피 했다. 루터가 첫 미사를 집전할 때에야 비로소 부친은 다시 그 자리에 참석했다. 그가 첫 미사 축하 비용을 넉넉히 지불한 것을 보면, 아들을 꽤 자랑스럽게 생각하고 만족스러워했던 것으로 추측된다. 그러나 부친은 장남의 고집 때문에 이후로도 계속 심하게 질책했다.

아들은 수도원 벽 안에서도 그다지 잘 지내지 못했다. 루터는 후에 "기꺼이 수도사가 되었던 것은 아닙니다"라고 회고했다. 그는 과거를 생각하며 자신의 행동을 평가했다. "나는 그저 세상을 등진 것입니다." 사실 루터는 수도사로서 흠잡을 데 없는 삶을 살았다. "왜냐하면 나는 배를 채우기 위해서가 아니라 구원을 위해 서원했고, 지독할 정도로 엄격하게 계율을 지켰습니다"라고 고백한 것처럼 루터는 청빈, 순결, 순종이라는 전통적인 수도사의 서원을 어려움 없이 준수했기 때문이다. "수도사로서 나는 별로 욕구가 없었습니다. 그렇지만 육체의 생리현상으로 몽정은 했습니다. 그리고 여인들이 고해성사를 할 때에는 그녀들을 전혀 쳐다보지 않았습니다."

열정의 결핍 때문이 아니라, 오히려 규율에 지나치게 충실했기에 문제가 발생했다. "나는 거룩하고 경건한 수도사가 되기를 원했고, 정성을 다해 미사와 기도를 드렸습니다. 하지만 내가 최선을 다해 경건하려고 할 때조차도, 나는 의심에 쌓인 채로 제단 앞에 나갔고, 다시 의심하는 채로 제단에서 나왔습니다. 참회를 한 후에도 또다시 의심이 들었습니다."

반복되는 의심은 점차 정체성의 위기를 초래했고, 루터를 두려움에

그림 14, 15 궁정화가 루카스 크라나흐가 그린 최초의 루터 초상화 두 점은 선제후의 궁정이 얼마나 조직적으로 루터의 대중적 이미지를 만들어 냈는지 알려 준다. 첫 번째 그림은 밤을 새워 초췌할 뿐 아니라, 매우 고집스럽고 골격이 뚜렷하며 반항적인 아우구스티누스회 수도사의 모습이 보인다. 루카스 크라나흐는 궁정의 명령에 따라 이 그림을 공개하지 못했고, 새로 그리라는 주문을 받았다. 다시 그린 두 번째 그림은 궁정이 원하던 대로, 강한 인상이 부드러워지고 경건한 모습으로 표현되었다. 그 외에도 벽감을 등에 지고 있는 루터는 마치 성자처럼 그려졌다. 이 동판화는 급속히 퍼졌고 매우 유명해졌다. 이후 크라나흐는 학자, 기사, 시민, 교부 등 다양한 사회적 신분의 루터 초상화를 그렸다.

이 그림에서는 보이지 않지만, 초상화 아래 적힌 라틴어 서명은 크라나흐가 매우 의도적으로 루터의 이미지를 만들고 형상화하는 권한을 행사했다는 사실을 보여 준다. "자신의 정신에 대한 불멸의 초상은 루터 스스로 끄집어냈으나, 죽어야 하는 그의 용모를 만들어 낸 것은 루카스의 밀랍이다."

가득 찬 상태로 몰아넣었다. 막 서품을 받은 23세의 사제는 악마에 사로잡혀 있는 듯한 악몽에 온 힘을 다해 맞섰으며, 자신이 집전한 첫 미사를 마친 후에 성당 성가대석에서 일종의 발작 증세처럼 "나는 귀신 들리지 않았다!"라고 소리쳤다. 한번은 성체행렬이 있어 자신의 상관이자 고해신부인 요한 폰 슈타우피츠Johann von Staupitz(1468?-1524) 뒤를 따라가던 중 엄청난 두려움이 엄습했다. 슈타우피츠는 "그리스도는 그대를 경악하게 만드는 분이 아니라 위로하시는 분"이라며 루터를 진정시키려 했다. 용기를 잃은 이 수도사가 자책하면서 "오, 나의 죄여!"라고 한탄하자, 그의 고해신부는 "그대의 사소한 죄들은 그대로 두게! 하나님이 그대에게 화가 나신 것이 아니라, 그대가 지금 하나님께 화를 내고 있네!"라고 소리쳤다.

그렇지만 그는 자신의 악행과 죄에 사로잡혀 있었다. 루터는 지난날을 회상하며 자신이 무거운 죄의식과 두려움에 시달린 이유는 교회가 지옥 형벌로 위협했기 때문이라며 다음과 같이 말했다. "교황의 통치 아래에서 교회가 사람들에게 최후의 심판이 두려우니 예수님을 멀리하라고 가르친 점은 분명 해악이었습니다." "나는 예수님의 그림을 볼 때면 마치 악마 앞에 선 것처럼 두려웠습니다. 그분의 심판을 견딜 수 없었기 때문입니다." 루터는 후에 이러한 공포를 생생한 그림으로 표현했다. 구 형태의 무거운 물체가 선 위를 따라서 지나갈 때 선 위의 각 점들이 그 물체의 엄청난 무게를 온전히 견뎌야 하는 것과 마찬가지로, 영혼도 그와 같은 무게를 느낀다는 것이다. "지옥의 형벌은 견딜 수 없는 공포였고 어떤 위로도 효과가 없습니다." 루터는 그의 의식이 느꼈던 두려움의 끔찍한 결과를 "그때 나는 마치 시체가 된 것과 같았습니다"라고 직관적으로 설명했다.

적지 않은 정신병학자와 심층심리학자는 이러한 루터의 상태에서 신경불안증이나 정신병을 발견해 내고자 했다. 아무튼 그에게는 정체성의 위기와 함께 권위에 대한 극심한 갈등도 있었다. 그러나 신학자들은 깊은 양심의 갈등은 당대의 특징이었으며 종교인들 사이에서도 마찬가지였다고 부연했다. 예를 들어 사제가 미사를 수행하며 거룩함을 범했을 경우 지배적인 견해에 따르면 이중의 대죄를 지은 것이다. 사제가 그 상태에서 그리스도의 몸을 베풀었고, 동시에 그리스도의 살과 피를 영접했기 때문이다. 지속적인 참회와 고해로 점철된 생활로 인해 사제는 단지 짧은 기간 동안만 고해성사 후 면죄의 선포 Absolution를 통한 해방과 경감을 누렸다.

> 나는 참으로 경건한 수도사였고 교단의 규칙을 엄격하게 지켰습니다. 수도사는 수도생활을 통해 천국에 가는 법이니, 나도 그렇게 천국에 가기를 희망했습니다. 나는 교단 계율을 극도로 엄격하게 준수했습니다. … 수도사 생활을 좀더 오래 지속했더라면 아마도 밤샘, 기도, 독서와 다른 노동들로 나 자신을 죽일 정도로 고문했을 것입니다. 당시 나는 세상에서 가장 불쌍한 존재였고, 밤낮으로 헛되이 통곡하고 낙담했습니다.
>
> ― 루터, 수도사 시절을 회상하며

종교개혁가가 된 후 루터는 지난날을 회상하며 이러한 종교적 노력들과 경험들에 대해 격의 없이 그리고 신랄한 조롱을 섞어 다음과 같이 논평했다. "나는 차라리 포주나 도둑이 낫다고 생각했습니다. 왜냐하면 내가 15년 동안이나 미사에서 그와 같은 방식으로 그리스도를 봉헌하며 모독했기 때문입니다!"

1510년 11월 루터가 반년 동안 로마 여행을 떠나게 되어 수도사이자 학생으로서의 일상은 중단되었다. 순례를 겸했던 이 '출장'에서 루터는 바티칸까지 그보다 연장자인 형제와 동행했다. 본래의 목적은 아우구스티누스 수도회 내의 논란을 조정하는 것이었다. 4주간 머물게 될 성지 로마에 처음 도착했을 때, 루터는 "반갑다, 거룩한 도시 로마여!"라고 외쳤다. 이 도시에서 두 세계의 극적인 충돌은 발생하지 않았다. 오히려 서양 그리스도교의 중심지는 교회에 충성스레 헌신한 이 아들을 받아들였다. 그는 자신의 할아버지를 연옥의 불에서 구하기 위해 주기도문을 암송하며 라테라노 궁전에 있는 성스러운 계단을 무릎으로 한 계단 한 계단 기어서 올라갔다. 맨 위쪽에 다다르자 루터는 "이게 진실인지 누가 알겠는가?"라며 의심에 사로잡혔다. 그렇지만, 그것이 진실이라고 생각되었다. "나는 모든 것을 믿었다. 나의 아버지와 어머니가 아직 생존해 계신 것이 오히려 유감이었다. 그분들도 연옥의 불에서 구하고 싶었기 때문이다."

루터는 과거를 회상하며 로마의 사제들은 진지함이나 내면의 공감 없이 그저 습관적으로 미사를 집전했다고 보고하고, 전체적으로 가차 없이 부정적인 평가를 내리면서 "지옥이 있다면 로마가 바로 그곳"이라고 판단했다. 이처럼 그의 비판은 나중에서야 비로소 신랄해

> 프로테스탄트로 인해 종교적 존재인 인간 '나'는 더 이상 어떤 집단에 따라 자신을 규정하지 않아도 되는 급진적인 '나'를 말할 수 있게 되었다. 이는 물론 사람들을 말할 수 없이 고독하게 만들 수도 있었다. 그리고 사람들은 엄청난 책임을 떠맡게 되었다. 각 개인이 매 순간 모든 것을 결정할 수 있다면, 그는 또한 매 순간 영생과 저주 사이의 스산한 경계에 서게 되기 때문이다. 루터 스스로도 이것을 느꼈다. 이는 분명 단순한 삶은 아니었다. 그러나 근대의 시작에는 이러한 종교적 고독으로 들어설 용기가 필요했다.
> — 안테 폴머Antje Vollmer(1943년 생), 신학자이자 동맹90/녹색당 소속 정치인, 독일 연방의회 부의장을 지냈다.

졌다고 할 수 있다.

로마 여행에 관한 루터의 모든 보고는 대부분 신학적 문제들과 관련 있었다. 그는 그 도시의 아름다움에 대한 안목이 없었으며, 시스티나 성당과 미켈란젤로의 르네상스 문화에는 거리를 두었다. 이런 종류의 예술 감상이 그에게는 낯설었다.

로마에서 돌아온 지 반년이 지난 1511년 가을 그의 교단은 아직

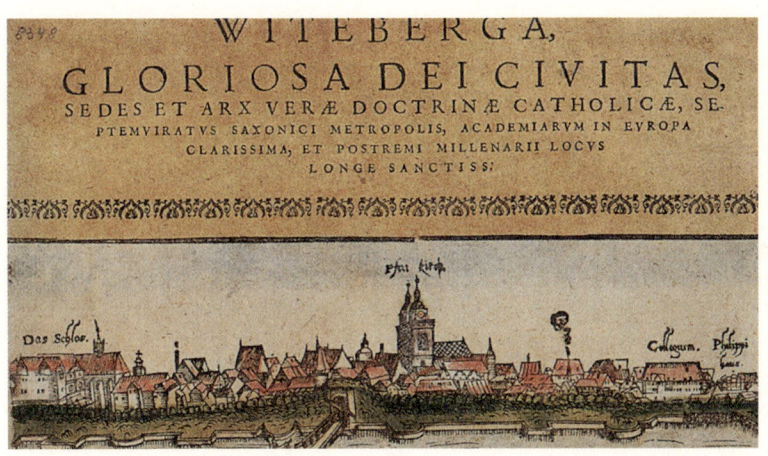

그림 16 크라나흐의 작업장에서 바라본 비텐베르크 시 전경. 1558년경의 채색 목판화로 표제어에는 "비텐베르크, 영광스러운 하나님의 도시, 진실하며 전 지구를 지배하는 진리의 소재지이자 성, 선제후령 작센의 수도, 유럽 대학 중 가장 명성이 높은 대학, 지난 천 년 동안 가장 성스러운 도시"라고 적혀 있다.
엘베 강가에 위치한 비텐베르크 시는 종교개혁이 시작될 무렵에는 약 2,000명(에어푸르트에는 2만 명)의 주민이 있었고, (토르가우와 함께) 선제후령 작센의 제2궁정이 있었다. 1502년부터는 대학도시였으며, 루터로 인해 '제2의 (독일의) 로마'로 부상했으며, 1530년대와 1540년대에는 예상치 못한 전성기를 누렸다. 그림 한가운데 있는 것은 시 교회로, 루터는 이곳에서 설교했다(교회 옆에는 시장과 시참사회 건물이 있다). 그림 왼쪽 가장자리에는 성 교회와 더불어 선제후의 성곽이 있고, 오른쪽에는 대학이 있다. 이 대학은 흰색 석재로 지어졌기에 '레우코레아'(흰색)라고도 불렸다. 그리고 오른쪽 맨 끝이 멜란히톤의 집이다. 그림에는 보이지 않지만 오른쪽으로 더 가면 예전에 아우구스티누스회 수도원이었던 루터의 집이 있다. 언급한 주요 건물들은 하나의 거리에 잇달아 있고, 천천히 걸어서 15분이면 넉넉히 도달할 수 있다.

30세가 안 된 루터를 로마와 반대 방향에 있는 북쪽의 비텐베르크 대학에 신학 강사로 파견했다. 그는 로마로 떠나기 전 1년간 그곳에서 공부했다. 루터는 이 도시에서 아우구스티누스회 수도원에 살았는데, 그곳이 이후 그의 생애 내내 그의 거처가 되었다.

1512년 루터는 신학 박사학위를 받았고, 그로 인해 독립적으로 신학적 작업을 수행할 수 있는 자격을 갖게 되었다. 루터는 평생 동안 자신의 박사 지위를 학자의 표시로 여기며 커다란 가치를 부여했다. 그는 여기에 더해 한동안 교구사제로서 교단의 여러 수도원을 감독했다. 루터는 자신의 업무가 너무 많아 서기나 상서(尚書) 두 명을 더 고용하더라도 해야 할 일이 충분할 정도라고 설명했다.

비텐베르크는 가장 강력한 작센 선제후의 두 궁정 중 하나가 위치한 곳이었지만 그저 '문명의 주변부'에 위치한 작은 도시에 불과했다. 루터 스스로도 썩 내켜 한 것은 아니었지만, 이 도시를 '죽은 동물의 사체'Schindleiche라고 꽤 적절하게 비유했다. 오늘날에도 이 소도시를 방문하는 사람들은 이곳이 벽촌이며 시민들은 우직하다는 인상을 어렵지 않게 확인할 수 있다. 그렇지만 1502년에서야 설립되었으며, 루터도 강의한 레우코레아Leucorea라고 불린 대학은 마치 자석과 같이 사람들을 빨아들이는 영향력을 발휘했다(*Leucorea는 비텐베르크Wittenberg의 그리스어 표현이다. leukos는 흰색weiß/white, oros는 산Berg/mountain이라는 의미를 지니고 있다). 이 대학은 종교개혁 시기에 독일에서 가장 크고 두드러진 대학으로 성장했다. 1530년대 중반에 비텐베르크는 종교개혁의 '로마'로서 전성기를 맞았다.

수도회 회원이자 신학자로서 그가 지닌 화려한 경력도 루터를 끝없는 죄의식과 자책, 이의 제기와 의심에서 해방시키지 못했다. 그는 "내가 어떻게 은혜로운 하나님을 영접할까"라는 질문을 지나치게 물고 늘어져 거의 좌절할 지경이었다. 그때 슈토터른하임에서의 '전향'처럼 또다시 급진적인 '회심'이 일어났다. 루터는 성경을 연구해서 무엇보다도 하나님이 엄격하고 벌을 주는 재판관이 아니라 호의를 베푸는 자비로운 구원자임을 알게 되었다. 바울이 로마서에서 말했던 하나님의 의는 하나님의 은혜로 말미암아 죄인을 의롭다고 인정하는 것으로 이해되었다.

> 복음에는 하나님의 의가 나타나서 믿음으로 믿음에 이르게 하나니, 기록된 바 오직 의인은 믿음으로 말미암아 살리라 함과 같으니라.(롬 1:17, 개역개정판)

> 모든 사람이 죄를 범하였으매 하나님의 영광에 이르지 못하더니 그리스도 예수 안에 있는 속량으로 말미암아 하나님의 은혜로 값없이 의롭다 하심을 얻은 자 되었느니라.(롬 3:23-24, 개역개정판)

> 그러므로 사람이 의롭다 하심을 얻는 것은 율법의 행위에 있지 않고 믿음으로 되는 줄 우리가 인정하노라.(롬 3:28, 개역개정판)

종교개혁적 발견을 회상하면서 루터는 말년에 출간한 《라틴어 전집》의 머리말에서 다음과 같이 적고 있다. "바울의 로마서를 연구하면서 나는 하나님의 의를 다음과 같은 것으로 이해하기 시작했다. 의인은 하나님의 선물보다는 하나님의 의, 즉 **믿음**을 통해 산다. 그리고 나는 복음을 통해 하나님의 의가 드러난다는 의미는 바로 자비로우신 하나님께서는 믿음을 통해서 우리를 의롭다고 인정해 주신다는 의미가 아닐까 하고 이해하기 시작했다. '의인은 믿음으로 산다'고 기록되어 있듯이. 그때 나는 마치 다시 태어난 듯한 느낌을 받았으며, 열려 있는 문을 통해 천국으로 들어가게 되었다."

인간이 아무리 선을 행하며 선하게 살고자 모든 노력을 다한다고 해도(선행을 통한 의Werkgerechtigkeit), 행위로는 하나님을 만족시킬 수 없다. 오히려 반대의 결과를 초래한다. 그와 같은 노력은 인간이 마음 깊은 곳에서 하나님이 아니라 자기 자신을 신뢰한다는 사실을 보여 준다. 그리고 이는 바로 하나님에 대한 믿음을 버렸음을 의미한다.

영웅 마르틴 루터가 그 일을 해냈다.
그는 복음을 널리 전파했다.
모든 인간의 행위를 완전히 부숴 버렸다.
거룩하게 말하기를, 하나님을 신뢰하라.

— 뉘른베르크의 제화공이자 시인 한스 작스
(1494–1576)가 루터를 예찬한 시 〈비텐베르크의
나이팅게일Die Wittenbergisch Nachtigall〉(1523)에서

교회사학자들은 여러 세대를 거쳐 오면서 루터가 언제 근본적으로 종교개혁적인 깨달음을 얻었는지 탐구했다. 바로 루터가 살았던 수도원의 탑에 난방이 되는 작은 서재에서 일어난 일이라 소위 '탑 체험'

회심 경험

바울(파울루스Paulus, 라틴어 어미를 가진 히브리 이름. 예전 이름은 사울루스Saulus. 서력 기원경 – 65년경)은 다마스쿠스(다메섹)로 여행하던 중 환상을 보았다. 이 환상은 예수의 적대자이자 초기 그리스도인의 박해자였던 그를 사도이자 그리스도교 교회의 주요 설립자 중 한 사람으로 만들었다(사도행전 9장).

그림 17 〈율법과 은총〉. 아버지 루카스 크라나흐 혹은 그의 아들 루카스 크라나흐의 작품(1550년경). 아버지 루카스 크라나흐 혹은 아들 루카스 크라나흐가 그린 작품은 곳곳에 루터의 칭의론에 대한 가르침을 그려 넣었다. 왼쪽에는 죽음과 악마가 (인류의 상징인) 아담을 지옥불로 몰아넣고 있다. 그 밖에 인류의 타락 장면도 있다. 오른쪽에는 (십계명판을 든) 모세와 예언자들이 책임과 죄를 제시하고 있다. 그리고 위쪽에는 그리스도가 지구 위의 권좌에 앉아 있다. 오른쪽에는 세례 요한이 (하나님의 '양'으로서 죄 없이 고난을 받는) 십자가에 달린 그리스도를 가리킨다. 피의 광선이 인간들에게 비추어 구원한다. 무덤에서 부활한 그리스도(그림 오른쪽)는 악마와 죽음에게 승리를 거두고 있다. 그와 더불어 마리아에게 예수의 탄생을 고지하는 모습과 승천하는 예수가 보인다. 정중앙에 그림을 두 부분으로 나누는 (생명의) 나무는 왼쪽은 마르고 가늘며, 오른쪽은 잎이 무성하고 생기가 있다.

생의 기쁨에 충만하고 향락적인 수사학자이자 철학자였던 아우구스티누스(354-430)는 회심을 통해 그리스도교로 전향했고, 그때 어떤 음성을 통해 성경 강독을 요구받았다("잡고 읽어라!"). 그는 구교의 가장 중요한 '교부'가 되었다.

마르틴 루터에게 바울과 아우구스티누스는 가장 중요한 모범이었다. 루터는 그들의 삶과 신학을 지향했다. 그 스스로는 이러한 모범적 인물들의 삶을 닮은 종교적인 다양하고 중요한 체험들에 대해 보고했다.

이라 불리는 사건이다. 예전에는 1513년에서 1515년 사이에 탑 체험이 있었다고 생각한 반면, 오늘날에는 루터가 논제를 비텐베르크 대학 교회의 정문에 게시한 사건이 발생한 이후인 대략 1518년까지 그 시기가 많이 늦추어졌다.

탑 체험의 시기를 따지는 것은 부적절할 수 있다. 위대한 깨달음들은 성경 속 인물이나 성인의 모델을 따라 어떤 개별 사건으로 압축할 수도 있지만 실은 장기간에 걸친 발전들을 통해 겪는 것이기 때문이다. 탑 체험은 여러 단계를 거치며 나타난 성과일 수도 있다. 그래서 루터는 젊은 시절 자신의 고해신부인 요한 폰 슈타우피츠에게 보낸 편지에서 자신에게 '참회'라는 단어의 의미가 어떻게 유사하지만 조금씩 달라졌는지 전했다. 의무라고 여긴 **회개**가 감사하게 수용할 수 있는 선물로 변한 것이다. 결국 그의 체험은 오르고 내림, 전진과 후퇴를 거쳤을 뿐 아니라, 구하고 발견하고 다시 묻는 일련의 역동적인 발전과정으로 이해할 수 있다.

탑 체험이 일어난 장소도 주목을 끌어왔다. 루터도 언젠가 《탁상담화》에서 이렇게 말했다. "성령께서는 이러한 기술을 탑의 뒷간에 있는 내게 주셨습니다." 그 점에 관하여 당대의 미신적인 논쟁뿐만 아니라 그보다 후대의 한 복음주의적 교회사가도 익살스러운 가설을 내세웠다. 즉 루터가 마음을 진정시키게 된 이 체험을 조용한 장소, 즉 뒷간에서 경험했다는 것이다. 중

> 어린아이들을 모든 끔찍스러운 진실로 괴롭힐 이유는 없다. 왜냐하면 하나님 그분은 노력이나 행동을 통해 선택하지 않기 때문이다. 그분의 은총을 얻지 못할 이유가 없다. 그분의 사랑은 불공평하다.
> ― 베스트셀러 작가 다니엘 켈만Daniel Kehlmann의 처녀작 《베어홀름의 상상Beerholms Vorstellung》 (1997)에서

세의 전통에 따르면 그곳은 정령과 마귀의 공간이다. 실제로 루터는 변비와 같은 경미한 육체적 질병이 사라지는 때에는 생각에 날개가 돋는 일종의 해방을 경험하게 된다고 간주했다. 그러나 그는 자신이 신학적 측면에서 체험한 종교개혁적인 깨달음을 지옥에서 탈출해 천국으로 비상한 것이라고 표현했다.

> 기쁨과 사랑으로 노래하니,
> 사랑하는 모든 성도여, 이제 기뻐하라.
> 모두 위로받고 하나 되어 기뻐 뛰어오르자.
> 하나님께서 우리에게 돌리셨던 달콤한 기적.
> 그분은 커다란 희생을 치르고 이를 마련하셨네.
> 나는 악마에게 잡혀 누워서,
> 죽음 속에서 절망했네.
> 나의 죄는 밤낮으로 나를 짓눌렀고
> 그 속에서 나는 태어났네. …
> 엄청난 나의 불행을 하나님께서 끊임없이 애통해하셨네.
> 그분은 당신의 자비를 베푸사 나를 도우셨네. …
> 그분은 당신의 사랑하는 아들에게 말씀하셨네.
> 이제 자비를 베풀 시간이다,
> 그곳으로 가라, 내 심장 같은 왕이여.
> 가난한 자의 구원이 되고 그를 죄악에서 구하며
> 그를 위해 쓰디쓴 죽음을 말살하고
> 그가 너와 함께 살도록 하라.

5. 면벌부 설교자의 파렴치한 발언에 맞서다
95개조 논제와 그 결과(1517–1520년)

오늘날까지도 개신교인들은 1517년 10월 31일을 개신교의 창립일로 기념하고 있다. 비록 할로윈 축제가 비견할 만한 경쟁상대로 성장했지만, 이 창립일은 현재까지도 최소한 **루터파** 국가들 전체에서는 지금도 여전히 기념되고 있으며, 일종의 르네상스에 대한 자부심을 부여한다. 구동독 지역에서는 종교개혁기념일이 법정 공휴일이기도 하다.

이처럼 500여 년 동안 지속적으로 그 의미를 기리고 있음에도 불구하고 오늘날까지도 1517년 10월 31일에 실제로 무슨 일이 일어났었는지 100퍼센트 확실하지 않다는 사실이 놀랍다. 그런데 19세기에 그려진 역사화는 마치 정확히 알고 있는 듯 묘사되어 있다. 거기에는 한 진지한 수도사가 비텐베르크의 성 교회Schlosskirche 문 앞에 똑바로 서서, 영문도 모른 채 심히 놀라워하는 시민들에게 자신이 문에 못질해 게시한 논제를 망치로 가리키고 있다. 20세기 초 한 프로

그림 18 조셉 파인즈Joseph Fiennes가 주연한 에릭 틸Eric Till 감독의 2003년 작 〈루터〉. 이 영화는 종교개혁을 내적으로 분열된 한 영웅의 모험으로 그렸다. 이 논제 게시 장면은 토론 논제의 공개적인 게시가 당대에 유행이었다는 점을 보여 준다.

테스탄트 교회사가는 더 상세한 내용을 보고했다. 그는 내면의 눈으로 루터를 보았기에 "루터는 정오 직전에 자신의 논제를 게시하기 위해 조교 한 명만 대동한 채 아우구스티누스회 수도원에서 성 교회까지 비텐베르크의 대로를 걸어갔다"고 서술했다. 이런 관점에서 20세기 후반 한 **가톨릭** 교회사가가 "논제 게시는 결코 없었다, 그것은 터무니없는 상상력의 산물일 뿐이다"라고 내놓은 주장은 훨씬 충격적이었음에 틀림없다.

> 27조. 면벌부 설교자들이 연보궤 안에 던진 돈이 딸랑 소리를 내자마자 영혼은 연옥에서 벗어 나온다고 말하는 것은 인간의 학설을 설교하는 것이다.
> 71조. 교황의 면벌부의 진리에 반하여 설교하는 자는 파문과 저주를 받을지어다.
> 72조. 그러나 면벌부 설교자들의 해롭고 뻔뻔스런 말에 대항하는 자는 복이 있을지어다.
> ―루터, 《면벌부에 대한 95개조 논제》에서

현재까지도 이 논쟁은 끝나지 않았다. 양측은 신뢰할 만한 근거들이 있다. 논제 게시와 관련된 일은 놀라우리만큼 뒤늦게 보증되었다. 루터의 동료 필립 멜란히톤Philipp Melanchthon은 나중에, 즉 1546년 루터의 《라틴어 전집》 제2권 서문에서야 비로소 이 일을 언급했다. 그때는 이미 루터가 사망한 뒤였다. 이것이 한쪽 측의 근거다. 다른 측은 그와 같은 논제 게시가 대학 내에서는 일상이었다는 점을 지적한다. 이 논쟁에서 눈에 띄는 사실은 대체로 프로테스탄트 교회사가들은 논제 게시를 인정하는 쪽에 서 있는 반면, 가톨릭 교회사가나 일반 세속역사가들은 그날의 사건에 대해 현저하게 회의적이라는 점이다. 그들은 그럴 법한 전설이 만들어졌으리라고 추측하기도 한다. 어찌 되었든 양측 모두 의견이 일치하는 부분은 그날 루터가 95개조 논제를 작성했으며, 가장 먼저 자신의 상관으로 있는 주교와 추기경 알브레히트 폰 브란덴부르크Albrecht von

Brandenburg에게 보냈고, 그 후 여러 날에 걸쳐 교회와 대학에 속한 다른 많은 사람들에게 보냈다는 사실이다(그리고 그 논제는 아마도 이런 과정에서 일종의 대학 게시판이었던 교회 문에 붙여졌을 수도 있다).

  루터는 학자들과 고위 성직자들 사이의 토론을 유발하려고 논제를 라틴어로 작성했다. 이 일은 그가 기대했던 것 이상으로 놀라우리만큼 성공을 거두었다. 불꽃 없이 은근히 타오르던 교회에 대한 비판이 마침내 폭발했다. 루터의 논제는 곧바로 독일어로 번역되었고, "마치 천사가 심부름꾼 노릇을 한 것처럼" 14일 만에 독일 전역으로 확산되었다. 이 논제는 당시까지 무명이었던 루터를 단숨에 유명인으로 만들었다. 이는 '천국을 향해 돌진하면서 세상에 불을 붙이는 것'이나 다름없었다. 그 스스로도 자신의 용기에 놀랐다. "그 노래는 내 목소리가 감당하기 어려울 정도로 지나치게 높아졌습니다." 주지하듯이 그 논제는 면벌부를 전적으로 적대시한 것이 아니라 단지 오남용을 반대하는 데 초점이 놓여 있었다. 루터의 영방군주도 평생 면벌의 효력이 있는 성유물들을 보유하고 있었다.

  루터는 믿음의 진정성에 대한 걱정 때문에 투쟁의 '노래'를 부르기 시작했다. 고해신부였던 루터는 자신에게 **고해**하는 주민들이 인접 도시인 할버슈타트로 가서, 그곳에서 활동하던 도미니쿠스회 수도사 요하네스 테첼 Johannes Tetzel(1465?-1519)

> 예수님이 태어난 곳에서 수집한 성유물 네 점, … 성처녀 마리아의 유액乳液이 묻어 있는 성유물 다섯 점, … 예수님이 할례받은 곳에서 획득한 성유물 한 점…등등.
> 모든 성유물의 합계 5,005점.
> 각 성유물에 대해 100일간씩 연옥의 벌 감면.
> 복되도다, 이 은총에 참여한 자들이여.
> ─ 루터의 영방군주 현명공 프리드리히 소유인 비텐베르크 성 교회 성유물 목록에서

에게 참회 대신 동전으로 자신들이 받을 벌을 사해 주는 면벌부를 구매할 수 있다는 사실을 알게 되었다. 테첼은 면벌부를 많이 팔기 위해 점점 더 적극적으로 홍보했다. 그는 자신이 파는 면벌부는 효과가 아주 좋아서, 심지어 성모 마리아를 성폭행한 흉악범조차도 죄악에서 깨끗이 씻어줄 수 있다고 노골적으로 표현했다. 루터는 테첼이 면벌부 홍보를 탁월하게 한다고 평가했다. 사람들 사이에서 다음과 같은 이야기가 떠돌았다. 솜씨가 뛰어난 도둑 몇 명이 강도질을 하기 전에 미리 강도질에 대한 죄를 면죄받을 수 있는 돈을 면벌부 설교자의 돈궤에 넣어 영혼이 지옥에 떨어질 위험이 사라지자, 곧바로 돈궤에서 자신들이 낸 돈은 물론 다른 사람들이 낸 돈까지 모두 강탈해 갔다는 것이다. 사람들은 테첼과 그의 어설픈 생각을 비웃었지만, 그러면서도 안전을 위해 면벌부를 구입했다.

그러나 루터는 논제를 작성했다. 그리고 이것을 통해 교회의 핵심 정책에 개입했다. 브란덴부르크의 변경백작 알브레히트 2세Albrecht II(1490-1545)는 막데부르크Magdeburg의 주교이자 할버슈타트Halberstadt 주교구의 관리자Administrator이며, 마인츠의 대주교였다. 특히 마인츠 대주교는 신성로마제국의 선제후이자 대재상Erzkanzler으로, 황제에 이어 제국에서 두 번째로 강력한 지위였다. 그는 주교구 세 곳의 관직을 불법적으로 차지하기 위해 2만 9,000굴덴이라는 엄청난 금액을 야콥 푸거에게 빌려 로마에 지불해야만 했다. 테첼이 면벌부 판매로 조달한 금액 중 절반이 알브레히트의 빚을 갚

연보궤 안에 던진 돈이 딸랑 소리를 내자마자 영혼은 연옥에서 벗어 나온다.
— 면벌부 설교자 요하네스 테첼의 주장으로 전설적인 격언이 되었다.

기 위해 푸거 가문에 흘러들어 갔고, 나머지는 곧바로 로마에 전달되었다. 이는 특히 베드로 대성당 신축을 위한 자금이었다. 루터는 진실을 밝히는 행동이 권력자들에게 "매우 유해"하리라는 것을 예감했다.

루터가 논제를 통해 면벌부를 폐지하려고 생각했던 것은 아니었다. 그는 단지 면벌부는 바른 신조를 지녔을 경우에만 유용하다고 생각했다. 하나님은 우리의 전 생애가 참회의 삶이 되기를 원하신다는 것이 그의 논제 제1조였다. 그렇지만 여기에는 폭약이 장전되어 있다. 후에 이 부분으로부터 교회의 고해성사에 대한 의문이 제기되기 때문이다. 이어지는 조항들에서 루터는 일종의 역할에 대한 숙고 과정에서 교회 및 교황 비판자의 논리들을 수용했다.

"현재 가장 부유한 사람보다도 더 많은 재산을 가진" 교황이 가난한 신자의 돈이 아니라 차라리 자신의 넘쳐나는 돈으로 베드로 대성당을 신축할 수 있지 않은가(86조), 또한 연옥에 있는 모든 영혼이 그곳에서 구원받기를 원하는지 어떠한지 그 누가 알 것인가 하고 반문했다. 사람들은 적어도 성 세베리누스 St. Severinus 와 성 파스칼리스 St. Paschalis 가 그와 같은 추악한 거래를 허용하는 것을 거부했음을 알고 있었다(29조). (*전승에 따르면 성 세베리누스와 성 파스칼리스는 5세기와 6세기 초에 살았던 성직자로 사후 연옥으로 갔

> 면벌부 사업이 최근 또다시 유행하고 있다. 이는 적어도 빈번하게 하늘을 날아다니는 사람들을 대상으로 적용되고 있다. 비행기 운항으로 말미암아 대기에 미친 피해를 제거하기 위해, 대기 관련 기관은 그들에게 점점 더 많은 돈을 징수한다. 프랑크푸르트에서 뉴욕까지(6,248킬로미터) 왕복 비행을 하면 81유로의 면벌금을 내야 한다. 비행기 운항으로 배출된 4,000킬로그램의 이산화탄소를 기후 보호 프로젝트를 통해 다시 감소시키려면 그 정도의 비용이 소요된다.
>
> ―21세기 초 한 일간지에서

으나 더 높은 구원의 단계에 이르기 위해 연옥에 더 오래 머물며 형벌을 견디기를 원했다고 전한다.)

루터는 이 논제와 곧이어 출간된 《논제 해설*Resolutionen*》은 라틴어로 썼다. 반면 《면벌부와 은총에 대한 설교*Ein Sermon von Ablass und Gnade*》(1518)는 평범한 독일의 공동체 구성원들을 위해 독일어로 썼다. 이 책은 출간된 해에 최소 16쇄나 인쇄될 정도로 첫 번째 종교개혁 베스트셀러였다.

논제 발표 후 3년간은 루터에게 놀라울 정도로 역동적인 활동들이 있었고, 1520년에서 1521년까지 두 가지 영역에서 근본적인 발전이 이루어졌다. 그중 하나는, 점차적으로 개별 폐해에 대한 저항에서 교회에 대한 근본적인 비판으로 확대되었다는 것이다. 그로 인해 교회는 결국 루터를 이단으로 낙인찍었다. 다른 하나는, 확실하고 핵심을 찌르는 고유한 신학을 완성할 능력을 갖고 있던 이 개혁자가 변방에 위치한 대학의 소박한 신학교수에서 단기간에 독일에서 가장 주목할 만한 신학자이자 교회사의 위대한 인물 중 하나로 부상했다는 것이다.

1518년 초 루터는 그가 속한 교단의 참사회에서 일련의 논제에 대한 자신의 견해를 답변했다. 여름이 시작될 무렵 교회는 루터에 대한 이단 소송을 공식적으로 시작했다. 가을에는 아우크스부르크에서 제국의회가 열리고 있던 동안 교황 사절인 추기경 토마스 카제탄Thomas Cajetan(*이탈리아인으로 본명은 토마소 데 비오Thomaso de Vio이며, 당대에는 라틴어식 이름 가에타누스Gaetanus로 많이 불렸으나, 통상 종교개혁사에서 카제탄이라는 이름으로 표기된다)이 부차적으로 루터를 소환해 심문했다. 그곳으로 가던 도중 루터는 "이제 죽음에 처하게 될 수도 있다"는 공포를 견뎌야 했다. 그의 눈앞에는 장작더미가 어른거렸고, 그 상황에서 "사랑하는 부모님에게 얼마나 치욕인가"라며 자책했다. 그는 그곳에서 **공의회**에 보호를 호소했고, 항소문서를 공증해 두었다.

다음 해 여름에는 대논쟁이 벌어졌다. 잉골슈타트의 신학자 요하네스 에크Jahannes Eck(1486-1543)에 맞서서 루터와 그의 비텐베르크 대학의 동료인 카알슈타트Karlstadt라고도 불리는 안드레아스 보덴슈타인 Andreas Bodenstein(1480?-1541)이 커다란 논쟁을 벌였다. 이제 루터는 교황의 권위를 의심할 뿐 아니라, 이단자 얀 후스Jan Hus의 많은 글들을 변론했다. 콘스탄츠 공의회에서 후스가 유죄 판결을 받은 사실과 관련해서 루터는 "공의회들도 오류를 범할 수 있다!"고 주장했다. 그 발언은 그 논쟁을 지켜보던 카제탄으로 하여금 루터가 "새로운 교회를 세우겠다는 뜻"이라고 해석할 빌미를 주었다.

루터는 멀리, 어쩌면 아주 멀리 과감하게 나아갔다. 그의 비판은 교회의 기반을 뒤흔들었다. 그러나 그해에 임박한 황제 선출의 맥락에서 교황은 자신의 사절인 카알 폰 밀티츠Karl von Miltitz를 시켜 루터의 영방군주 작센 선제후 프리드리히에게 황금 장미장(Tugendrose 또는 Golden Rose, *황금장미장은 통상 교황이 공로를 세운 국가, 교회, 군대 혹은 통치자에게 공경과 애정의 상징으로 하사하는 상을 의미한다)을 전달했고, 그가 추천하는 후보를 추기경으로 선발하겠다고도 제안했다. 이것은 직접 언급하지는 않았지만 루터를 통제하라는 의미였다.

그러나 결과는 달리 전개되었다. 그의 영방군주와 마찬가지로 루터는 완고하고 고집이 셌다. 결국 1520년 여름에 이단 소송은 루터에 교회는 무엇이어야 하는가? 노년의 루터는 이제 거의 확실히 알았다. 왜냐하면 그는 명성을 지니고 있었고, 자신의 과업을 위해 죽으려고도 했기 때문이다. 그리고 그는 거의 죽을 뻔했다. 사실 누군가가 "나는 그것을 위해 죽을 거야"라고 말하면, 거의 그런 상황에 이른다. 자신을 희생하는 일을 정말로 할 수 있다는 것은 위대한 일이다. 이렇게 말하는 것이 교회적으로 보면 틀릴 수도 있다. 그러나 그들이 지금 '도덕적'이라고 말하고 또 그렇게 간주하는 것 중에서 최고의 것은 개인적으로 자신을 내어놓는 것과 무언가를 위해 죽을 수 있다는 것이다. 인간은 이보다 더 한 일은 할 수 없다.

— 테오도르 폰타네Theodor Fontane의
《슈테힐린Stechlin》(1899)에 등장하는 (노년의)
슈테힐린의 발언에서

대한 교황 레오 10세의 **파문 교서**인 〈엑수르게 도미네*Exsurge Domine*〉로 이어졌다. 이 교서는 단호하게 언급했다. "레오, 주교이자 하나님의 종들의 종, … 오, 주님, 일어나소서Exsurge Domine 당신의 심판을 내려 주소서. … 당신의 포도밭인 교회를 숲에서 나온 야생 멧돼지 한 마리가 파괴하려 하고 있으며, 유난히 거친 짐승이 그 밭이 황량해지도록 다 먹어 치우려 하고 있습니다." 기사이자 인문주의자이며 루터 추종자인 울리히 폰 후텐Ulrich von Hutten이 즉시 이 교서에 대한 반박문을 썼다. "친애하는 레오 10세시여, 말씀하신 그대로 실행하십시오! 당신은 거친 사자Leo이고, 따라서 우리는 당신에게 대항해 싸우기로 했습니

1520년에 발표된 세 편의 종교개혁 핵심 문헌

《독일 그리스도교 귀족에게》: 독일어로 쓰인 이 책에서 루터는 세속 귀족들에게 교회 개혁에 참여할 것을 촉구했다. 그는 '만인사제론'을 그에 대한 근거로 제시했다. "모든 그리스도인은 진정 성직자 신분들입니다. … 왜냐하면 세례를 받아 거듭난 자는 비록 그가 그와 같은 직분을 수행하기에 적합하지 않다 하더라도, 이미 사제, 주교, 교황으로 축성된 것으로 간주될 수 있기 때문입니다."
《교회의 바벨론 포로》: 라틴어로 쓰인 이 책에서 루터는 가톨릭교회의 근본적인 성사교리를 공격했다. "결국 엄밀히 말하면, 하나님의 교회 안에는 단지 두 가지 성사, 즉 세례와 성찬만 존재합니다. 왜냐하면 이 두

다. … 당신이 독일인들에게 계속 돈을 짜낸다면, 당신은 작은 여우보다 더한 사기꾼처럼 행동하는 것입니다."

파문 위협을 받은 루터는 《로마의 교황권에 대하여 Von dem Papsttum zu Rom》에서 그리스도교 세계는 교황이 아니라 오직 예수 그리스도에 의해서 지배된다고 반격했다. 그는 교회의 관리자 교황이 적그리스도이고, 진정한 그리스도교 공동체가 맞이할 말세의 대적자라는 확신에 이르자 최종적으로 교회에 도전장을 던졌다. 그는 12월 10일 동료와 학생들과 함께 교황의 파문 교서와 로마 교회의 또 다른 서적들을 비텐베르크의 엘스터 문 앞에서 공개적으로 불살라 버렸다. 이 상황은 "루터가 파문 교서를 불사르다"라는 제목으로 널리 신속하게 알려졌다.

> 루터는 그보다 앞선 지난 1,500년 동안 누구도 하지 못한 일을 해냈다. 즉 본래의 맥락에서 이해되지 못하던 사도 바울의 칭의론 Rechtfertigungslehre에 이르는 길을 발견한 것이다. 1,500년 동안 미뤄지고, 파문되고, 봉인되었을 뿐만 아니라 덧칠되기까지 했던, 이 본래적인 칭의론의 재발견은 놀랍고도 거대한 신학적 업적이다. 그와 같은 기여를 감안해서 로마 교황청에 루터의 공식적인 복권과 파문 취하를 촉구한다.
> — 로마로부터 강의 금지 처분을 받은 신학자 한스 큉 Hans Küng이 1996년 발표한 기고문 《가톨릭교도들이 루터의 사례에서 인정해야만 하는 사실》에서

성사에서만 하나님의 확실한 상징과 죄사함의 약속을 발견하기 때문입니다."
《그리스도인의 자유》: 독일어와 라틴어로 쓰인 이 책에서 루터는 역설적으로 보이는 이중 논제에 대해 자유에 대한 종교개혁적인 입장을 기본적으로 설명했다. "그리스도인은 모든 것에 대해 자유로운 주인이며 그 누구의 종도 아닙니다. 그리스도인은 모두에 대해 섬기는 종이며, 모두에게 종속됩니다."
이 글은 다음과 같은 문장으로 끝난다. "그리스도인은 자기 자신을 위해서가 아니라, 그리스도와 그의 이웃을 위해 삽니다. 그리고 믿음을 통해 그리스도 안에 살고, 사랑을 통해 이웃 안에 사는 것입니다."

로마가 1521년 1월 3일 최종 파문장을 발행한 것은 당연한 결과였다. 파문 교서에서 교황에게 '야생 멧돼지', '짐승'이라고 불린 수도사 마르틴 루터는 로마교회에서 추방되었고 이후 그는 **이단자**로 간주되었다.

루터는 "그는 나를 물어뜯을 고슴도치 한 마리로 생각했다"고 반박하고, 한평생 이 높으신 분에게 지나칠 정도로 뻣뻣하게 버텼다. 루터의 저작 중 다수는 그의 주요 적이었던 교황과 그의 추종자인 '로마법 학자들' 혹은 '교황 신봉자들'을 겨냥한 것이다. 그에게 로마교회는 '악마의 창녀'였다. 이 표현에서 루터는 자신이 생각한 것 이상으로 핵심을 지적했다. 악의적인 소문에 따르면 그 거룩한 도시의 특정 지역에서는 여인들의 3분의 1이 매춘부였다.

이 시기 루터의 내적 발전은 그의 개명에서 외적으로도 드러난다. 면벌부 논제를 발표한 후 그는 '루더'Luder라는 성을 '루터'Luther로 바꾸었는데, 그로써 그리스어 '엘레우테로스'eleutheros에서 유래한 '해방된 자'der Befreite라는 뜻의 이름을 갖게 되었다. 그는 1518년에 하이델베르크 논제를 발표했다. 이는 신학적으로 1517년에 발표한 것들보다 훨씬 중요하며, 이 시기의 여러 논제 중에서도 가장 주목할 만한 논제였다. 여기서 루터는 수도사 형제들과 경건하게 귀 기울이는 젊은 신학생들에게 새로운 신학의 골격을 공개적으로 제시했다. 그것은 모든 그리스도교 신앙의 근본 사실, 즉 십자가를 철저히 진지하게 만드는 신학이었다. 루터는 "십자가에 달리신 예수 그리스도 안에 진정한 신학과 하나님에 대한 인식이 들어 있다"라고 주장했다. 그리고 그로부터 인간의 구원은 인간의 의지와 행동에 있는 것이 아니라, 바로 십

그림 19 연소 루카스 크라나흐가 그린 1545년의 채색 목판화. 이 풍자화는 루터가 로마교회에서 무엇에 대항해 투쟁했는지를 보여 준다. 그림 오른쪽 앞부분에는 "연보궤 안에 던진 돈이 딸랑 소리를 냈기 때문에, 영혼이 천국으로 올라간다"라고 쓰인 푯말과 함께 면벌부 판매대가 보인다. 대주교 알브레히트의 면벌부 상인들이 제시한 가격은 사회적으로 감당할 수 있는 수준이었다. 로마 순례여행에 대한 보상으로 완전 면벌(전대사)이 제공되었는데, 그에 대한 대가로 국왕, 제후, 주교들은 일반 수공업자보다 25배나 많은 돈을 지불해야 했다.

자가 안에만 존재한다고 설명했다. 나아가 루터는 인간의 행위, 심지어 선행조차도 '대죄'(大罪)라고 강조했다. 면벌부의 폐해에 대한 투쟁은 결국 선행으로 의롭다 인정받으려는 모든 태도(행위 의인)에 반대하는 것으로 확대되었다.

이러한 시각에서 루터는 1519년 **세례, 성찬**, 고해성사에 대해 각각 한 편의 글을 썼다. 루터는 이 모든 것을 하나님의 마음에 부합하기 위한 인간의 행위라기보다는 인간 안에서 하나님이 행하시는 역사

(役事)로 보았다.

　종교개혁의 '결정적인 해', '기적의 해' 혹은 '신기원의 해'라고 불리는 1520년에 루터는 세 편의 글을 통해 종교개혁 신학의 핵심을 표현했다. 이미 1517년의 논제와 그에 뒤따른 글들이 그 이전까지 크게 주목받지 못했던 루터를 위대하고 유명한 작가로 만들었다. 비텐베르크의 인쇄업자들은 루터의 이름 전체를 표기하는 대신 M.L. 혹은 M.L.A.(A는 아우구스티누스회 수도사의 약자)라는 이니셜만 사용해도 충분했다. 전 독일뿐 아니라 유럽 전역이 그 이니셜만으로도 이미 그가 누구인지 알게 되었기 때문이었다. 베스트셀러 작가인 루터는 1520년 생산력의 절정에 이르렀다. 인쇄쪽수 900쪽, 글의 종류 27종, 총 270쇄 인쇄, 판매부수 50만 부를 기록하여 그보다 앞선 시대는 물론 후대와 비교해도 다른 모든 저자를 무색하게 만들었다.

　그의 저작들 중 압권은 《독일 그리스도교 귀족에게》였다. 이 글은 출간 후 며칠 만에 초판 4,000부가 동이 났다(당시에는 1,000부만 판매되어도 상당히 좋은 실적이었다). 그리고 그해에만 15쇄나 인쇄되었다. 문자 그대로 이 글은 종교개혁 저작 중 최고의 성공을 거두었다. 루터가 이 저서를 통해 사방에 넘쳐나는 교회 비판들 중 최전선에 서게 된 것은 놀라운 일이 아니었다. 그는 교황이 독일을 경제적으로 약탈하고 있다고 지탄하는 대중의 생각에 전적으로 부합하는 글을 쓴 것이다. "이탈리아를 착취할 대로 착취한 그들이 이제 독일 땅으로 오고 있습니다. 그러니 독일이 곧 이탈리아처럼 당하지 않도록 주의해야 합니다."

　교황청과 공의회가 더 이상 자격이 없다면, 교회를 근본적으로 개혁하기 위해 도대체 누가 나서야 할까? 이제 그 과제는 세속 정부 외에는 아무도 수행할 수 없었다. 그리하여 루터는 딱딱하지만 강령적인 제목이 붙은 저술《그리스도교의 개선을 위해 독일 그리스도교 귀족에게*An den christlichen Adel deutscher Nation, von des christlichen Standes Besserung*》(약어 '독일 그리스도교 귀족에게')에서 황제와 제후들 같은 세속신분들이 더 이상 용납할 수 없는 종교적 상황을 개혁해야만 한다고 촉구했다. 이는 사실상 체제의 파괴였다! 황제와 제후들이 대체 그런 일을 할 능력이 있으며 또 정당한 일인가? 루터는 당연히 그렇다고 대답하며, 논란의 소지가 많은 신학 사상을 제시했다. 즉 모든 신도는 본질상 사제가 될 수 있으며, 사실 세례를 통해 이미 사제가 되었다는 것이다("왜냐하면 우리는 모두 세례를 통해 거듭났기 때문입니다!"). 이것이 바로 '만인사제설'이다. 이 주장은 당대의 성직자들이 교회 안에서 성도들 위에 군림하는 원칙을 무너뜨렸으며, 그로써 로마교회의 기반 중 하나를 허물었다.

> 그 무엇도 마르틴 루터의 위대함에 맞설 수 없다! 그는 성경 번역이라는 엄청난 작업을 통해 독일어를 비로소 온전하게 만들었다. 그것을 훗날 괴테와 니체가 완성한 것이다. 그뿐만 아니라 루터는 스콜라적인 속박을 분쇄했고 양심의 자유를 혁신함으로써, 연구, 비판, 철학적 사변의 영역에서 엄청난 진전을 이루었다. 그는 인간의 하나님에 대한 관계의 직접성을 회복함으로써 유럽의 민주주의를 촉진했다. 왜냐하면 '모든 사람은 사제'라는 사상은 곧 민주주의를 의미하기 때문이다.
> ─ 토마스 만(1945)

한 달 뒤 루터는 개혁의 길로 한 걸음 더 나아갔다. 이번에는 지식인을 대상으로 라틴어로 쓴《교회의 바벨론 포로*De captivitate Babylonica ecclesiae*》에서 교회의 7가지 **성사**를 세례와 성찬 단 두 가지로 축소시켰다. 왜냐하면 이 두 가지만이 신약성경에서 예수를 통해 명백하게 도입되었으며, 그와 더불어 세례의 경우는 물, 성찬의 경우는 빵과 포도주라는 가시적인 상징을 가졌기 때문이다. 성직자는 아주 평범한 그리스도인이 되었기 때문에 사제서품은 성사에서 제외되었다. 마찬가지로 혼인도 '세속의 사안'이기 때문에 성사적인 성격이 사라졌다. 다른 성사들에서도 유사한 일이 일어났다. 그로써 그리스도인은 전해 내려오던 많은 관습과 규정에서 해방되었다.

그해에 발표된 세 편의 위대한 글 중 마지막 작품인 《그리스도인의 자유 Von der Freiheit eines Christenmenschen》는 바로 이와 같은 사상을 담고 있다. 이 글에는 새로운 신학의 근본적인 강령을 간결하게 서술하고 있다. 가장 흥미로우면서도 모순적인 이중 논제는 그리스도인은 '자유로운 주인'이자 '섬기는 종'이라는 가르침인데, 그와 같은 모순은 그리스도인의 이중적 본성을 구분함으로써 해소된다는 것이다. "자

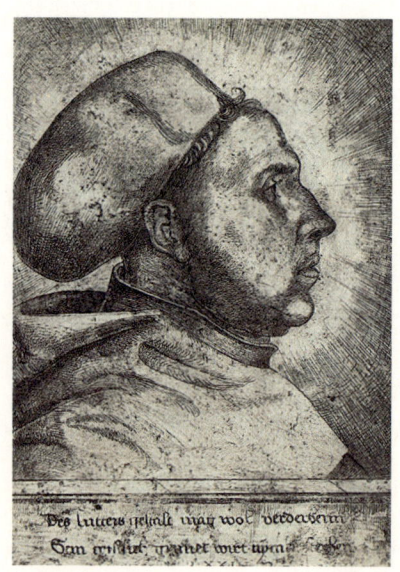

그림 20 다니엘 호퍼Daniel Hopfer가 1523년 제작한 이 동판화는 종교개혁자 루터의 한 측면을 보여 준다. 이 그림은 박사모를 쓴 학자 루터의 모습이다. 루터 스스로도 자신의 학벌과 학식에 자부심이 컸다. "나는 내 박사학위를 세상의 어떤 재물과도 바꾸지 않을 것입니다." 신학 박사 학위를 취득할 때 루터는 통상적인 서약을 맺었다. "나는 성경에 충실할 것을 공개적으로 서약합니다. 그리고 평생 성경을 연구하며, 설교하며, 모든 이단에 맞서 논쟁과 저술로써 그리스도교의 신앙을 대변할 것을 약속하노니, 하나님이여 나를 도와주옵소서."

유와 섬김이라는 두 가지 서로 상반되는 개념을 이해하기 위해, 우리는 모든 그리스도인이 종교적이며 육체적인 두 가지 본성을 지니고 있다는 사실을 떠올려야 합니다. 영적인 것에 따르면 종교적이고, 새롭고, 내면적인 인간이라고 불리며, 육적인 것에 따르면 육체적이며, 낡고, 외적인 인간이라고 불립니다."

동전도 양면이 있듯이, 인간은 그리스도를 통해 해방되었으며, 그분에게 내적인 자유를 얻은 것을 감사해야만 한다. 그렇지만 인간은 외적인 생활에서 이웃에게 봉사할 의무가 있다는 것이다.

물론 문제가 없는 바는 아니지만, 루터는 인간의 '내적인' 측면과 '외적인' 측면을 구분함으로써 '본성'을 설명하려고 하지는 않았다. 그보다는 하나님 앞에서의 존재와 세상에서의 요구와 같이 상이한 체제 내에서의 상황들, 관계들, 역할들을 통해 특징을 설명했다.

그러나 이로써 확실하게 순서가 정해졌다. 즉 우선적이고 근본적인 것은 그리스도를 통해 인간이 해방되는 것이다. 그다음에야 비로소 그리스도인의 선행이 뒤따르는 것이다. 선행은 앞선 원인의 이유가 아니라 결과인 것이다. 루터는 이런 핵심 사상을 비유로 설명했다. 좋

> 루터의 해석에 따르면, 선물로 얻은 자유와 부득이한 속박 사이의 긴장관계는 하나님과 이웃에 대한 그리스도인의 입장을 규정한다. 그 긴장관계는 교회 생활을 넘어서 영향을 미치며, 독일의 기본법에 명시되어 있듯이 인간을 이해하는 데 기초가 된다.
> 그 이면에는, 공동체적 관계는 인간 개인의 본성과 밀접하게 관계 맺고 있다는 인식이 깔려 있다. 인격과 연대의 요청에 대한 존중은 서로 분리될 수 없다. 개인의 양도할 수 없는 고유한 가치와 부득이한 사회적 속성 사이의 긴장을 풀어놓으려는 사람은 불길한 대안을 선택하게 된다. 그는 사람들을 고립으로 몰아가 방향을 상실한 개인주의의 희생물로 만들거나 전체주의의 거짓 복지에 봉사하는 단순한 대상으로 만든다.
>
> ―전 독일 수상 헬무트 콜의 가톨릭 신앙의 고백

은 나무만이 좋은 열매를 맺을 수 있고, 설령 나쁜 나무에 좋은 열매들이 달렸다고 해도 그 열매는 그 나무를 조금도 변화시키지 못한다는 것이다.

루터의 《교회의 바벨론 포로》에 대해서는 격렬한 비난이 쇄도했다. 에라스무스는 이제 더 이상 루터를 구할 수 없는 상황에 이르렀다고 언급했다. 파리 대학 신학부는 이 저작에서 발견되는 오류들 때문에 이 글을 코란과 동급으로 분류했다. 잉글랜드 국왕 헨리 8세도 이 글을 격렬하게 비판했는데, 교황은 그로 인해 헨리 8세에게 '신앙의 수호자'라는 명예로운 칭호를 하사해 치하했다. 그렇지만 교황은 자신이 이토록 칭송한 인물이 얼마 후 종교개혁에 영향을 받은 고유한 교회, 즉 잉글랜드 국교회를 세우리라는 사실을 전혀 예상하지 못했다.

6. 내 주장을 고수할 것입니다
보름스와 바르트부르크(1521-1522년)

1521년 1월 3일 루터를 파문한 후 교황 측은 이 공공연한 이단자를 인도하라고 요구했다. 교황 대사 알레안더Aleander는 **로마 가톨릭**과 그리스 정교로 분리된 것처럼 교회가 분리될지도 모른다고 경고했다. 1521년 2월 알레안더는 교황에게 "전 독일에서 완연한 폭동의 조짐이 있습니다"라고 서신으로 보고했다. "사람들 가운데 열의 아홉은 '루터'를 외치고 있으며, 나머지 사람들의 경우는 루터에 관심이 없더라도 최소한 '로마 교황청의 죽음'을 주장합니다. 그리고 그들 모두는 공의회의 소집을 요구하고 있습니다."

루터를 인도하라는 요청에 선제후 프리드리히는 당시의 상황을 감안하며 회피하듯 답변했다. 그는 루터가 신학자로서 합당하지 않게 교황에 대해 저술했다면, 자신도 그런 태도에는 동의하지 않는다고

그림 21 1521년 4월 보름스 제국의회에 등장한 루터. 교회사는 물론 세계사에서 최고의 절정이었던 이 사건은 회화에서 빈번히 그려지는 장면이었다. 1872년 파울 투만Paul Thumann이 그린 이 작품은 종교개혁가 루터를 영웅적으로 묘사했다. 루터는 두려움이 없는 듯 팔을 벌리고 눈을 부릅뜬 채 서 있어, 뒤쪽에서 루터를 바라보며 앉아 있는 황제보다 월등하게 부각되어 보인다.

했다. 그렇지만 그런 행동이 '자신에게 속한' 학자를 로마로 인도하는 것을 정당화하는 것은 아니라고 밝혔다. 그러자 알레안더는 선제후 프리드리히를 "상대의 얼굴을 절대 똑바로 바라보지 않는 개의 눈을 가진 살찐 마멋"(*다람쥐의 일종)이라고 비난하며, 목이나 부러지라고 악담했다.

루터는 교회와의 싸움에서 선제후 덕에 일단 소강상태를 유지할 수 있었다. 그러나 다른 방향, 즉 고위급 정치로부터 위험한 재앙이 그를 위협했다. 자신의 영토에 거주하는 이 공공연한 이단자가 그리스도교 세계의 보호자를 자처하는 황제의 심기를 불편하게 만들었기 때문이었다.

1519년 폭발력이 있는 황제 선거가 개최되었다. 막시밀리안 1세의 사망 후 후계자로 물망에 오른 사람은 그의 손자 카알이었다. 그의 강력한 경쟁자는 프랑스의 왕 프랑수와 1세였다. 프랑수와 1세는 익살스럽게 카알에게 "폐하, 우리 이 여인(신성로마제국)에게 구애해 봅시다!"라고 서신을 보냈다. 루터의 영방군주인 현명공 프리드리히도 후보군에 포함되었다. 그는 제국에서 정치적으로 가장 강력한 제후였기에 그에게도 황제가 될 수 있는 절호의 기회였다. 그러나 황제 선거를 결정한 것은 돈이었다. 대주교 알브레히트의 경우와 마찬가지로 이번에도 부호 야콥 푸거가 카알에게 금화 50만 굴덴이라는 막대한 금액을 선불로 지급하며 개입했다. 카알은 표를 확보하기 위한 '착수금'이 필요했던 차였다.

여기저기서 뇌물과 줄서기가 진행되었으나, 독일에서는 카알 5세의 선출에 대해 처음에는 상당히 만족한 듯했다. 황제는 보름스에서 개최된 그의 첫 번째 제국의회에 이단자 루터를 소환했다. 그곳에서 황제는 루터의 말을 들어 보고 주장을 철회할 기회를 주고자 했다. 그러나 기대와 달리 루터가 계속 강경한 태도를 고집하면, 황제는 그를 제국의 최고형인 **제국법의 보호 박탈** Reichsacht (*이는 사실상 범죄자에게 제국법의 보호를 전적으로 박탈하여 법외자로 만드는 것을 의미했다)로 다스릴 생각이었다. 황제는 루터에게 보름스로 오고 갈 때 자유로운 통행을 보장해 주겠다고 약속했다.

자신이 어떻게 될지 불확실하고 어쩌면 죽음에 이를 수도 있다고 생각했던 여행이 반대로 대단한 개선행진이 되었다. 시골 마을이든 도시든 루터가 지나가는 모든 지역에서 이 용감한 반항자를 직접 보기 위해 그가 지나가는 길에 구름 인파가 몰려 들었다. 루터가 대학을 다녔던 에어푸르트는 그를 열광적으로 환영했고, 무리의 선두에는 학장이 서서 그를 맞이했다. 루터는 그곳에서 하나님의 은총에 대해 설교했다. 그리고 아마도 이런 말도 했을 것이다. "나는 사람들이 진리를 잘 들으려 하지 않는다는 것을 알고 있습니다. 그럼에도 나는 진리를 말할 것이며, 반드시 그럴 것입니다. 그로 인해 목이 스무 번이나 달아난다고 해도 말입니다." 전해지는 이야기에 따르면, 사람들이 꽉 들어찬 교회의 2층석 골마루에서 난 신음하는 듯한 소리가 예배에 참석한 사람들을 공포에 사로잡히게 했는데, 루터는 이것이 악마의 장난질일 뿐이라며 침착하게 말해 사람들을 진정시켰다고 한다. 나중에 루터는 영방군주에게 서신을 보내, 보름스에 가서 황제에게 자신의 말과 글을 해명하겠다는 확고한 결의를 전했다. "지붕 위의 기왓장만큼 많은 악마가 나를 노리고 있다는 것을 알고 있다고 해도, 기꺼이 그것들 한가운데로 뛰어들 것입니다."

4월 16일 루터가 보름스에 들어서자 그를 기다리고 있던 것은 악마가 아니라 마치 오래전 예수가 예루살렘에 입성할 때처럼 환호하는 군중이었다. 2,000명이나 되는 사람들이 모여 있었는데, 이 인원은 당시 중간 규모 도시의 인구수에 맞먹었다. 루터는 당대 민중의 영웅이었다. 이제 교회사의 근본적인 전환점이자 동시에 세계사의 절정이 임박했다.

보잘것없는 수도사가 제국의 제후들, 선제후들 그리고 '붉은 모자'를 쓴 추기경들 앞에서 세계 최고의 군주와 눈을 마주치고 있는 장면은 회화에서 자주 애용되는 장면이다. 동일한 장면을 그린 일부 그림에서는 루터가 황제보다 더 부각되어 있다. 루터만 서 있거나 아니면 루터가 더 우월한 모습으로 묘사된다(76쪽 그림 21 참조). 그러나 실제는 분명 그림과는 달랐을 것이다. 4월 17일 루터가 제국의회에 들어설 당시, 그 공간에 있던 사람들에게 그는 오히려 소심하거나 불안하고 겁에 질린 것처럼 보였을 것이다. 진리와 학문을 추구하던 수도사에게 정치 영역이 매우 낯설게 느껴지는 것은 지극히 당연한 일이다. 그가 속한 세계는 교회와 대학이었다. 그와 같은 상황은 그의 능력을 넘어서는 것으로 보였다. 자신의 글들을 철회하라는 요구에 대해 루터는 답변하는 것을 연기하게 해달라며 관용을 요청했다.

다음 날 루터는 안정을 되찾았다. 바로 이 4월 18일에 그는 제국의회 앞에서 세계사의 위대한 공개 의견 표명 중 하나로 기록될 주장을 진술했다. 루터는 자신의 저작들을 여러 범주로 나누어 의견을 표명했다. 그 저작들에 포함된 날카로운 어조에 대해서는 사죄했지만,

신학적 지식에 대해서는 자신이 반드시 복종해야 하는 양심과 성경을 증거로 삼아 고수했다. 그리고 유감스럽게도 자신의 주장을 스스로 철회하고 싶어도 절대 철회될 수 없다고 주장했다. "교황이나 공의회는 자주 오류를 범하고 자가당착에 빠져 있는 것이 확실해 전적으로 신뢰할 수 없습니다. 따라서 성경이나 명백한 이성적 근거라는 증거를 통해 설득될 수 없다면, 나는 내게서 나온 글들을 고수하겠습니다. 내 양심이 하나님의 말씀에 사로잡혀 있는 한, 나는 아무것도 철회할 수 없고 그렇게 되지도 않을 것입니다. 왜냐하면 양심에 거슬러 뭔가를 하는 것은 위험할 뿐 아니라, 가능한 일도 아니기 때문입니다." 이것이 루터의 결론이었다.

곧 인구에 회자되는 명언이 된, 자의식이 분명한 이 결론, "내 주장을 고수할 것입니다. 달리 어찌할 수 없습니다"라는 표현은 제국의회의 회의록 원본에서는 발견할 수 없다. 그러나 그가 통상 설교 끝에 언급하거나, 용병들이 전투 전에 외치는 짧고 깊은 탄식을 내뱉었음은 분명하다. "하나님이여, 나를 도와주소서. 아멘."

이러한 완고함에 직면하자 황제도 답변을 위한 시간이 필요했다. 그러고는 다음 날 교회의 전통을 변호하고, 그리스도교 세계의 보호

> 나는 프로테스탄트적인 원칙을 아주 선명하게 알고 있다. 그것은 하나님 앞에서 의로운 존재로서 당신이 하고 있는 모든 일에서 용기를 드러내라는 것이다. 세상에 있는 거대한 '한자들'Hansen(*'한자' 혹은 '한제'란 중세와 근대 초 사이 독일과 북유럽 일대 원거리 교역상인들 및 도시들의 동맹을 의미한다)에 대해, 그리고 교회에 있는 크고 작은 '교황들'에 대해 용기를 드러내라는 것이다. 최종적인 종교개혁적 명제는 "우리는 권위에 대한 신앙을 신앙이라는 권위로 대체한다"는 것이다. 이 명제는 결코 반박될 수 없으며, 이로 인해 마르틴 루터에게 고마움을 느낀다.
>
> ─ 발터 옌스Walter Jens(1923-2013), 전 튀빙엔 대학 철학 및 수사학 명예교수

자인 자신의 입장을 확립하기 위해 격정적으로 연설했다. 그는 루터를 공공연한 이단자라고 선언했다. 그러나 루터에게 약속했던 자유로운 통행권은 허용했다.

황제는 생애 마지막 무렵에 보름스에서의 사건을 회고하면서 이렇게 말했다. "이단자들을 화형시키지 않은 것은 내 실수였다. 내가 보름스에서 루터를 죽이지 않은 오류를 범했던 것처럼 말이다. 내 잘못이었다. 그 이단자는 더 높으신 주님, 유일하신 하나님에 대항하여 죄를 지었기 때문에 내가 한 약속을 지키지 않았어도 되었다. 단지 내가 그를 죽이지 않았기 때문에 그 잘못이 엄청나게 커다란 사태로 발전한 것이다."

개혁자는 안전한 곳으로 몸을 피할 시간이 있었다. 5월에야 비로소 루터에 대한 황제의 추방 명령이 시행되었다. 약 35년간, 즉 한 세대에 걸쳐서 **보름스 칙령**의 이행을 둘러싼 싸움이 독일 정치에 결정적인 영향을 끼쳤다. 결국 이 칙령은 파기되었지만, 그렇게 될 것이라고는 누구도 예상하지 못했다. 칙령은 가장 높은 황제의 법이었기 때문이다.

보름스 칙령은 세 부분으로 되어 있다. 우선적으로 루터 개인에 대

종교개혁 시기 동안 보름스 칙령의 운명

보름스 칙령을 둘러싼 논쟁들은 종교개혁 시기 독일 정치에 영향을 끼친 한 중요한 측면을 보여 준다.
-1521년 5월 보름스 칙령은 루터와 그의 추종자들에 대한 국외 추방을 선포했다.
-뉘른베르크(1523)와 슈파이어(1526)에서 열린 두 번의 제국의회는 보름스 칙령의 실행을 유예했다.
-제2차 슈파이어 제국의회(1529)와 아우크스부르크 제국의회(1530)는 보름스 칙령의 효력을 다시 발생시켜 관철하도록 했다.
-1532년과 1539년의 뉘른베르크 및 프랑크푸르트 종교협약은 공의회가 열릴 때까지 프로테스탄트교도들에게 자유로운 종교 활동을 용인했다.

한, 그다음에는 그의 모든 추종자에 대한 국외 추방이 선포되었다.

"이제 사태는 이와 같이 진행되었고, 마르틴 루터는 공공연한 이단적 사상에 빠진 후 그 생각을 고수하며 어리석은 고집을 부리고 있다. 따라서 우리 모두 그리고 각 개인은 마르틴 루터를 하나님의 교회에서 분리된 지체로, 개선의 여지가 없는 교회분열자로, 명백한 이단자로 간주해야 하며, 이 문서에 따라 의식적으로 행동하고, 영원히 기억해 두어야 한다. 그대들 모두 그리고 각 개인에게 다음의 사항을 의무로 여길 것을 명령한다. 마르틴 루터를 그대들의 집에 들이지 말 것이며, 장원에 받아들여서도 안 되며, 그에게 먹을 것과 마실 것을 제공해서는 안 된다. 그를 숨겨 주어서는 안 되며, 은밀하게든 공공연하게든 그 어떤 도움을 주거나, 추종하거나, 협력하거나, 후원해서도 안 된다. 그 대신 그를 붙잡을 수 있다면 사로잡아 산 채로 보내도록 하라."

루터와 그의 추종자들은 이후 위험한 상황 속에서 생활했으며, 잡힌 사람들은 곧바로 처형을 당하거나 황제의 관리들에게 넘겨졌다.

황제의 논거는 루터는 법의 보호가 박탈된 존재이며, 그리스도교

-황제 카알 5세가 슈말칼덴 전쟁(1546-1547)에서 프로테스탄트들에게 무력으로 승리를 거둔 후 확정된 아우크스부르크 잠정협약Augsburger Interim(1548)은 프로테스탄트들로 하여금 승인을 받기 전까지는 모두 옛 종교로 복귀하도록 지시했다.
-1555년 아우크스부르크 평화조약은 독일 내에서 두 종파(로마 가톨릭과 루터파)가 동등한 권리를 지닌다고 인정했다.
-가톨릭교도와 프로테스탄트교도 사이에 벌어진 참혹한 30년 전쟁(1618-1648)이 끝난 뒤 베스트팔렌 강화조약 혹은 뮌스터와 오스나브뤼크 강화조약(1648)에서 독일 내에서 세 종파(로마 가톨릭, 루터파, **개혁파**)가 인정을 받았고, 이로써 종교 문제를 둘러싼 군사적 또는 정치적 분쟁이 영원히 종결되었다.

신앙을 배반한 자이고, **정부**에 대항하여 폭동을 조장하는 자라는 것이었다. 칙령의 마지막 부분에는 루터가 쓴 저작물을 확산시키는 데 기여하는 모든 사람에 대해 일종의 출판검열을 하겠다는 협박이 담겨 있었다. 당국은 전단, 소책자, 서적 같은 새로운 대중매체가 어떤 영향과 위험을 야기하는지 잘 알고 있었다. 그래서 그 새로운 매체들을 제어하려고 한 것이다.

루터는 황급히 고향으로 출발했다. 그러나 그 무렵인 1521년 5월 초에 루터는 갑작스레 무대에서 사라져 버렸다. 그러자 독일 사람들은 교황에게 파문당하고 황제에게 국외 추방의 위협을 받던 루터가 죽었다고 생각했다. 일찍감치 루터의 추종자가 된 뉘른베르크의 화가 알브레히트 뒤러는 일기장에서 "오, 하나님, 루터가 죽었습니다. 앞으로 누가 거룩한 복음을 그처럼 명료하게 우리에게 전할 수 있겠습니까! 아, 하나님, 그는 앞으로도 10년 혹은 20년 동안 우리를 위해 글을 써줄 수 있었을 겁니다! 오, 모든 경건한 그리스도인이여, 나와 함께 이 신령한 인간을 위해 통곡합시다"라고 탄식했다.

마치 땅이 삼켜 버린 듯 사라진 루터는 그가 '새들의 영역'이라고 표현한 높은 곳에 위치한 공간에서 은밀한 '보호 감호' 상태에 있었다. 그곳은 독일에서 가장 유명한 바르트부르크 성이었다. 루터는 한때 이 성 인근에 있는 도시인 아이제나흐에서 학교에 다닌 적이 있었다.

납치로 위장했던 습격은 루터의 안녕과 안전을 위해 그의 영방군주가 기획한 것이었다. 이 군주는 이제 이단자를 인도하라는 모든 강력한 요구를 모른 척할 수 있었다. "루터? 그가 어디 있는지 나도 모릅니다!" 그렇지만 바르트부르크 성에서 죄수처럼 은거한 채 비밀리에 생활을 이어 가고 있던 자가 바로 그 용맹스럽던 인물이 아니었던가?

루터는 이미 겉모습이 전혀 다른 사람이 되어 있었다. 마치 저급한 연극에 출연하려는 사람처럼 '기사 복장'을 갖추고 수염과 머리카락을 길러 변장한 후 루터라는 이름 대신 '융커 외르크'Junker Jörg라는 이름으로 행세했다. 절친한 친구들조차 그를 알아보기 어려웠을 정도였다.

내면적으로도 다른 사람이 되어 있었다. 그는 육체적, 정신적으로 극심한 스트레스로 힘들어했다. 유혹들이 엄습했고, 변비, 불면증, 우울증 등에 시달렸다. "외로울 때면 나는 종종 엄청나게 힘든 유혹과 절망에 빠지곤 했습니다." 그는 밤이 새도록 지붕에서 호두를 던지는 악마와 씨름한 적도 있었다고 회상했다.

악마에게 잉크병을 내던졌다는 일화는 전설 같은 이야기이지만, 일

그림 22 1522년 제작된 연로 루카스 크라나흐의 목판화. 루터가 바르트부르크 성에 머무는 동안 '융커 외르크'라는 이름의 귀족으로 위장했던 모습이다. 이 그림은 동시에 종교개혁과 종교개혁가가 기사라는 하위귀족에게도 매력적인 희망을 제공했음을 시사한다. 그들은 교회적, 정치적, 사회적 개혁을 관철함으로써 자신들의 권리를 회복할 수 있으리라 기대했다.

말의 진실을 담고 있다. 왜냐하면 훗날 그가 스스로 말했듯이, "잉크로 악마를 물리쳤기" 때문이다. 루터는 글쓰기를 통해 치유되었다. 그의 상황을 고려할 때, 그가 이후 시기, 특히 바르트부르크 체류 후반기에 공표했던 저술의 생산성은 매우 놀라울 정도였다.

또 다른 중요한 진전은 루터가 공개적으로 수도사 서약을 부정한 일이다. 그는 부친에게 쓴 서신에서, 한편으로 수도원에 들어갔을 때 부친이 화냈던 것이 옳았다며 자신의 불순종에 대해 용서를 빌었다. 다른 한편으로는 아버지에게로, 어린 시절의 예속상태로 되돌아가지는 않을 것을 시사했다. "아버지보다 더 강력한 분"이 자신을 가련한 수도사 신분에서 구출했다는 것이 이유였다.

이 시기에 이룬 가장 위대한 업적은 루터가 1522년 초 불과 몇 주 만에 신약성경을 독일어로 번역한 것이었다.

후에 그는 동료이자 동지인 멜란히톤과 더불어 독일어 번역본을 한 번 더 검토했다. 멜란히톤은 1518년부터 비텐베르크 대학에서 그리스어를 가르치고 있었다.

1522년 9월에 출간된 신약성경 번역본, 즉 《9월 성경 Septembertestament》은 정확히 라이프치히 정기시 Messe 기간에 맞추어 3,000부가

바르트부르크와 아이제나흐에 있는 루터 관련 명소들

바르트부르크 성: 독일에서 가장 주목할 만한 성 가운데 하나로, 아이제나흐 인근에 위치하고 있으며, 한때 전설적인 중세의 가수 경연대회가 열렸던 곳이기도 하다. 그 후 이곳에는 튀링엔의 여백작 Landgräfin von Thüringen 성 엘리자베트가 살았다. 현재 바르트부르크 성에는 루터의 방이 보존되어 있다. 이 종교개혁가는 이곳에서 1521년 5월부터 1522년 3월 초까지 약 10개월간 익명으로 생활했다. 바르트부르크 성은 19세기 대대적인 개축을 거쳐 오늘날의 모습을 갖추게 되었다.

제작되었는데 불과 몇 주 만에 품절되었다. 1년 동안 12쇄, 10년 동안 85쇄가 인쇄되었으며, 15년 동안 총 20만 부가 팔렸다. 그리스도교의 기초문헌인 신약성경은 베스트셀러였다. 책값 1.5굴덴은 일반적으로 몇 주간의 노동자 임금에 해당하는 금액이었다. 그렇지만 20굴덴을 지불해야 했던 호화 장정본이나 500굴덴에 달하는 필사본 성경에 비하면 훨씬 저렴했다.

강요된 후퇴는 오히려 유익이 되었다. 그로 인해 민중을 위한 성경을 번역할 수 있었기 때문이다.

> 에반겔리움Evangelium이라는 단어는 본래 그리스어이며, 독일어로는 '기쁜 소식'이라는 의미를 지니고 있습니다. 즉 이 용어는 하나님의 약속에 따른 삶에 대한 성스러운 가르침을 전해 주며, 죄의 용서와 은총도 제시하고 있습니다.
> ― 1522년 루터의 복음 설교 중에서

이 성경에는 크라나흐의 작업장에서 그려진 삽화들이 들어갔다. 요한계시록의 "지옥에서 올라온 짐승", 즉 적그리스도는 교황의 삼중관을 쓴 용으로 묘사되었다. 이와 같은 선동은 신성로마제국에서 커다란 스캔들을 불러일으켰다. 다음 쇄에서는 그 관을 지워 버렸지만, 이후의 간행본들에서 다시 등장했다. 그로 말미암아 독일 전체가 계시록에 언급된 최후의 싸움에서 적그리스도이며 악의 화신인 교황과 루터가 대적하고 있다는 점에 주목하게 되었다.

루터하우스: 아이제나흐에 있으며, 이 도시에 보존되어 있는 가장 오래된 목골가옥 중 하나다. 전해지는 바에 따르면 마르틴 루터는 아이제나흐에서 학교에 다니던 시기(1498–1501)에 이 집에서 생활했다. 오늘날에는 루터기념관으로 활용되고 있다. 이 기념관은 루터가 성경 번역과 교육 분야에서 미친 영향을 중심으로 그의 삶과 업적을 전시하고 있다.

7. 농부들을 모두 박살내 버렸습니다
개혁가와 혁명가(1522–1525년)

    루터가 적그리스도로 여긴 교황에 대항하는 종말적 전투는 그가 이끌었던 유일한 전투가 아니었다. 두 번째 전선도 형성되었다. 그러나 구교에 대한 전선과 달리 이 전선은 뚜렷하게 보이지 않았고, 갈래갈래 나뉘고 분열되고 있었다. 전체를 조망하기 어려워서 심히 위험했다. 게다가 이 적들은 루터와 같은 진영에서 일어났기에 초기에는 친구들이거나 적어도 추종자인 것으로 보였지만 결국 배신하기까지 했다. 그들은 얼마 후 몇몇 문제로 인해 자신들의 길을 갔다. 개혁가 루터는 자신이 일으킨 운동을 더 이상 장악할 수 없었다.

    루터는 모두와 싸웠다. 그들도 루터와 마찬가지로 칭의론을 지지했다. 그러나 신학적 문제에서 루터와 생각이 다르거나, 루터보다 더 급진적인 구원관을 가지고 있었다. 루터는 그들을 모두 싸잡아 '천

그림 23 바트 프랑켄하우젠에서의 전투를 묘사한 농민전쟁 기념화. 라이프치히 대학 교수이자 화가 베르너 튑케Werner Tübke(1929–2004)가 1976년부터 1987년에 걸쳐 123×14미터의 거대한 화폭에 75개의 장면과 3,000명의 인물을 묘사한 파노라마 작품이다.

국의 예언자들', '열광주의자들', '**광신자들**'이라 불렸다. '여기저기 몰려다니는 사람들'이라고도 했는데, 벌처럼 사방에 떼 지어 몰려다니며 의견을 달리하는 사람들이 일으키는 '혼란'과 '무질서'를 의미했다.

루터는 이들이 사회적 요구를 제기할 경우에는 '당파주의자들', '선동자들'이라고도 불렀다. 그는 자신의 업적을 위협하는 그와 같은 풍조에 모든 수단을 동원해 맞서야 한다고 결심했다. 물론 처음에는 평화적 수단을 사용했다.

1522년 3월 9일 사라졌던 루터가 다시 비텐베르크 시 교회의 설교단에 섰다. 그는 사순절 첫 주의 일주일 내내 일명 '탄원 설교'를 통해 교회공동체를 꾸짖었다. 이 용감한 반항자는 당시 보름스에서 수완을 발휘해 봉기와 시민전쟁을 모의할 수도 있었다. 루터는 당시 통치자들에 대항하는 강력한 맞수로 떠올랐다. "만일 내가 격하게 행동하려 들었더라면, 독일 땅에 엄청난 피바람을 몰고 올 수도 있었습니다. 실제로 나는 보름스에서 황제가 안심할 수 없도록 수완을 발휘하려 했습니다."

그러나 루터는 전적으로 하나님의 말씀에 의지해 평화로운 방법을 선택했다. "오직 하나님의 말씀만을 행하고, 설교하며, 저술했습니다.

> 그대의 명성 너머에서 누군가는 그대의 터무니없는 우둔함 때문에 죽고 싶을 것이다. 그대가 입을 문지르고 꿀을 먹여준 독일 귀족은 그대가 보름스에서 제국에 맞선 것을 고마워한다. 그대가 지금 제후들에게 수도원들을 넘겨주기로 약속했듯이 그 귀족들은 그대가 설교로 선물을 줄 것이라고 착각한다. 그대가 보름스에서 동요했더라면, 그대는 귀족의 칼에 찔려 죽어 해방되었을 것임은 모두 짐작하는 사실이다. … 그대의 간악함을 이해하지 못한 사람은 성인들의 이름을 걸고 그대가 경건한 마르틴이라고 맹세할 것이다, 조용히 잠들라, 정욕에 사로잡힌 자여!
>
> — 토마스 뮌처, 《충분히 이유 있는 항변*Hochverursachte Schutzrede*》(1524)에서. 이 글에서 뮌처는 제후의 종인 루터가 교회 재산 몰수를 통해 복음적인 영방제후들에게 돈과 권력을 마련해 주고 있다고 비난했다.

그 외에는 아무것도 하지 않았습니다." 바로 이 하나님의 말씀이 **교황권**에 대항하는 투쟁을 이끌었고 교황권을 결정적으로 약화시켰을 때, 루터는 동지 멜란히톤과 함께 느긋하게 '비텐베르크산' 맥주를 마셨다. 종교개혁과 혁명은 이렇게 서로 달랐다.

그러나 그 사이 무슨 일이 있었는가? 안드레아스 카알슈타트와 츠비카우에서 온 개혁 사상을 품은 몇몇 사람이 1521년에서 1522년으로 해가 바뀔 무렵 몇 가지 실제적인 개혁을 관철했다. 라틴어 미사 대신 독일어로 예배를 드렸고, 성찬식에서 '두 가지 종류', 즉 빵과 포도주를 모두에게 나눠 주었으며, 교회에서 성상을 제거했다. 이 모든 사안은 시참사회가 의결한 개혁적인 조례인 〈비텐베르크 시 조례 Ordnung der Stadt Wittenberg〉를 통해 질서정연하고 합법적인 방법으로 추진되었다.

멜란히톤은 이러한 개혁을 어떻게 판단해야 할지 확신할 수 없었기에 인정해야 할지 거부해야 할지 결정하지 못한 채 동요하고 있었다. 그렇지만 문헌들에 나오는 '비텐베르크의 소요', '성상 파괴', 때로는 '무정부 상태'라는 표현들은 다소 과장된 것이다. 물론 '개혁'이라는 용어를 루터보다 좀더 실제적이고 적극적으로 이해하는 세력들도 있었다. 선제후는 루터를 계속 자신의 보호 아래에 두려는 의지를 내비쳤으나, 루터는 그의 뜻을 거스르고 비텐베르크로 돌아와 이 세력들을 제지했다.

루터는 세 가지 전략을 통해 이 목표를 실현했다. 첫째로 일단 매우 조심스럽지만 실제적으로 독자적인 개혁을 추구하고, 그다음으로 세상에서 그리스도인이 취해야 할 행태를 이론적으로 정립하며, 마지막으로 갑작스레 여기저기서 부상한 급진 세력들, 즉 '여기저기 몰려다니는 사람들', '당파주의자들', '선동자들'에 대해서는 전례 없이 신랄한 글로 맞선다는 전략이었다. 루터는 1525년 중반까지 3년 반 동안 이 세 가지 과제를 실천했다.

앞서 언급했듯, 루터는 이미 바르트부르크에서 수도자 생활과 결별하고 서약을 파기했으나, 1524년이 되어서야 두건 달린 수도복을 벗어 놓았다. 바르트부르크에서 돌아온 초기에 루터는 실제적인 개혁을 아직은 받아들이지 못하는 '연약한 자들'을 배려해 예배를 진행할 때 다시 예복을 착용했고, 찬양과 모든 일반적인 의례에서 라틴어를 사용했다. 루터에게 이러한 배려는 신앙과 필수불가결하게 연결되어 있는 이웃 사랑의 행동이었다. "왜냐하면 사랑이 없다면 믿음은 아무것도 아니기 때문입니다." 루터가 가장 우선한 것은 복음적인 설교였다. 예배 및 공동체 개혁은 매우 서서히, 조심스럽게 실천에 옮겨졌다. 몇몇 혁신 조치를 제외하고는 이러한 개혁이 1520년대 후반에야 이루어졌다. 루터는 오랫동안 외적인 개혁에 대해서는 지나칠 정도로 신중했다.

1523년에 루터는 훗날까지 많은 영향을 끼치게 되는 소책자를 출간했다. 일명 《세속 정부에 대하여 Obrigkeitsschrift》로도 불리는 이 글에서 그는 그리스도인의 세상에 대한 태도 혹은 교회와 국가의 관계를 신학적으로 규정하려 시도했다.

이 글의 전체 제목 《세속 정부에 대하여, 어디까지 복종해야 하는가 Von weltlicher Obrigkeit, wie weit man ihr Gehorsam schuldig sei》는 루터의 첫 번째 중요한 관심사를 암시한다. 세속 정부, 즉 국가는 어떤 방식으로도 신앙 문제에 관여해서는 안 된다는 것이다. 여기에서는 오직 하나님의 말씀의 자유가 지배한다. 그 자유는 복음이라는 해방케 하는 소식이다. 루터는 세상의 어떤 권력도 신앙 문제에 관해 그리스도인에게 명령할 수 없다고 설명했다. 그는 또 다른 측면에서 그리스도인도 역시 세상에 살고 있다는 점을 지적한다. 그리스도인도 세상의 질서를 준수해야 한다는 것이다. 세상의 질서도 종교적 질서와 마찬가지로 하나님에게서 나온 것이며 본질적으로는 선하다. 그 질서는 세상이 혼돈에 빠지는 것을 막아 준다. 따라서 그리스도인은 하나님이 세우셨으며, 그 때문에 선한 이 세상의 질서에 절대 대적해서는 안 된다. 결국 종교개혁은 결코 혁명이 아니라는 입장이다.

사람들은 이와 같은 루터의 두 왕국설(혹은 두 정부론)에 대한 사상을 종종 보수적이라며 비판한다. 이러한 비판은 분명 근거가 있다. 그러나 이 사상을 역사적 문맥에서 살펴볼 경우 다른 측면도 드러난다. 즉 신앙의 자유라는 요소와 평화로운 질서 유지에 대한 관심이다. 이는 1495년의 영구 영방평화령Ewiger Landfrieden에서 사투(私鬪, 페데Fehde의 번역어. *페데란 유럽 중세사회에서 자유인, 귀족, 도시 등이 주체가 되어 벌였던 합법적인 싸움 혹은 무력행사를 의미한다)의 폐지와 국가의 권력 독점을 통해 비로소 추구되고 확립되었다. 어쩌면 이렇게 질문할 수도 있을 것이다. 만일 독일에서 자신의 신앙을 전파하거나 방어하려는 사람들이 모두 무기를 손에 들었다면 어떤 일이 벌어졌을까?

당시에 사람들은 새로운 개혁적 신앙을 서로 달리, 혹은 놀라울 정도로 다양하게 이해할 수 있었기 때문이다. 물론 위대하며 괴팍한 신학자 토마스 뮌처Thomas Muntzer(1489/90-1525)는 그런 식으로 이해하려고 하지 않았을 것이다. 그는 친구 아니면 적이라는 단순하고 판에 박힌 흑백논리에 사로잡혀 있어 자신과 생각이 다른 사람을 적으로 규정했다. 그 자신이 루터보다 구교로부터 훨씬 멀리 떨어져 있었음에도 불구하고, 그는 기본적으로 루터를 악마에게 사로잡힌 일종의 **'교황주의자'**라고 간주했다. 그에게 신앙 문제에 대한 모든 논쟁은 삶과 죽음이 걸린 종교적 투쟁이었다.

특별난 인간이자 극악한 악마인 토마스 뮌처. 그는 양의 탈을 쓰고 접근하지만 내면은 난폭한 늑대이며 살인과 봉기와 학살만 야기하려는 자다.

— 토마스 뮌처에 대한 루터의 말

이런 맥락에서 루터는 자신의 진영에서 '이탈한 자들'에 대항하는 싸움을 시작했다. 급진 종교개혁가들은 비텐베르크와 선제후령 작센에서 내몰렸다. 자발적으로 나가거나 추방되었다. 루터는 다시 본래의 집에서 주인이 되었다.

그보다 조금 더 이른 시기에 기사 모습을 한 인물이 루터에게 접근해 왔었다. 프란츠 폰 지킹엔Franz von Sickingen(1481-1523)은 1521년 자신의 성 에버른부르크Ebernburg에서 매일 미사를 **복음적** 설교가 포함된 주일 예배로 대체했다. 그는 마찬가지로 복음주의적이었던 기사이자 인문주의자 울리히 폰 후텐에게 숙소를 제공했고, 당시 '융커 외르크'로 변장해 있던 루터에게도 숙소를 제공하고 보호해 주겠다고 제안했다. 그러나 루터는 이 배려를 사양했다. 루터는 기사 신분의 개혁이나 혁명에는 전혀 개입할 생각이 없었기 때문이다.

나중에 루터는 자신이 옳았음을 확인하게 되었다. 화폐경제의 확대, 사투의 폐지 및 용병군의 발전 등으로 생존 위기에 내몰린 기사들은 상황을 타개하기 위해 무리한 수단을 동원했다. 1522년 지킹엔의 지휘 아래 있던 600명의 기사들이 란다우Landau에서 설립한 '형제 동맹'Brüderliche Vereinigung은 스스로를 그리스도교적인 성격의 조직인 것처럼 표방했다. 그러나 그 후 지킹엔은 트리어 대주교를 상대로 제국법에서 금지하는 사투를 벌였는데, 참담하게 패배했다. 그는 1523년 자신의 성을 포위해 공격하는 세력으로부터 치명적인 부상을 입어 사망했다. 상대 진영이 이제 그들을 토벌하기 시작했다. 특히 이전에 명성이 높았던 슈바벤과 프랑켄 기사들에 대한 토벌이 이어졌다. 쫓기던 기사들 중에는 악명이 자자했던 괴츠 폰 베를리힝엔Götz von Berlichingen(1480?-1562)도 있었다. 이로써 정치세력으로서의 기사 신분은 단시간 내에 거의 멸절되었다. 그런데 루터와 그가 일으킨 종교개혁이 이 사태에 연루되었다는 소문이 끈질기게 떠돌았다. 구태여 책임을 찾자면 루터와 종교개혁은 기사들이 최후까지 반항하는 데 기여했다고도 볼 수 있다.

> 들어라, 비만한 돼지 형제여. 들어라, 낮게 걷는 대부代父여! 들어라, 멍청이, 바질리스크Basilisk(*플리니우스의 《박물지》에 나오는 전설의 뱀으로, 사람을 노려보기만 해도 죽일 수 있으며 무시무시한 독을 내뿜는다고 전해진다), 악질적인 이교도, 교활한 까마귀, 사기꾼, 기만적으로 굴종하는 독충! 그대는 생존을 위해 정의를 팔아먹었는가?
>
> — 마르틴 루터에 대한 토마스 뮌처의 말

그다음 해인 1524년은 외적으로 큰 사건이 없어서 '종교개혁사의 독서의 해'라고 불린다. 사람들은 여러 글을 읽고 연구했다. 그들은 그 글들을 다양한 방식으로 이해했기 때문에 상이하거나 심지어 상반되는 결론에 도달하기도 했다.

그러나 이는 일종의 기만적인 고요였으며, 표면 아래에서 심각한 동요가 일고 있었다. 백작령 슈튈링엔Stühlingen에 위치한 발츠후트Waldshut

에서 가장 먼저 농민 소요가 일어나자 다른 지역들도 가담하면서 봉기가 점점 확대되었다. 독일 최초의 혁명이라고도 평가되는 이 '농민전쟁'Bauernkrieg의 절정은 1525년 초였다. 이해는 최고의 절정이자, 보기에 따라서는 오히려 최악의 저점이라고 부르는 것이 나을 수도 있겠지만, 독일사뿐만 아니라 루터 개인과 종교개혁 운동 전체에서 커다란 전환점이었다.

> 영주들이 모여 앉아 먹고 마신다.
> 그때 농부들은 말했다. 우리는 주인들을 괴롭히고 싶다.
> 영주들은 집으로 돌아갔지만, 두려워 떨기 시작했다.
> 그때 농부들이 말했다. 우리는 주인들을 때려 주고 싶다.
>
> ─ 당시 민중 사이에 회자되던 노래

중세 말기 기사 신분이 몰락해 가자 이 하위 귀족들은 농민들에게 부역 의무를 비롯한 부담을 더욱 높이고 예속을 강화했기에 농민을 더욱 수탈하는 결과를 초래했다. 그 결과 이미 15세기에도 농민들의 봉기가 빈발했다.

종교개혁 직전에는 도시에서도 조세 부담의 증가, 물가 상승 그리고 늘어나는 빈민들로 인해 여러 소요가 발생했다. 1524년에서 1525년에 이르는 사이 농촌적인 성격이 두드러진 도시들의 하층민들, 특히 직조공들과 갱부들도 곳곳에서 오버라인, 오버슈바벤, 알사스, 뷔르템베르크, 프랑켄, 튀링엔에서 일어선 농민들에 합세했다.

모든 사회적 요구들은 종교적 성격으로 표현되고 의미가 덧붙여졌다.

1525년 3월, 슈바벤의 농민들이 요구한 12개 조항 중 하나는 다음과 같다. "제3조. 그들이 우리를 자신들의 예속민으로 간주하는 것이 이제까지의 관습이었다. 목동이든 최고의 권력자든 그 누구를 막론하고 그리스도께서 우리 모두를 고귀한 피로써 구원했고 값을 지불하고 사셨다는 것을 생각하면 이는 참으로 측은한 일이다. 우리가 자유로운 존재이며 또 자유롭고자 한다는 것은 성경을 근거로 할 때도 명백한 일이다. 우리가 완전히 자유롭기에 어떤 정부도 갖지 않겠다는 것은 아니다(롬 13:1 이하)."

대중적 권위를 지니고 있던 루터는 일련의 사건 전개와 관련해 입장을 표명해야 한다는 부담을 느꼈다. 처음에 그는 농부들의 입장을 이해한다고 밝혔지만 절제하라고 경고했다. 특히 종교적 자유와 세속적으로 하나님이 부여하신 인신 예속의 상태를 정확히 구분해야 한다고 말했다. 1525년 4월 그는 《슈바벤 농민들의 12개조와 관련하여 평화를 위한 훈계<i>Ermahnung zum Frieden auf die zwölf Artikel der Bauernschaft in Schwaben</i>》에서 다음과 같이 서술했다.

"제3조에 관하여.

'그리스도께서 우리 모두를 자유롭도록 해방시켰기 때문에 인신이 예속된 그 어떤 인간도 없다.' 이것이 무슨 말인가? 이는 그리스도인의 자유를 완전히 육체적인 것으로 만드는 것이다. 아브라함과 다른 족장들과 예언자들은 인신예속민(노예)을 갖고 있지 않았단 말인가? 바울의 글을 읽어 보라. 당시 인신이 예속된 존재였던 노예들에 대해 그가 무엇이라고 가르치고 있는가? 따라서 이 조항은 직접적으로 복음에 맞서는 것이며, 각자가 인신이 예속된 자신의 몸을 주인에게서 빼앗음으로써 강도질하는 것과 다름없다. 그리고 마치 죄수 혹은 병자가 그리스도인이지만 자유롭지 못한 것과 마찬가지로 인신예속민은 그리스도인이 될 수 있으며 그리스도교적 자유를 가질 수 있다."

봉기가 일어난 튀링엔 지역을 다녀온 루터는 농민에 대한 두 번째 글에서 절제력을 상실한 채 지나치게 과격한 단어로 정부에 다음과 같이 촉구했다. 봉기를 일으킨 자들에게 은총과 자비를 베풀지 말고 미친개를 대하듯 살육하라. 왜냐하면 그들을 박살 내지 않는 자는 그들에 의해 박살 날 것이고, 나아가 온 나라가 엉망이 될 것이기 때문이다. 봉기의 진압은 하나님께 드리는 예배나 마찬가지다. "지금은 기이한 시절로, 제후는 살육함으로써 천국을 얻을 수 있으며, 그것이 기도하는 것보다도 훨씬 낫다." 이 말을 들으면 루터는 하나님으로부터 임명된 정부에 대항하는 온갖 봉기에 대한 절제뿐 아니라, 자기 고유의 신학적 기반까지도 잊어버린 듯하다. 그는 행위를 통해 천국을 얻으려는 것은 불가능한 일일 뿐 아니라, 죄악이라고까지 주장했다.

세속 정부를 없애려는 의향이 전혀 없었던 농민들은 자신들의 요구가 종교개혁적 관심사 및 성경의 진술과 일치된다고 생각했다. '12개조'의 첫 번째 요구, 즉 공동체가 스스로 지역의 **목사**를 임명하고 파면할 수 있다는 내용은 루터가 2년 전에 밝혔던 제안에 기반을 둔 것이다. 루터는 "모든 교리의 판단, 교리교사의 초빙, 임명 및 파면은 그리스도교 회중 또는 공동체에 권리와 권한이 있다"고 강조했다. 그리고 루터와 비텐베르크 시참사회가 요하네스 부겐하겐Johannes Bugenhagen(1485-1558)을 시목사로 임명했을 때 이러한 목사임용법안을 실제로 적용했다.

후에 개혁자 루터는 양심의 가책을 느낀 것 같다. 1524년 7월《농민들에게 가혹했던 소책자에 대한 공개편지Sendbrief von dem harten Büchlein wider die Bauern》에서 자신의 비타협적인 태도를 한 번 더 신학적으로 분명히 정당화하려 했지만, 동시에 이제 더 이상 폭동을 일으키지 않는 정복된 농민들은 관용과 자비로 대하도록 제후들에게 권고했다. 그러나 상황이 변한 것은 아니었다. 루터는 계속 자만했기 때문이다. 그는 신분 높은 자들이 겁이 나서 "바지에 변을 봐 창피하고 여전히 냄새를 풍기고 있다"고 여겼고, 보름스에서처럼 오직 자신만이 영웅적인 용기를 내보였다고 생각했다. 그리고 이 글이 발표되었을 때는 학살이 거의 끝나 가는 상태였다. 10만 명의 농민이 사망했다. 불구자와 빈민 그리고 그들의 가족이 모두 얼마나 되는지는 헤아릴 수도 없었다. 그러나 군인 신분증이나 위와 같은 형리 청구서가 증명하는 것처럼 다른 사람들에게 죽음은 벌이가 좋은 사업이었다.

루터는 다른 청구서를 만들었다. 죄의식뿐 아니라 자의식에 가득 차서 그는 다음과 같이 썼다. "설교자들이 가장 중대한 살인자입니다. 왜냐하면 그들이 정부에 직무를 행하고 유해한 인물들을 처벌하라고 충고하기 때문입니다. 나는 소요 중에 농민들을 모두 박살내 버렸습니다. 그들의 모든 피는 내가 짊어집니다. 그러나 그것을 다시 우리의 주님께 돌릴 것입니다. 그분이 내게 그렇게 말하도록 명령하셨습니다."

하나님과 악마와의 싸움에서 루터는 자신이 토마스 뮌처와는 달리

> 칼로 죽였을 경우 한 명당 1굴덴, 손가락을 자르거나 눈을 파냈을 경우 한 명당 반 굴덴이 약속되었다.
> 〈청구액〉
> 80명 참수, 이들 중 69명은 눈을 파고 손가락 절단: 114굴덴
> 이미 수령한 금액: 12굴덴
> 잔금: 102굴덴
> 여기에 두 달 치 급료(매달 8굴덴): 16굴덴
> 지불해야 할 총액: 118굴덴
>
> — 변경백작 카지미어 폰 브란덴부르크 Casimir von Brandenburg의 지시를 받아 농민들을 살육하는 데 맹위를 떨친 형리 마이스터 아우구스틴Meister Augustin의 청구서에서

올바른 편에 서 있다고 생각했다. 반면 뮌처는 종교개혁가들 중 혁명가였다. 신학자이자 루터 추종자였던 뮌처는 루터의 정적이 되었고, 5월 15일에 결정적인 동시에 절망적이었던 프랑켄하우젠 전투에서 튀링엔 지역 농민들을 통솔했는데 결국 사로잡혀 고문을 당했다. 뮌처를 처형한 후 경고의 본보기로 삼기 위해 창에 꽂아 전시했다. "뮌처를 본 사람은 극심한 고통을 겪는 악마를 본 것입니다." 루터는 이러한 구경거리를 신학적으로 해석했다.

이중적인 측면에서 루터의 승리는 중대한 패배이기도 했다. 독일의 포괄적인 개혁에 대한 희망의 토대였던 루터는 돌연 평범한 민중의 신뢰를 상실했다. 종교개혁적 사상을 지지하던 사람들이 루터를 비판했다. 예컨대 츠비카우 시장은 "가난한 자들이 말살되고 있다. 도저히 납득할 수 없다. 도시와 마을에서 어떤 일이 벌어지는지 알고 있다. 이는 하늘에 계신 하나님도 통탄할 일이다"라고 했다. 루터의 적들은 모든 유혈 사태가 근본적으로 개혁자 루터의 잘못이라며 비난했다. 야콥 푸거는 편지에서 솔직하게 진술했다. "독일에서 일어난 소요, 폭동, 유혈 사태의 시작이자 원인 제공자가 루터인 것이 확실하다."

그러나 대학살이 채 끝나기도 전에 루터는 의외의 일을 벌였다. 루터의 가장 친한 친구들조차도 적어도 그런 시기에는 부적절하다고 판단한 일이었다. 1525년 6월 41세의 종교개혁자가 수녀였던 카타리나 폰 보라Katharina von Bora와 결혼한 것이다. 결혼식에 초대받지 못한 멜란히톤은 "불행한 일"이라며, 종교개혁의 몰락을 걱정했다.

반면 루터의 동료이자 친구인 유스투스 요나스Justus Jonas(1493-1555)

그림 24 베르너 튑케의 농민전쟁 기념화 중 하나인 이 그림은 바트 프랑켄하우젠에서의 전투를 묘사한다. 5월 중순 이 전투에서 6,000명의 농부가 살육당했다. 루터의 정적이자 튀링엔 농민군의 지도자인 토마스 뮌처는 그림 중앙에 당당하게 그러나 체념한 듯 서 있다. 오른편에서는 주검이 백파이프를 연주하고, 고수들이 뮌처를 위해 북을 치며, 죽음의 춤을 지휘한다. 왼편 앞과 뒤쪽 배경에서는 치열한 전투가 벌어지고 있다.

그림 25, 26 마르틴 루터와 루터린Lutherin이라 불린 그의 아내 카타리나 폰 보라. 연로 루카스 크라나흐의 1528년 그림.

는 루터의 결혼에 대해 전혀 다른 감정을 전했다. 당시의 관습에 따라 1525년 6월 13일 밤 루터 부부는 시 목사인 요하네스 부겐하겐의 축복기도 후 몇몇 증인이 지켜보는 가운데 신방에 들었다. "루터가 카타리나 폰 보라를 아내로 맞이했다. 어제 그 자리에서 그 부부가 신방에 드는 것을 보았다. 나는 그 광경을 보면서 눈물을 참을 수 없었다." 이로써 종교개혁가 루터는 한 가정을 이끌게 되었다. 이 가정은 비텐베르크의 새로운 중심이 되었으며, 수 세기 동안 많은 프로테스

> 종교적인 광신자들과 다를 바가 없던 뮌처는 루터보다 훨씬 급진적으로 최초로 완전하고 일관된 독일어 미사를 거행했다는 점에서 칭송받을 만하다. 모든 공상주의자가 그렇듯 뮌처는 루터보다 훨씬 일관되게 성경의 규범들을 정치적 영역, 즉 그의 경우에는 사회혁명적 영역에 적용하고자 했다. 그가 최후까지 이와 같은 자신의 신념에 충실했다는 사실은 인정되어야 할 것이다. … 모든 급진주의자와 마찬가지로 뮌처는 겉보기에 루터보다 더 나은 인상을 주었음은 의심할 여지가 없다.
>
> — 루터교 주교이며 루터 전기작가 한스 릴예Hanns Lilje의 1965년 글에서

탄트 목사에게 모범이 되었다.

루터는 아내에 대한 깊은 존경심을 자주 언급했고 글로도 남겼다. 하지만 그는 자신의 결혼을 복합적인 감정으로 관찰하기도 했다. "결혼 첫해에 신랑은 진기한 생각을 합니다. 그는 식탁에 앉아 '전에는 혼자였는데 이제는 둘이구나'라고 생각합니다. 잠에서 깨어나면 자기 옆에 이전에는 보지 못했던 많은 머리를 보게 됩니다."

> 케테Kathe(카타리나 폰 보라의 애칭), 당신은 당신을 사랑하는 경건한 남편을 가졌소. 당신은 여제요. 귀가하면서 집의 지붕만 보고도 기뻐하는 당신 남편에게 굴복하지 마시오.
> — 루터, 《탁상담화》 중 카타리나 폰 보라에 대하여

루터의 적들은 그가 결혼식을 올려야만 하는 다급한 상황이 있었다고 소문을 퍼뜨렸으나, 거짓으로 밝혀졌다. 결혼 후 1년이 지난 뒤 1526년 6월 7일에야 두 사람의 장남 요하네스Johannes가 태어났다. 이 아이는 '꼬맹이 한스'Hänschen라고 불렸다. 당시 민간에서 떠돌던 미신에 따르면, 수도사와 수녀가 결혼하였기에 머리 둘 달린 괴물이 태어나야 했으나, 예상은 어긋났다. 요하네스는 건강했고, 아버지의 자랑이 되었다.

결정적인 해인 1525년에는 또 다른 중요한 사건이 있었다. 루터가 에라스무스와 최종적으로 결별한 것이다. 위대한 인문주의자인 에라스무스Erasmus(1466/69-1536)는 1년 전 인간의 **자유의지**에 대한 글을 발표했다. 하나님의 구원 행위와 비교하면 인간이 덧붙여야 하는 부분은 매우 작아 무시할 수도 있을 정도이지만, 그럼에도 불구하고 그런 부분이 있으며 또한 필수적이라고 주장했다. 에라스무스는 《자유의지에 대하여 De libero arbitrio》(1524)에서 다음과 같이 서술했다. "인간

의 눈은 비록 건강하다 해도 어둠 속에서는 아무것도 보지 못한다. 그리고 실명하면 빛이 있어도 볼 수 없다. 따라서 비록 의지가 자유롭다 해도, 은총이 거둬지면 의지는 아무것도 할 수 없다. 그리고 건강한 눈을 가진 사람은 눈에 빛이 비쳐 들면 눈을 감을 수 있고, 그러면 아무것도 보지 못한다. 그는 눈을 돌려, 자신이 볼 수 있던 것을 그만 볼 수도 있다. … 건강한 눈이 죄에 대해 유의한다고 할지라도, 죄로 인해 눈은 손상된다. 여기 살아 있는 한 사람이 감히 무엇을 할 수 있겠는가? 그럼에도 불구하고 그가 의도적으로 눈을 감거나 돌릴 때, 자신이 행한다고 여길 수 있는 무엇인가가 있다."

에라스무스는 생생한 비유로 자신의 숙고를 설명했다. 아직 걸을 수 없는 아주 어린 아이가 아버지가 갖고 있는 사과에 주목하게 되었다. 얼마 후 아이는 아버지 쪽으로 인도되었고 결국 사과를 제 손에 쥐게 되었다. 아이는 전적으로 아버지 덕택에 사과를 얻은 것이지만 아이 스스로도 뭔가 아주 작지만 결정적인 행동을 한 것이다. 그로써 아이는 아버지에 의해 인도될 수 있었고, 선물도 받을 수 있게 되었다.

에라스무스와 루터의 논쟁에서 관건은 일상적이고 도덕적인 문제에서 결정을 내릴 수 있는 가능성에 대한 것이 아니었다. 그보다는 인간의 영혼 구원이라는 관점에서 자유의지가 관건이었다. 에라스무스는 이렇게 정의했다. "이러한 맥락에서 우리는 자유의지를 인간이 영원한 구원으로 향할 수 있거나 아니면 구원에서 이탈할 수 있도록 이끄는 인간 의지의 능력이라고 이해한다."

루터는 포괄적이며 신학적으로 가장 중요한 저술인 《노예 의지에 대하여 De servo arbitrio》(1525)에서 에라스무스의 의견에 반응했다. 루터는 인간을 노예, 주인의 손안에 있는 놀이공으로 보았다. 루터는 자신의 구상을 명료하게 설명하기 위해 예를 들었다. 즉 말이 기사를 고르는 것이 아니라, 정반대라는 것이다. 인간은 자신의 영혼 구원을 결정할 수 없다. 그보다는 악마 혹은 하나님이 그를 차지한다는 것이다. "그러므로 인간의 의지는 수레를 끄는 짐승처럼 (하나님과 사탄 사이의) 가운데에 서게 된다. 하나님이 그 위에 앉으면, 인간은 하나님이 가고자 하는 곳으로 가려는 의지를 갖게 되며 그리고 간다. … 사탄이 그 위에 앉으면, 인간은 사탄이 원하는 곳을 원하며 그쪽으로 간다. 두 기수 중 누구에게로 가거나 또는 어느 기수를 태우려 추구하는 것은 인간의 자유로운 결정에 놓인 것이 아니다. 기수들끼리 인간을 얻고 소유하기 위해 싸우는 것이다."

> 그리스도인은 자유의지가 존재하지 않는다는 사실을 알고 있다.
> 선한 사람에 대해서는 그렇다!
> 그러나 악인을 위한 자유의지는 항상 존재했다.
>
> — 《아우크스부르크 신앙고백》에 관한 익명의 시(1530)

실질적인 자유의지는 오직 하나님만 갖고 있다. 인간의 의지는 우리의 삶 전체가 그렇듯이 제한되어 있다. 이것을 명확하게 하기 위해 루터는 다시 한 번 논리적으로 판단했다. 구원 문제에서 의지의 자유가 실제로 존재한다고 할 경우, 인간이 자유의지라는 역량을 충분히 활용했는지, 사람들이 하나님 앞에서 자신의 영혼 구원을 위해 충분히 행동한 것인지 절대 확신할 수 없다. 루터는 수도사 시절 바로 이와 같이 불안한 의심의 상태를 여러 해 동안이나 겪었다. 그는 비로소 그로부터 해방된 탑 체험을 통해 구원은 인간이 어떤 행위를 하지 않아도 주시는 하나님의 완전한 선물이라는 사실을 깨달았다. 루터의 경험과 신학적 기반에서 볼 때, 그는 인간의 자유의지와 관련하여 절대 다른 결론에 이를 수 없었다. 루터는 이와 같이 논리적으로 사고(思考)하면서, 만일 누가 자유의지를 준다고 해도 이를 받기를 원치 않으며, 당연히 자발적으로 자유의지를 거부해야만 한다는 결론에 도달했다.

> "내 자신이 아니라 뇌가 결정했다!"는 문장은 옳은 것 같다. … 이제 행동을 결정하는 것이 자발적이고 의식적으로 체득해 깨닫는 나 자신이 아니라는 사실이 옳다면, 대체 누가 결정하는 것인가?
> ─ 브레멘의 뇌 연구자 게르하르트 로트Gerhart Roth의 《철학 연구Zeitschrift für Philosophie》(2004)에서

물론 루터는 우리가 일상에서 스스로 결정할 수 있다는 사실을 부정하지 않는다. 나아가 우리는 비행이나 범죄를 저지를지 아닐지 하는 도덕적 문제도 결정할 수 있다고 보았다. 그러나 구원의 문제에서는 결코 이러한 자유가 없다는 것이다. 루터의 전문적인 표현에 따르면, 인간은 "자신을 초월하는 대상들에 대해서가 아니라, 자신의 통제 아래에 있는 대상들에 대해" 자유로운 의지를 가질 수 있다. 이는 존재론적으로 중요한 사안들에서도 확인된다. 즉 우리는 한 사람과 결혼하는 것을 결정할 수 있지만, 그를 사랑하는 것을 결정할 수는 없다. 하나님을 사랑할 수 있다는 사실은 인간을 신성하게 여기는 것이 될 것인데, 이러한 사랑은 완전히 하나의 선물이다.

루터는 자신의 인간학에서도 단호했고 논리정연했으며 엄격했다. 그러나 루터에게 에라스무스는 요리조리 잘 빠져 나가는 '뱀장어' 같았다. 그는 "오직 그리스도만이" 상대할 수 있는 존재였다. 반면 에라스무스는 루터의 노골적이고 거친 농담과 조롱, 비방과 독선을 불쾌

하게 여겼다. 그는 "우리에게 그대의 해석을 하나님의 말씀이라고 자꾸 강요하는 것은 그대의 실수라네"라고 말했다.

1525년 이후 루터가 지니고 있던 공적인 중요성은 급속히 퇴색했다. 그는 특히 평범한 민중 사이에서 신뢰를 상실했다. 어느 모로 보나 종교개혁자 루터는 젊은 시절의 열정과 추진력을 잃어버렸고, 점점 더 경직되고 편협해졌으며 독선적인 면이 두드러지는 듯했다. 프랑스의 루터 전기작가 뤼시앵 페브르Lucien Febvre처럼 적지 않은 루터 전기작가들은 "피곤하고 고갈되고 실망스러운 루터"를 상세하게 서술할 필요조차 느끼지 않았다.

그러나 이러한 관점은 지나치게 단순하다. 이후 루터는 선제후령 작센의 **영방교회**Landeskirche를 건설하기 위해 추진력 있게 일했다. 그는 공개적인 논쟁으로 발전하고 이후 종교개혁의 확산에 결정적인 성격을 띠게 되는 사안들에 개입했다. 그리고 노년에 이를 때까지 신학적으로 중요한 저작을 계속 발표했다. 그렇지만 그중에는 쓰지 않았더라면 좋았을 법한 소책자들도 포함되어 있다. 농민전쟁 동안 그랬듯이 루터는 특히 노년의 저술들에서 절제를 잃었다. 그에게는 특히 빛과 그늘이 가까이 있었던 것 같다.

8. 그리스도인이라면 누구나 알아야 하는 것
건설과 경계짓기(1525-1529년)

결정적인 해인 1525년에 루터의 영방군주인 선제후 현명공 프리드리히의 생애도 마감되었다. 그는 평생 로마교회의 충성스러운 일원이었으며, 마치 악마가 성수를 피하듯이 루터를 멀리했다. 프리드리히의 동생이자 그 직위의 계승자인 견실공 요한Johann der Beständige은 확고한 종교개혁 추종자였다. 그는 전임자의 유명한 성유물 수집 활동을 즉시 중단시켰으며, 그중 귀금속은 팔아 치우고 나머지는 폐기물처럼 처박아 두었다. 여전히 주저하기는 했지만, 이제야 비로소 선제후령 작센에서 **예배** 및 교회 개혁이 포괄적으로 시작되었다.

1527년과 1528년 루터와 멜란히톤의 지휘 아래 선제후령 작센에서 교회 시찰이 시도되었다. 새로운 신앙이 실질적으로 확산되었는지 알

그림 27 연로 루카스 크라나흐가 그린 비텐베르크 시 교회 성 마리엔St. Marien에 있는 제단화의 일부. 이 그림의 정중앙에는 성찬 장면이 묘사되어 있다. 예수의 가슴에 그의 애제자 요한이 기대어 있고, 예수를 팔아넘기고 받은 돈주머니를 무릎에 얹고 있는 배반자 유다에게 예수가 먹을 것을 입에 넣어 주고 있다. 다른 제자들은 그들 중에 배반자가 있다고 한 예수의 말에 흥분하여 두 그룹으로 나뉘어 이야기하고 있다. 이 그림에는 비텐베르크 종교개혁가들이 제자들의 모습으로 묘사되어 있다. 막 잔을 받아 든 사람이 융커 외르크로 분장한 루터이고, 그의 왼편에는 성경 인쇄업자 한스 루프트가 있다.

아보기 위해서였다. 결과는 당혹스러웠다. 특히 촌락의 '평민'gemeine Mann은 "그리스도교 교리에 대해 전혀" 지식이 없었고, "유감스럽게도 많은 목사조차" 아는 것이 별로 없었던 것이다. 루터는 그들 모두가 "마치 온순한 가축들과 어리석은 돼지처럼" 생활한다고 논평했다.

그렇지만 사람들이 불명확한 상황에 처해 있었으며, 오랜 시간에 걸쳐 옛 신앙과 새로운 신앙 사이에 비로소 혼합이 이루어지는 점진적인 변화들을 나쁘게만 생각할 필요는 없었다. 적지 않은 사람들은 계속 묵주기도Rosenkranz(*장미화환을 의미하는 이 용어는 묵주기도를 가리킨다. 로사리오Rosario 기도라고도 하는데 이는 13세기 초 성 도미니쿠스가 알비파와 싸울 때 성모 마리아가 묵주기도를 하라고 계시한 후 도미니쿠스 수도회와 15세기에 설립된 로사리오 형제회가 널리 보급시켰기 때문에 붙여진 이름이다. '로사리오'란 "성모님께 영적인 장미꽃다발을 바친다"는 의미의 라틴어 '로사리움'Rosarium에서 유래되었다. 이것이 묵주가 일반적으로 장미꽃송이 모양으로 꿰어지게 된 이유이기도 하다)를 하거나 망자들을 위해 기도했다. 설교에서 칭의에 대해 알려 준 것을 제외하면, 가시적으로는 새로

> 그대가 밤낮으로 술집에 앉아 있거나, 친한 동료들과 수다 떨고 노래하며, 피곤치 않아 여전히 일을 할 수 있다면, 하나님께 헌신과 기쁨을 드리기 위해 한 시간 동안 교회에 앉아서 설교를 경청할 수도 있을 것이다.
> — 루터, 《그리스도인다운 생활Die Summe christlichen Lebens》(1532)에서

루터의 《소교리문답》과 《대교리문답》의 구성

도입: 목사들에게 "교리문답을 사람들, 특히 젊은이들에게 전하고", "한 단어 한 단어" 각인시킬 것을 촉구함.

첫 번째: 십계명

운 신앙으로 인한 변화는 미미할 뿐이었다. 1525년 가을이 되어서야 루터는 비텐베르크 시 교회에서 처음으로 독일어 미사를 거행했다.

다음 해 루터는 《독일의 미사와 예배 규정Deutsche Messe und Ordnung des Gottesdiensts》을 출간했다. 그러나 이 책은 일종의 핵심 공동체 구성원, 즉 '진정한 그리스도인이며 손과 입으로 복음을 고백한 사람들'만을 위한 것이었다. 세례와 혼인, 새로운 기도서 및 찬송가를 위한 명료한 예배 원칙은 1520년대 후반이 되어서야 정해졌다.

첫 번째 교회 시찰을 마친 후 1529년에 루터는 두 가지 종류의 책을 출판했다. 이는 오늘까지도 새로운 신앙의 굳건한 기반이 되고 있는 《소교리문답Der kleine Katechismus》과 《대교리문답Der große Katechismus》이다. 루터는 '교리문답'Katechismus이라는 용어가 본래 그리스어로 '어린이 훈계'라는 의미이며, 따라서 "그리스도인이라면 누구나 알아야 하는 것"이라고 생각했다. 그는 "이것을 모르는 사람은 그리스도인이라 할 수 없기에 어떤 성사에도 참여할 수 없다"고 단언했다. 그리스도인이라면 누구나 신앙의 핵심을 배우고, 믿고, 말로 표현할 수 있어야 한다고 본 것이다. 그 핵심이란 십계명, 사도신경 그리고 주기도문이다. 루터는 《소교리문답》과 《대교리문답》 그리고 《비텐베르크 찬송가》(모두 1529년 출간)에서 첫 번째 계명을 다음과 같

두 번째: 사도신경(세 가지 주제: 하나님-예수 그리스도-성령)
세 번째: 주기도문(일곱 가지 간구)
네 번째: 세례식(한 장은 고해에 관한 내용)
다섯 번째: 제단의 성사(또는 성찬식)
결론부: 아침기도, 저녁기도, 식사기도 안내. 가정게시판(교회, 국가, 가정에서의 올바른 행동에 관한 지침)

이 설명했다.

"첫 번째 계명. 너는 나 외에는 다른 신들을 네게 두지 말라.

이것이 무슨 뜻인가?

답변: 우리는 그 무엇보다도 하나님을 두려워하고 사랑하고 신뢰해야만 한다.

(내가 말하건대) 네가 지금 마음속으로 신뢰하며 의존하고 있는 것이 실로 너의 하나님이다. 즉 한 하나님 외에 다른 신들을 갖지 않는다는 것은 그 하나님을 마음을 다해 의지하고 믿는 것이다. 내가 종종 언급했듯이, 오직 마음으로부터의 신뢰와 믿음만이 하나님을 만들고, 또한 우상을 만든다."

그 위에 구축된 프로그램은 두 가지 성사, 즉 세례식과 성찬식으로 이루어져 있다. 루터는 교리문답의 다섯 부분 모두에 대해 설명을 덧붙였다. 이 설명은 성경의 관련 언급들을 당대의 상황에 맞추어 해석한 것이다. 루터는 교리문답을 교육하는 방법으로 '한 단어 한 단어' 따라 읽기, 되풀이하여 읽기, 암기하기 등을 권했다. 이로써 성도들이 설명 내용을 '혼란스러워하거나' 설명의 뜻이 왜곡되지 않도록 배려했다.

《소교리문답》은 다시 엄청난 판매고를 올렸다. 이 책은 루터가 사망할 때까지 60쇄가 인쇄되었으며, 라틴어, 덴마크어, 프랑스어, 폴란드어, 네덜란드어로 번역되었다. 이 개혁가가 사망한 후에도 다른 여러 언어로 계속 번역되었다. 루터는 한 차례도 포괄적이며 체계적인 신학서를 저술하지 않았는데,《대교리문답》은 그 대체물이라 할 수 있다. 이 책은 무엇보다도 가르치는 역할을 맡은 자들을 염두에 두었다.

그림 28, 29, 30 1532년경에 그려진 연로 루카스 크라나흐의 작센 선제후 세폭 제단화. 헤센 백작 필립과 함께 세 명의 작센 선제후들은 정치적 영역에서 종교개혁을 수행한 가장 중요한 인물들이었다. 따라서 정치적 종교개혁가들이라고 불리기도 한다. 그들은 베틴 가문의 분파인 에르네스트 계에 속한다(당시 작센은 선제후가 지배하는 곳과 공작이 지배하는 곳으로 나뉘어 있었다). 왼쪽에 있는 현명공 프리드리히는 종교개혁 초기(1486–1525) 선제후로, 루터를 제한 없이 지지했지만 루터의 신학적 관심사 및 루터 개인과는 평생 분명한 거리를 두었다. 가운데에 있는 프리드리히의 동생이자 후계자인 견실공 요한(1525–1532)은 종교개혁을 제도적으로 확립시켰다. 오른쪽에 있는 그의 아들이자 후계자 선량공 요한 프리드리히Johann Friedrich der Goßmütige(1532–1547)는 루터와 함께 성장했으며, 선제후령 작센의 종교개혁을 완성했다.

그림 31 루터가 작사·작곡한 찬송가 〈내 주는 강한 성이요〉. 1533년 비텐베르크에서 출판된 일명 《클룩 찬송가 Klugsches Gesangbuch》에 수록되어 있다. 이 찬송집의 본래 명칭은 《비텐베르크 개편 찬송가 Geistliche Lieder auffs Neue gebessert zu Wittemberg》다.

예배의 혁신에 상응하여 1520년대 후반에는 특히 선제후령 작센과 헤센에서 개혁적인 교회 규정이 만들어졌다. 그 내용에는 예배 규정과 목사 생계 지원, 학교 제도와 빈민 구호 등이 포함되었고, 새로운 법적 관계가 명시되었다. 루터는 영방군주가 하나님에 의해 세워진 정부이기에 세속 정부에서 많은 것을 규제하는 것이 당연하다고 여겼으나, 그럼에도 불구하고 영방군주는 하나의 임시방편일 뿐이라고 여겼다. 그의 두 왕국설에 따르면 국가와 교회는 본래 분리되어 있기 때문이다.

그러나 이와 같은 구조가 모델이 되었다. 다른 프로테스탄트 국가들에서와 마찬가지로 선제후령 작센에서는 소위 '영방군주의 교회 정부'가 건설되었다. 영방군주가 교회의 최상위 주교 직무를 책임졌다. 그의 지시를 받아 교회의 감독회Konsistorium가 관련 공무를 수행했으며, 정부의 예하 기관인 시찰위원회가 교구들을 감독했다. 사람들은 종종 이를 '위로부터의 종교개혁'이라고 칭했는데, 아주 틀린 말은 아니었다. 즉 종교개혁은 선제후령 작센에서 1520년 후반기와 1530년대에 고유한 영방교회의 형태를 갖추게 되었다.

종교개혁이 제국 내에서 확산되면서, 지체되기는 했지만 점차 뚜렷하게 가시화되었다. 루터와 오랫동안 긴밀하게 서신 교환을 하면서도 거리를 두고 있던 헤센 백작 필립은 자신의 애매한 태도를 다음과 같이 직관적으로 표현했다. "설교하라, 루터여. 그렇게 하는 사이에 나는 사람들이 말에 안장 얹는 것을 볼 것이다!" 그러나 그는 1526년부터 공공연하게 종교개혁을 표방했다. 이로써 제국에서 두 번째로 중요한 영방국가가 공식적으로 추가되었으며, 그보다 작은 규모의 영방들도 뒤따르게 되었다.

이미 종교개혁 초기부터 뉘른베르크에서는 화가 알브레히트 뒤러

> 내 주는 강한 성이요,
> 훌륭한 방패와 병기로다.
> 지금 우리 환난을 겪지만,
> 모든 환난에서 우리를 구하시네.
> 옛 원수 마귀 이제 작정하고,
> 큰 권세와 많은 모략을
> 끔찍한 무기로 삼았으니,
> 땅에서는 대적할 이 아무도 없네.
>
> 우리의 힘만으로는 대적할 수 없으니,
> 곧 패할 수밖에 없네.
> 의로운 자가 나서서 우리를 위해
> 싸우시네.
> 하나님께서 직접 선택하신 자.
> 그대는 묻는가, 그가 누구신지.
> 그분은 예수 그리스도,
> 만군의 주님,
> 바로 그분이 반드시 물리치시리라.
>
> ─ 루터가 작사한 찬송 중 가장 유명한 〈내 주는 강한 성이요〉의 1, 2절 가사. 시편 46편의 내용을 반영한 이 노래는 1529년에 종교개혁과 종교개혁가를 위협하는 상황에서 만들어졌다(*이 찬송은 새찬송가 585번에 실려 있다. 본문에 실린 가사는 새찬송가의 것과 차이가 있어 직역에 가깝게 옮겼다).

와 시인 한스 작스가 드러내 놓고 루터를 지지했다. 뉘른베르크가 종교개혁에 가담함으로써 영방국가들과 더불어 종교개혁의 또 다른 유형이라 할 수 있는 제국도시 및 자유도시들의 모습도 드러났다. 이런 곳에서의 개혁은 영방군주가 아니라 시참사회, 즉 도시의 시민들에 의해 제기되고 실행되었다. 이러한 도시 상류층은 고유한 자의식을 발전시켰다. 하나의 자유도시는 스스로를 '작은 그리스도교 세계'Corpus Christianum라고 자부했다. 루터가 공공연하게 영향력을 발휘하기 전부터 이미 이 도시들은 경제력과 **인문주의** 교육의 영향으로 가톨릭교회를 비판하고 있었다. 시민들의 요구로 인해 지도적 지위에 있던 도시들, 특히 독일 남서부와 북부 지역의 도시들도 종교개혁에 참여하게 되었다.

이 자유도시들에서의 성공에도 불구하고 독일에서 종교개혁을 정치적으로 이끄는 주체는 영방군주들이었다. 물론 상황은 매우 미묘했다. 무엇보다도 보름스 칙령이라는 위협 요소가 해결되지 않은 채 남아 있었기 때문이다.

어쨌든 종교개혁을 지지하는 귀족 세력은 이제 외적으로도 두드러지게 되어 제국의 고위급 정치에서 작지만 더 이상 간과할 수 없는 당파를 형성했다. 1526년 슈파이어에서 열린 제1차 제국의회에서 작센 선제후와 헤센 백작의 수행원이 "하나님의 말씀은 영원하다"Verbum Dei manet in aeternum라는 표어로 장식된 통일된 복장을 입고 등장했다. 이 제국의회에서 보름스 칙령을 실행하지 않고 유보 상태로 남겨 두는 데 합의했다. 즉 "하나님과 황제의 위엄에 대적하는 것에 각자가 책임져야 하듯, 생활과 통치와 관리에도 각자의 책임이 있다"는 사실에 합의한 것이다. 제국의회는 복음주의를 지지하는 사람들에게 일종의 잠정적인 특권증서를 발행한 것과 마찬가지이며, 이는 종교개혁 세력에게 파격적인 승리를 의미했다.

그렇지만 3년 후 상황은 전혀 다른 양상을 띠었다. 황제군이 프랑스에 대한 전쟁에서 승리한 후 개최된 1529년의 제2차 슈파이어 제국의회에서는 제1차 슈파이어 제국의회에서 내린 결정이 폐기되었고 보름스 칙령을 엄격하게 관철하기로 결정되었다. 복음주의적 제국신분대표들은 이에 반대해 공식적으로 항의Protest했다. 이를 계기로 이후 항의하는 자들이라는 의미의 '프로테스탄트'라는 용어가 통용되었다. 항의하는 신분대표들에는 작센 선제후와 헤센 백작을 비롯해 그보다는 덜 유력한 제후들까지 총 다섯 명의 제후들이 가담했고, 뉘른베르크, 스트라스부르, 콘스탄츠 등 독일 남부의 14개 자유도시들이 포함되었다. 새로운 신앙의 추종자들은 자신들이 처한 상황이 급격히 기울 수 있다는 것을 잘 알고 있었다.

그해 1529년에 헤센 백작 필립은 이미 복음주의적 대학을 설립한 도시 마부르크에서 10월 1일부터 4일까지 신학자회담을 개최했다. 종교개혁운동의 지도자들은 논란이 분분해 합의하지 못하고 있던 문제를 협의하기 위해 모였다. 성찬의 의미에 대한 해석이 관건이었는데, 정확히 말하자면 '-이다'ist라는 아주 짧은 단어에 대한 의미를 이해하기 위해서였다. 1520년대 후반에 특히 루터와 스위스 취리히의 종교개혁가 울리히 츠빙글리Ulrich Zwingli는 이 문제로 몇몇 논쟁적인 글을 주고받았다. 루터는 예수가 제자들과 최후의 만찬을 나눌 때 빵과 포도주를 나누며 언급한 단어를 문자적으로 이해했다. 즉 예수가 말한 "이것은 나의 몸이다"와 "이것은 나의 피다"를 어떻게 해석해야 하는지가 관건이었다.

루터는 목사가 이 문장을 반복하며 선포하는 성찬식에서 빵과 포도주를 통해 그리스도의 몸과 피가 실질적으로 임재한다고 보았다. 그에 반해 츠빙글리는 다음과 같이 빈정거렸다. "그 빵이 우리를 위해 십자가에 달린 그분의 몸이라면, 그 빵이 우리를 위해 십자가에 매달렸던 빵임이 틀림없을 것이다." 츠빙글리는 1523년 취리히에서 루터의 궤적을 따라 종교개혁을 시작했지만, 이제 자신만의 길을 가는 듯했다. 인문주의적 교육을 받았던 츠빙글리에게 '-이다'라는 단어는 비유적이며 상징적인 의미로 이해되었다. 빵과 포도주는 살과 피를 '의미'하고 비유적으로 알려 주는 상징이지, 실제 그 자체는 아니라는 것이다.

그들은 4일 동안 마부르크에서 공방을 벌였는데, 때로는 아주 격

> 그들이 먹을 때, 예수께서 빵을 들어 감사하고 떼어 제자들에게 주시며 말씀하셨다. 받으라, 먹으라, 이것은 나의 몸이다. 그리고 예수는 잔을 들어 그들에게 주시며 말씀하셨다. 이것을 모두 마시라. 이는 죄 사함을 얻게 하려고 많은 사람을 위해 흘릴 나의 언약의 피다.
> — 마태복음 26장 27절에서 28절에 기록된 예수와 제자들의 최후의 만찬. 루터교는 이를 성찬식의 모범으로 삼는다.

종교개혁 시기 성찬에 대한 이해

구교(로마 가톨릭)의 가르침에 따르면, 모든 미사의 중심인 영성체에서 예수의 희생은 서품받은 사제를 통해 체험된다. 이때 빵과 포도주가 그리스도의 몸과 피로 바뀌는 질료적인 변화가 완성된다(화체설化體說). 루터는 가톨릭의 성체설과 화체설을 반대했다. 그렇지만 예수 그리스도는 실제로 빵과 포도주 안에 현존한다고 보았다(실재설/공재설). 이를 통해 빵과 포도주는 이중적 의미를 갖게 되었다.

츠빙글리는 성찬식을 일종의 기념식으로 여겼다. 그에게 빵과 포도주는 단지 그리스도의 고난과 죽음을 암

렬하게 맞붙기도 했다. 헤센 백작은 양측에게 정치적 상황을 감안하여 의견을 일치시키라고 요구했다. 스위스는 직전 세기말에 공식적으로 신성로마제국에 귀속되었으나 실질적으로는 독립 상태에 가까웠다. 그러나 비텐베르크와 스위스 종교개혁의 통합은 의심할 바 없이 프로테스탄티즘의 강화를 뜻했다. 위와 같은 차이에도 불구하고 츠빙글리가 "우애의 관계"를 유지할 수 있다고 본 반면, 루터는 완고했다. 한 기록은 마부르크의 인상적인 장면을 약간 극적으로 서술했다. 루터가 마지막 말을 끝내면서 책상보를 걷어 내자, 그가 미리 백묵으로 써놓은 "이것은 나의 몸이다!"라는 성경 문구가 드러났다는 것이다. 그러고 나서 루터는 손가락으로 단어 '-이다'를 가리키며 다음과 같이 말했다고 한다. "우리의 정신과 당신들의 정신은 서로 일치하지 않습니다. 우리가 서로 동일한 정신을 갖고 있지 않다는 것이 명백해졌습니다."

책상보는 갈가리 찢겼고, 이로써 독일과 스위스의 종교개혁은 각기 다른 길을 가게 되었다. 츠빙글리는 2년 뒤 구교 측과의 전투에 종교개혁 측 종군목사로 나섰다가 목숨을 잃었다. 이로 인해 스위스에서의 종교개혁은 일단 정체되었다가, 몇 년 뒤 제네바에서 장 칼뱅이 두

시하는 상징일 뿐이다.
멜란히톤은 성찬식을 행할 때 그리스도가 인격적으로 현존한다는 것을 강조했다. 이로써 루터와 츠빙글리의 중간 입장을 대변했다.
이처럼 당시에는 오늘날 우리에게 궤변처럼 느껴지기도 하는 여러 해석이 존재했다. 이와 같이 격렬한 논쟁 이면에는 하나님과 실재, 신앙과 사유의 이해에 대한 깊은 차이가 숨어 있다.

번째 파동을 일으킴으로써 전 세계적으로 퍼져 나갔다.

루터는 식사 중에 자신의 추종자였다가 훗날 반대자가 된 츠빙글리의 죽음을 간단명료하게 논평했다. "츠빙글리는 한때 대단한 사람이었지만, 진실하지도 선하지도 않았습니다. 그런데 그 사람이 이제는 존재하지도 않습니다." 그리고 루터는 다른 비슷한 상황에서도 조롱하듯 비웃으며 이렇게 덧붙였다. "나는 그가 구원받기를 바랐습니다. 그러나 나는 그에게 정반대의 일이 일어날까 두렵습니다. … 하나님께서 그를 구원하셨다면, 그분께서 예외를 두신 겁니다."

현대를 사는 우리는 당시의 싸움을 이해하기 힘들다. 그들은 단어 하나 때문에 우애를 유지하지 못하고 다투면서 헤어졌다. 너무 사소한 것까지 따진 것은 아니었을까? 이와 같이 호통치는 개혁자 루터는 편협한 독선가이자 고루한 고집쟁이가 아니었을까? 때로 생각이 깊고 외교적이기도 했던 루터였지만, 싸움을 피하지는 않았다. 이 문제를 깊이 분석해 보면 그의 근본적인 본성에 대해 생각하게 된다.

하나님, 신앙 그리고 이성에 대한 이해가 관건이다. 하나님에 대한

종교개혁의 조류들

루터와 비텐베르크에서 시작된 선제후령 작센의 종교개혁처럼 영방군주가 통치하는 한 영방 내에서의 종교개혁과 더불어 여러 다른 형태의 종교적 혁신들이 있었다. 그러나 그중 소신을 고수할 수 있었던 것은 소수에 불과했다.

– 많은 자유도시 및 제국도시는 시참사회의 결정에 따라 종교개혁을 도입했다. 이 경우 뉘른베르크처럼 비텐베르크 운동에 동조하거나 혹은 스위스의 운동과 연대할 수 있었다. 그와 달리 스트라스부르처럼 고유한 길을 선택할 수도 있었다. 이와 같은 도시의 종교개혁은 두 번째 유형을 형성했으며, 영방적인 종교개혁과 병행하고 또 서로 협력하면서 오랫동안 지속되었다.

– 한 제후의 지배하에 있던 도시들과 공동체들에서 발생한 평화적이었으나 급진적이었던 개혁들은 대부

루터의 신앙은 과격했다. 하나님을 우리의 이성으로, 인간적인 사고 내에서 파악할 수 있다면 분명 하나님이 아니다. 그렇다면 하나님은 우리의 상상력 안에 제한될 것이고, 세상의 꼭두각시, 즉 우상일 뿐이다. 하나님은 우리의 이성을 초월한다. 하나님은 당연히 빵과 포도주 안에 아들의 살과 피로 실재할 수 있다. 그 외 다른 것은 모두 믿을 수 없다. 루터는 하나님의 이해 불가능성에 관해 다음과 같이 단호하게 표현했다. "하나님께서 오물을 먹으라고 명령하시면, 그대로 행할 것입니다. 왜냐하면 하나님의 말씀이기 때문입니다." 츠빙글리는 루터의 말이 "어린애 같다"며 다음과 같이 반박했다. "하나님께서 명하시는 것은 선과 구원을 위함이다. 하나님은 진실하시며 빛이시고, 우리를 어둠으로 인도하지 않으신다." 당연히 츠빙글리가 옳다. 그럼에도 불구하고 인간의 이성으로는 하나님을 이해할 수 없다는 주장을 고집하는 루터가 모든 훌륭한 신학Theology의 근본적인 딜레마를 츠빙글리보다 훨씬 핵심적으로 파악한 것은 아닌가 하는 질문이 남는다. 즉 루터는 한편으로는 분명히 하나님에 대해 이성적으로 말

분 제후에 의해 격퇴되었다.
- 촌락에서는 한편에서 기사들이, 다른 한편에서 농민들이 복음에 기반을 둔 의식과 소명을 통해 자신들의 권리를 강화하고자 했다. 이 두 집단은 부분적으로 폭력적 경향을 보이기도 했는데, 영방군주들은 월등한 무력을 동원해 그들을 잔인하게 진압했다.
- 특히 도시의 하층민들 사이에서 재세례파 운동이 전개되었다. 재세례파는 몇몇 급진적인 분파들을 제외하고는 전반적으로 "촌락에 머물며 평화를 추구하는 자들"이었다. 그러나 도시 및 영방의 정부들은 이들을 잔혹하게 박해했고, 잔재까지 절멸시켰다.
구교를 신봉하는 군주들과 복음주의에 경도된 군주들은 급진적 형태의 종교개혁을 박해하고 그들을 말살시킬 때에는 서로 힘을 합쳤다.

그림 32 연로 루카스 크라나흐가 그린 비텐베르크 시 교회 성 마리엔에 있는 제단화의 일부. 이 그림의 왼편에는 복음주의 교회의 두 가지 성사 중 하나인 세례가 묘사되어 있다. 놀랍게도 신학의 첫 과정만을 수료했으며 목사로서 어떤 역할도 수행하지 않은 멜란히톤이 세례를 베풀고 있다. 복음주의 교회에서는 근본적으로, 그리고 필요한 경우에 모든 성도가 세례를 베풀 수 있다는 것을 부각하려는 의도가 있었던 것으로 보인다(만인사제설). 그의 왼편에 화가 루카스 크라나흐 자신이 갓난아이를 위해 수건을 들고 있고, 그 왼편에는 그의 아내인 바바라의 모습이 보인다.

하고 있는 것이다[*신학이라는 용어는 신을 뜻하는 그리스어 테오스theos에 대한 로고스logos(가르침)를 원뜻으로 하는 테올로지아Theologia에서 유래한다. 저자는 이런 맥락에서 루터의 생각을 설명하고 있다]. 다른 한편으로 루터는 인간이 하나님을 인간의 생각, 말, 행위로 이해할 수 없을 때 하나님이라는 지식에 이르게 된다고 보았다. 이러한 실제적인 딜레마, 해결 불가능성을 남겨둔 채 성급히 해결하지 않는 것은 루터가 주장한 신론(神論)의 근본적인 공로다. 현명하며 이성적인 근대 신학도 이 지점에는 미치지 못한다.

세례를 두고 또 다른 논쟁이 벌어졌다. 루터도 유아 세례의 실행에 대해서는 교황주의자나 츠빙글리와 의견이 다르지 않았다. 유아 세례는 한 도시 혹은 한 국가의 모든 시민이 세례를 받도록 함으로써 동시에 그들이 민중교회Volkskirche를 형성하는 결과를 가져왔다.

츠빙글리를 중심으로 한 취리히 종교개혁에서 유래한 **재세례파**는 유아 세례를 반대했다. 그들은 신앙에 대한 자유로운 결정을 근거로 성인 세례를 주장했다. 이는 진정한 그리스도인들의 자발적 교회 Freiwilligkeitskirche 형성으로 이어졌다. 그러나 루터는 이에 반대했다. "신앙은 하나님의 은총에 의한 선물이다. 인간적인 결정이라는 토대 위에 신앙을 둘 수 없다. 만약 그렇게 한다면 내가 옳게 믿었는지 절대 확신할 수 없을 것이다. 이러한 의심으로 인해 나는 반복해서 새롭게 결심하고 번번이 세례를 받아야만 할 것이다"라고 주장했다. "단 한 번의 영원한 세례가 거행되어야 하고, 어떤 이유로도 중단되어서는 안 된다. 아무것도 그렇게 할 수 없다. 세례를 베푸는 자도 세례를 받는 자도 확실한 믿음을 근거로 세례를 거행할 수는 없다."

본래 '촌락에 머물며 평화를 추구하는 자들'이었던 재세례파는 이후 구교나 신교 정부들로부터 무자비하게 박해받았다. 상당수의 추정에 따르면 1530년대 초 독일인은 교황 추종자, 루터파, 재세례파로 각각 3등분되었다. 그러나 대규모 박해 후 재세례파 운동 참여자는 소수만 살아남았고 대부분의 생존자는 망명을 택했다. 일부 재세례파는 훗날 잔인한 박해의 명분을 제공하는 사건을 일으키기도 했다. 그들은 1534년과 1535년 사이 뮌스터에서 구약성경의 모본을 따라 '시온 왕국'을 세웠다. 독재적이고 폭력적이며, 일부다처제와 편협한 신앙심으로 결집한 이 기괴한 집단은 곧 진압되었다. 루터는 《탁상담화》에서 당당하게 말할 수 있었다. "재세례파는 이제 머리가 잘렸습니다. 그들은 자신들의 오류를 버리지 않고 반란을 일으켰기 때문입니다." 이 말에서 알 수 있듯 루터는 재세례파의 활동 중 정치적 봉기에 주안점을 두었을 뿐, 그들의 종교적 성격에는 눈길을 주지 않았다. 왜냐하면 루터는 신앙의 문제에서 폭력과 억압을 근본적으로 부정했기 때문이다. "이단은 종교적인 것으로, 어떤 칼로도 베어 버릴 수 없으며, 어떤 불로도 태울 수 없으며, 어떤 물로도 익사시킬 수 없습니다."

> 예수께서 나아와 제자들에게 이르되, 내게는 하늘과 땅의 모든 권력이 주어졌다. 그러므로 너희는 가서 모든 민족을 제자로 삼아, 그들에게 아버지와 아들과 성령의 이름으로 세례를 주고 내가 너희에게 분부한 모든 것을 지키도록 가르치라. 보라, 나는 세상 끝까지 항상 너희와 함께 있으리라.
> ─ 부활한 예수 그리스도가 제자들에게 선교와 세례를 명령함(마 28:18-20)

9. 믿음으로 의에 이른다
비텐베르크와 세상(1530–1540년)

    1530년은 독일에서 종교문제의 해결 여부를 가늠할 수 있는 기회였다. 예외적으로 외교문제에서 다소 여유가 생긴 황제가 보름스 제국의회 이후 처음이자 거의 10년 만에 다시 직접 신성로마제국을 찾았다. 그는 아우크스부르크에서 제국의회를 소집했다. 황제는 여기에서 다른 중요한 과제들과 더불어 종교문제를 최종적으로 해결하려 했으며, 프로테스탄트들에게 그들의 종교적 입장을 정리해 보고할 것을 요구했다.

    보름스에서는 반항자였으며 이제는 종교개혁가로 인정받는 루터는 법률상의 보호를 박탈당하였기에 더 이상 황제 앞에 서는 것이 허용되지 않았다. 따라서 보름스에서와 같은 장면은 더 이상 반복되지 않았다. 멜란히톤이 그의 역할을 넘겨받았다. 루터는 또다시 한 성에 머물렀는데, 물론 바르트부르크에 있을 때처럼 익명으로 지내지는 않

그림 33 1530년 연로 루카스 크라나흐가 그린 초상화 속의 루터는 47세였다. 이 그림은 학자의 모자를 쓰고 손에는 성경을 든 위엄 있는 종교개혁자 루터를 보여 준다.

았다. 이번에 그는 약 반년 간 선제후령 작센 영토의 최남단에 있는 코부르크에서 체류했다. 오늘날에도 코부르크 성에 가면 석조 벽난로가 구비된 루터의 방을 볼 수 있다. 루터는 그곳에서 아우크스부르크 제국의회가 열리던 1530년 4월부터 10월까지 또 한 번 '새들의 영토'에서 생활했다.

법률상의 보호가 박탈된 루터에게 코부르크는 아우크스부르크에서 가장 가까운 곳이었으나, 그럼에도 200킬로미터 이상 떨어져 있었다. 루터는 전령을 통해 아우크스부르크에서 진행되는 세계적인 사건과 신속하고 긴밀하게 연결되어 있어서, 그곳에서 돌아가는 사정을 잘 알고 있었다. 사람들과의 접촉 결핍과 소소한 질병, 특히 두통은 루터를 힘들게 했다. 게다가 그는 부친의 사망 소식까지 듣게 되었다. 그러나 온갖 괴로움에도 루터는 유머를 잃지 않았다. 루터는 까마귀들과 다른 새들이 창가에서 '깍깍'대며 자신을 위해 신학자회의를 열었지만, 목소리가 예쁜 나이팅게일은 나타나지 않았다며 자신의 상황을 풍자했다. 루터는 자신의 방 벽면에 애송하는 시편 구절을 적어두기도 했다. "내가 죽지 않고 살아서 여호와께서 하시는 일을 선포하리로다"(시 118:17, 개역개정판).

루터는 아우크스부르크 제국의회에 모인 성직자들, 특히 루터의 적이었던 "독일에서 가장 고귀하며 가장 높은 지위에 있는" 알브레히트 폰 브란덴부르크 대주교에게 보낸 편지와 공개적인 훈계성 글에서 종교개혁 노선으로 신앙을 선회하라고 호소했다. 그러나 루터는 소식들이 느리게 전달되자 자신의 진영을 심하게 불평했다. 그는 의도적으로 정보를 주지 않으려 하기 때문에 소식이 늦는다고 해석했다. 그래서 그는 "친애하는 필립" 멜란히톤에게 "당신들은 수가 많고, 모두가 글쓰기에 정통하면서도…, 또다시 전령을 편지도 없이 그냥 돌려보냈습니다"라고 분통을 터뜨렸다. "우리들이 여기 불모의 땅 같은 광야에 앉아 당신들의 편지를 목 빠지게 기다리는 것을 잘 알고 있으면서, 당신들이 무관심한 것인지 아니면 마음이 내키지 않는 것인지 잘 모르겠습니다." 이틀 뒤 루터는 파견단, 그리고 특히 멜란히톤이 자신을 '침묵을 통해 지치게 만들려는' 것이 분명하다고 확신했고, 편지에 쓴 것처럼 그들에게 똑같은 행동으로 보복했다. 즉 "우리는 침묵으로 당신들과 경쟁하겠습니다."

종종 회화의 소재로 묘사되듯이 1530년 6월 25일 선제후령 작센의 상서는 루터 측의 신앙서인 《아우크스부르크 신앙고백 *Confessio Augustana*》(약어 CA)을 라틴어로 낭독했다. 슈파이어 제국의회에서 항의함으로써 잘 알려진 다섯 명의 제후와 몇몇 도시, 특히 뉘른베르크 시는 전반적으로 멜란히톤의 생각이 반영된 세계적인 문서에 서명했다. 이것이 바로 루터 교회의 설립문서다.

결국 마부르크에서의 통합 시도가 실패하고 나서 며칠 후에 츠빙글리 측도 《이성적인 신앙의 이치 *Fidei Ratio*》라는 문서를 공개했다. 얼마 후 거기에 스트라스부르의 주도로 제국 내 남쪽의 4개 자유도시가 그들의 고유한 **신앙고백** 《4개 도시 신조 *Die Tetrapolitana*》를 추가했다. 새로운 운동이 결코 끝나지 않았음이 분명했다. 오히려 어느 정도 의견이 갈라지면서 무질서하게 분열된 채로 지속되고 있었다. 물론 그 가운데 루터와 멜란히톤이라는 축이 압도적이었다.

이때 이 두 사람은 결코 동일한 노선을 추구하지 않았다. 멜란히톤은 "우리는 대화를 위해 태어났다"라는 삶의 모토에 충실하며 중재와 타협을 위해 힘썼다. 그는 《아우크스부르크 신앙고백》의 서문에 언급했듯이 "이러한 의견의 차이들이 공동의 진정한 종교로 결합될 수 있"기를 희망했다. 그는 현명하게 《아우크스부르크 신앙고백》을 상이한 두 부분으로 나누었다. 포괄적으로 서술된 첫 부분에서는 "신앙과 교리 항목들"에서 일치하는 신념을 다루면서 차이들은 그저 조심스럽게 암시할 뿐이었다. 두 번째 부분에서는 비로소 "논란이 되는 폐지된 악습에 대한 항목들"을 다루지만 훨씬 간략하게 서술했다.

노련하고 능란하게 기술된 이 글은 구교 측과 프로테스탄트 측의 싸움이 대체로 부차적이고 덜 중요한 사안들을 두고 전개되었으며, 핵심 부분에서는 두 신앙의 적이 근본적으로 일치한다는 인상을 불러일으켰다. 루터는 "나는 형제 필립처럼 그렇게 부드럽게 서술하지 못했을 것이다"라고 논평함으로써, 멜란히톤이 공들여 완성한 신앙고백에 대한 인정과 더불어 비판적인 거리도 유지했다. 그러나 그는 다른 한편으로 그와 같은 공개적인 자리에서 "아주 적절한 신앙고백을 통해" 그리스도를 공식적으로 알렸

> 우리는 황제 폐하의 요구에 대한 신하의 복종으로써 다음과 같은 우리의 신앙고백을 제출하고 공개한다.
>
> 4항. 칭의에 관하여
> 우리는 우리의 공로, 행위, 보속을 통해서는 하나님 앞에서 죄의 용서와 의를 이룰 수 없다. 그 대신 그리스도께서 우리를 위해 고난받으셨으며, 그분 덕분에 우리의 죄가 사해졌고, 의와 영생을 선물로 받았다는 것을 믿음으로써, 그리스도로 인한 은총으로 죄사함을 얻고 하나님 앞에서 의로워진다. 왜냐하면 사도 바울이 로마서 3장 21-28절과 4장 1-8절, 23-25절에서 언급했듯이, 하나님께서는 이런 신앙을 당신 앞에서 유효한 의로 여기시기 때문이다.
> — 멜란히톤이 작성한 루터 교회의 핵심 설립문서인 《아우크스부르크 신앙고백》(1530)에서

다고 평가했다.

얼마 후 루터는 다시 폭발했다. 그는 진행되던 협상에 노발대발하며 동료들에게 즉시 협상을 중단하고 그곳을 떠나라고 강력하게 요구했다. 루터는 이제 더 이상 아무것도 논의하기를 원치 않았고, '될 대로 되라고 놔둘' 생각이었다.

반면에 상대편은 일관된 태도를 유지했다. 8월 초 구교 측에서 제시한 《논박 Confutatio》은 루터의 단호한 방식이나 멜란히톤의 외교적 방식을 막론하고 그와 같은 새로운 가르침을 배척했다. 은총과 신앙에서 나온 **칭의**라는 근본적인 신학 사상에서 볼 때 둘은 전혀 다르지 않았지만, 정치적이며 법적인 차이들, 새로운 교회법, 그리고 신앙, 예배, 공동체 등에서 고유하게 발전하면서 서로 다른 새로운 요소들을 만들어 냈다. 따라서 통합이란 이미 두 개로 분리된 교회의 실질적인 재통합과 다름없었다. 기본적으로 어느 측도 재통합에 대해서는 전혀 관심이 없었다.

> 아우크스부르크 제국의회를 보라. 그것은 참으로 최후의 심판 전의 마지막 나팔 소리다. 세상은 그곳에서 하나님의 말씀에 대항하여 얼마나 사납게 날뛰고 있는가! 오, 그리스도께서 그 위 하늘에 계셔서 달라고 어떻게 빌어야 한단 말인가? 이제 우리의 가르침은 《아우크스부르크 신앙고백》을 통해 공개되었다. 그 가르침은 단시간 내에 황제를 통해 모든 왕과 제후들, 대학들에 보내졌다. 수많은 고귀하고 훌륭한 사람들은 이 가르침을 불씨로 삼아 다른 사람들에게까지도 불을 붙였다.
>
> — 아우크스부르크 제국의회와
> 《아우크스부르크 신앙고백》에 대한 루터의 판단

《아우크스부르크 신앙고백》을 옹호하는 멜란히톤의 《변론 Apologie》도 그와 같은 상황을 더 이상 바꾸지는 못했다. 그러나 루터는 또다시 경고했다. "우리 쪽은 이 《변론》에서 필요 이상으로 양보했습니다." 이 종교개혁가는 자신을 최고법정으로, 또한 독일의 종교적 우두

머리로 여겼다. "자, 그대들 사랑하는 독일인이여, 나는 여러분이 들은 것은 한 선지자의 말이라는 사실을 충분히 전했습니다. 하나님은 우리에게 당신의 말씀을 따르라고 하셨습니다…."

다음 해에 인쇄된 《친애하는 독일인에게 전하는 마르틴 루터 박사의 경고 Warnung D. Martin Luthers an seine lieben Deutschen》는 일종의 공개서한인데, 여기서 루터는 "말씀이 남아 있고 우리가 말씀과 함께 있다"는 사실을 기뻐했다. 동시에 그는 상대편이 프로테스탄트들을 이단으로 몰고, 제국의 평화질서에서 제외시키려는 것에 경고했다. 그는 반대세력이 주장하는 것과 달리 새로운 가르침은 절대 반란이 아니라고 강조했다. 또 그는 종교 문제에서는 신민들이 황제에 대한 충성으로부터 자유롭다고 말하며, 황제에게 프로테스탄트 박해를 중지하라고 경고했다. 독일에서 최고의 권위를 가진 자가 프로테스탄트에 대한 전쟁을 시작할 경우, 신민들은 충성을 거부할 의무가 있다고도 했다. 이 경우 적극적인 저항은 반란이 아니며 오히려 정당방위라고 주장했다.

루터의 이 말은 발생할 수 있는 어떤 가능성에 국한한 발언이라기보다는 실제적인 위협에 대한 언급이었다. 왜냐하면 아우크스부르크 제국의회에서 새로운 신앙고백은 인정되지 않았고, 그 대신 로마로부터 떨어져 나온 신앙의 이단자들에 대한 신성로마제국의 법적 보호가 박탈된다고 규정했던 보름스 칙령이 갱신되었기 때문이다. 독일에서 새로운 종교적 가르침을 따르는 것은 또다시 실제로 목숨이 위태로운 일이 되었다.

그러나 그와 같은 위협을 진지하게 받아들이도록 만들기에는 이 새로운 가르침의 지지자들이 이미 너무 강력해졌고 반대세력은 약화되어 있었다. 그로 인해 1520년대에 일어났던 드라마는 1530년대와 1540년대에 이르기까지 재차 반복되었으며, 일종의 위협정치도 한층 강화되었다. 구교와 개신교 양측은 각자 군사동맹을 체결해 전쟁을 준비했고 스스로의 힘을 과시했다. 그와 동시에 사람들은 협정을 위해 줄타기를 했는데, 독일에서의 유혈 시민전쟁의 가능성을 완전히 몰아내지는 못할지라도 최소한 연기하려 했기 때문이다. 프로테스탄트 신분대표들은 1531년 슈말칼덴에서 선제후령 작센과 헤센의 지도하에 최종적이며 영속적인 슈말칼덴 동맹을 체결했다. 1532년에는 '뉘른베르크 종교협약' 그리고 1530년대 말에는 '프랑크푸르트 종교협약'이 보름스 칙령의 집행 정지를 선포했다. 그러나 여전히 칙령이 파기된 것은 아니었다. 비록 끊임없이 위협이 있었고 협약이 깨지기도 했지만, 루터가 살아 있는 동안 외적으로는 두 진영 사이에 평화가 유지되었다.

> 신자들이 하나님의 자비와 약속을 신뢰할 수 있음을 우리는 함께 고백한다. …
> 선행, 곧 믿음·소망·사랑 안에서 영위되는 그리스도인의 삶은 의를 따르고 의의 열매임을 우리는 함께 고백한다. …
> 이 선언문에 제시된 칭의론에 대한 이해는 루터교와 가톨릭이 칭의론의 근본 진리에 대해 일치함을 보여 준다. …
>
> — 칭의론에 대한 세계루터교연맹과 교황청 일치촉진위원회의 공동 선언문에서(1997/99)

이 시기는 루터 종교개혁의 전성기였다. 종교개혁은 1530년대에 점점 더 확산되어 독일뿐만 아니라 북부 유럽까지 퍼져 나갔다.

멜란히톤의 중재로 1536년 비텐베르크에서 비텐베르크 종교개혁가들과 스트라스부르의 마르틴 부처 Martin Bucer가 지도력을 발휘하는 남부 독일 종교개혁가들이 함께 프로테스탄트 신학자집회를 개최했다.

여기서 그들은 성찬 문제에 대해 합의에 이르렀다. 이 '비텐베르크 일치'Wittenberger Konkordie를 통해 독일의 종교개혁은 다시 통합되었다. 의장의 역할을 맡은 루터는 본래 이러한 통합에 반대했는데, "기존의 불일치(분열)가 꾸며 낸 일치보다 훨씬 안전"하다고 생각했기 때문이었다. 그는 내키지 않았지만 결국 동의했으며, 부처 측이 어느 정도까지 양보할 준비가 되어 있는지를 알고 놀라워했다. 그리하여 "이전 상태로 돌아가는 것은 허용되지 않았다."

> 우리 독일인들은 거칠고, 야만적이며, 광분하는 민족이어서, 이들과 뭔가를 시작하는 것은 쉽지 않다. 그로 인해 다른 나라 사람들은 우리 독일인에 대해 아는 바가 없다. 우리는 온 세상에 싸우고, 먹고, 마시는 것 외에는 아무것도 할 줄 모르는 독일 짐승으로 알려졌다.
> ― 루터, 독일과 독일인에 대하여

그러나 가톨릭에 대항한 전선에서는 어떤 타협도 없었고, 선명한 신앙고백으로 맞섰다. 교황이 만투아에서 열려고 했다가 결국 취소한 공의회를 위해 루터는 1536년 말 작센 선제후의 지시를 받아 《슈말칼덴 신조 Die Schmalkaldischen Artikel》를 작성했다. 이는 멜란히톤이 작성한 《아우크스부르크 신앙고백》에 대한 일종의 견제 성격을 지녔으며, 루터의 종교적 유언이라 할 수 있다.

1537년 초 루터는 슈말칼덴에서 열린 프로테스탄트 회의에서 이

종교개혁의 확산

이미 약 1520년 중반 이후 우선적으로 선제후령 작센, 헤센 그리고 몇몇 자유로운 제국도시들(특히 뉘른베르크)은 공식적으로 루터의 종교개혁을 수용했다.
독일 내부에서 1530년대에 루터파를 수용한 곳은 뷔르템베르크(1534), 포메른(1535), 선제후령 브란덴부르크, 공작령 작센(두 지역은 1539)이다. 기사단의 지배에서 세속의 공작령으로 전환한 프로이센은 이미 1525년에 종교개혁에 참여했다.

글을 낭독하려 했다. 그렇지만 갑자기 신장병으로 인해 상태가 위중해졌다. 그가 소변을 제대로 보지 못하자 의사들은 강제로 배출시키려 했고, 엄청난 양의 수분도 섭취시켰다. 그러나 그와 같이 거친 치료는 기대만큼 효과가 없었고, 고통만 가중시켰다. 죽음의 공포 속에서 그는 서둘러 집으로 향했다. 귀가하던 도중 단시간에 통증이 사라진 루터는 아내에게 이렇게 편지를 썼다. "요컨대 나는 거의 죽은 상태였고, 아이들과 함께 당신을 하나님께 맡겼소." 급격한 통증의 원인이었던 요석들이 저절로 녹아내렸다. "하나님께서 밤에 방광의 길을 열어 주셨고, 두 시간 동안 족히 4리터나 되는 소변이 배출되었다오. 나는 마치 다시 태어난 것 같았소." 회복된 루터는 다음과 같이 결론을 내렸다. "이 예에서 보듯, 우리는 기도하기를 배워야만 하고 하늘의 도움을 기다려야만 하오." 한 전령이 급히 말을 타고 슈말칼덴 시로 들어오면서 외쳤다. "루터가 살아났다!" 그렇지만 《아우크스부르크 신앙고백》보다 훨씬 신랄하고 비타협적이며 공세적으로 서술된 《슈

> 의에 관한 조항은 교리에 관한 모든 조항 위에 군림하는 지배자이자 제후이며, 모든 양심과 교회를 지배한다. 이 조항이 없었다면 세계는 진부했을 것이며 암흑 속에 있었을 것이다.
>
> — 루터, 자신의 칭의론에 대하여(1530년대)

독일 외부에서 루터파 종교개혁은 특히 북유럽 국가들에 영향을 끼쳤다.
1527년 이래 스웨덴(나중에는 스웨덴의 지배 아래에 있는 핀란드까지)이 종교개혁에 참여했고, 1536년에는 최종적으로 덴마크 그리고 발트 연안 국가들이 동참했다.
이어지는 종교개혁 조류는 1541년 이후 제네바에서 종교개혁가 장 칼뱅을 통해 이뤄졌고, 제2차 종교개혁의 물결이 스위스에서 계속 확장되었다. 서유럽 지역 일부(프랑스, 서부 독일의 일부 지역, 네덜란드, 스코틀랜드)와 북아메리카(개혁교회)에서도 마찬가지였다.

말칼덴 신조》는 루터가 떠난 뒤 거의 무시되었다. 선제후는 그 내용에 매료되었지만, 멜란히톤은 《아우크스부르크 신앙고백》과 《변론》을 그대로 두도록 조언했다. 루터의 《슈말칼덴 신조》는 슈말칼덴 회의에서 논의조차 되지 않았다. 참석한 신학자들은 회의가 끝나고 난 뒤에야 멜란히톤의 주도 아래 서명하기에 이르렀다. 그러나 멜란히톤은 거기에 추가 조항을 덧붙여, 루터의 과격하고 반교황적인 태도와는 현저히 거리를 두었다.

> 우리는 인간이 율법의 행위 없이 믿음으로 의에 이른다고 생각한다. … 우리가 교황, 악마, 세상에 대항하여 가르치고 살아가는 모든 것이 이 교리에 있다.
>
> ─ 루터, 자신의 교리를 신앙고백 형식으로 작성한 《슈말칼덴 조항》(1537/38)에서

루터는 《슈말칼덴 신조》에서 또다시 자신의 종교개혁적 깨달음, 즉 행위가 아닌 오직 믿음을 통한 칭의를 고집했다. 또한 로마에 대해 비타협적인 투쟁적 입장을 고수했다. 교황이 하나님의 계시에 따르는 것이 아니라 반성경적이며, 적그리스도적이며, 근본적으로는 이단적인 자만과 주장을 따르고 있다고 간주했다. 이로써 이 종교개혁가는 자신과 그의 교회에 붙어 있던 이단이라는 비난을 간단히 되받아쳤다.

진지한 신학적 논쟁들에서도 루터는 유머를 잃지 않았다. 그는 아내의 그림을 보면서 이렇게 말했다. "나는 여기에 남자 한 명을 더 그려 넣어, 이 그림을 만투아로 보내서 혹시 그들도 결혼하고 싶지 않은가 묻고 싶소."

노쇠한 루터는 이 시기에 역사, 특히 교회사에 점점 더 관심을 가졌다. 그는 한 연대표를 만들었는데, 거기에는 천지창조부터 그리 멀

지 않았다고 생각되는 예수의 재림까지 세계사의 모든 일이 요약되어 있었다. 1539년 그는 《공의회와 교회에 대하여 *Von den Konzillien und Kirchen*》에서 교회의 진정한 특징을 설명했다. 그에 따르면 종교개혁을 추구하는 교회는 초대교회와 연결되어 있지만, 반면 가톨릭교회는 신앙을 배반했기에 예수 그리스도의 정신을 추종하는 진정한 교회가 아니었다.

"흰 산" 뒤편에 있는 작은 지역, 문명의 변방에 위치한 비텐베르크

> 의롭다 인정받는 믿음이란 그리스도로 인하여 우리의 죄를 경감시켜 주는 하나님의 자비에 대한 신뢰라거나, 혹은 오직 이러한 신뢰만으로 우리가 의롭게 된다고 누군가가 말한다면, 그는 파문당하게 될 것이다.
>
> — 1546년 루터 사망 후 개최된 트렌토 공의회(1545-1563) 결정문에서

는 종교개혁을 통해 '독일의 로마'로 떠올랐다. 하지만 이 도시는 여전히 몽상에 빠져 있는 소도시에 불과했다. 그렇지만 종교 지도자 루터가 활동하고 있고 약 3,000명에 이르는 대학생을 거느리게 되어, 이 도시의 대학은 독일 대학 중 최정상의 자리를 차지하게 되었다.

루터는 교수로서의 과업을 매우 진지하게 감당했다. 그는 쉬지 않고 성경 해석에 몰두했고, 젊은 종교개혁 신학자들의 첫 세대를 형성했으며, 1530년대 중반부터 1540년대 중반까지 10년 이상 학장으로 신학부를 이끌었다. 그와 동시에 선제후령 작센의 영방교회를 확립하는 일에 관여했다. 루터와 그의 동료들은 이 영방 내 모든 목사의 임명을 주관했다. 남아 있는 기록은 루터의 삶 마지막 10년 동안 비텐베르크에서 약 740회의 목사 임명이 이루어졌음을 전해 준다. 1530년대 말 비텐베르크에는 감독회도 설치되었다. 이 감독회는 선제후의 위임을 받아 교회 내에서의 규율 및 결혼 문제와 목사들에 대한

감독을 담당했다.

　루터는 교회 규정들에 대한 안내서, 그리고 서신 및 조언을 통한 온갖 종류의 추천서 등을 통해 선제후령을 넘어서까지 영향을 미쳤다. 그러나 어느 정도 개인적인 고립도 겪었다. 특히 선제후령 작센의 궁정은 종종 고위급 정치에서 완고한 루터보다는 능란한 멜란히톤에게 일을 맡겼다. 한 서신에서 루터는 그에 대해 다소 감정이 상해 비꼬듯이 불평했다. "궁정은 현명하고, 주연으로 행동하는 것을 기뻐합니다. 그러나 우리는 주연이기보다는 관객이기를 원합니다. 나는 이제 우리가 궁정으로부터 거부되고 배제당한 것을 이례적으로 기뻐하기 시작합니다."

　루터가 생애 후기에 이룬 어마어마한 업적들은 동료집단의 협력 없이는 상상할 수 없다.

　우선 루터보다 14년 연하인 멜란히톤을 빼놓을 수 없는데, 그는 27년 동안 루터와 동행하면서 루터의 업적을 보완했다. 두 사람의 긴밀

> 이곳에 지혜가 자신의 집을 세웠고, 이곳에 지혜는 자신의 일곱 기둥을 조각했다. … 이곳으로 손님들이 초청되었다. 모든 나라와 국가와 민족에서 손님이 왔다.
> 　― 16세기 말 비텐베르크에 대한 신학자이자 철학자인 지오다노 브루노Giodano Bruno의 언급

루터 교회의 7가지 신앙고백서

마르틴 루터의 세 가지 저술, 즉 《소교리문답》, 《대교리문답》(모두 1529년에 집필)과 《슈말칼덴 신조》(1536년 말에 집필, 1538년 여름 개정판 출간).
필립 멜란히톤의 세 가지 저술. 특히 《아우크스부르크 신앙고백》과 그것을 옹호한 《변론》(모두 1530년에 출간), 그리고 교황권에 대한 글.

한 관계에 긴장이 없었던 것은 아니다. 그렇지만 멜란히톤은 연장자인 루터를 인정했으며 그에게 "복음을 배웠다"며 늘 감사했다. 그러나 멜란히톤은 또한 루터의 특이한 성격 때문에 시달렸고, 그에게 '격분한 헤라클레스' 혹은 '선동가'라는 별명을 붙여 주었다. 그는 이렇게 한탄한 적도 있다. "루터가 제발 한번만이라도 입을 좀 다물었으면!" 반면 루터는 늘 대화할 용의가 있고 타협을 위해 애쓰는 멜란히톤의 태도에 전혀 감동받지 않았다. 물론 두 사람 사이에 불화는 없었는데, 이는 독일과 전 세계, 적어도 중부와 북부 유럽의 종교개혁이라는 그들의 공통 관심사가 컸기 때문이다. 지당하게도 훗날 두 사람은 비텐베르크 성 교회에 나란히 묻혔다.

여러 동역자들 중에도 특히 비텐베르크 시 목사 요하네스 부겐하겐은 매우 중요한 인물이다. 그는 포메른 출신으로 루터의 고해신부이자 절친한 친구였다. 그 외에 법학자이자 신학자이며 비텐베르크 대학교수인 유스투스 요나스는 루터의 가장 중요한 동역자 중 한 사람이었다. 친밀한 동료들로 이루어진 집단은 규칙적인 작업회의를 통해 힘들고 지루한 작업인 구약성경 번역을 완성하기도 했다. 이와 같은 사실은 비텐베르크 종교개혁의 성과인 1534년 출판된 완역 성경

끝으로 《일치신조》. 루터와 멜란히톤이 사망한 뒤 흩어졌던 두 사람의 추종자들은 1577년 이를 통해 통합되었다.
모든 신앙고백은 1580년에 처음으로 초대 교회의 세 가지 신앙고백과 함께 《일치신조서》에 함께 실려 출판되었다. 이것은 루터파 교회의 토대로서 오늘날까지도 중요한 의미를 지닌다.

에《루터 성경》이라는 이름이 붙여짐으로써 숨겨지고 말았다.

1530년대 말 루터는 친구이자 대학 동료인 요한 아그리콜라Johann Agricola와 심하게 다투었다. 아그리콜라는 오직 은총에 의해 의로워진다는 관점에서 볼 때, 그리스도인에게 율법은 더 이상 근본적인 중요

그림 34 1558년 연소 루카스 크라나흐가 그린 이 그림(파손된 원본을 1944년에 복제한 작품)은 비텐베르크 종교개혁가들과 광범위한 종교개혁 집단을 표현했다. 그림 왼쪽 전면 중앙이 마르틴 루터다. 오른쪽 맨 끝에 종교개혁의 두 번째 지도자이며 위대한 교육개혁자('독일의 교사') 멜란히톤이 있다. 루터는 그와 긴밀한 관계였지만 두 사람 사이에 갈등이 없었던 것은 아니다. 이러한 상반된 감정이 루터의 팔과 손의 위치로 표현되어 있다. 두 명의 대표적인 종교개혁가 사이에 다른 종교개혁가들이 서 있다. (오른쪽 앞쪽에서 그림 가운데 그리고 뒤쪽의 순서로 보면) 동료 교수이자 성 교회 설교자 카스파르 크루시거Caspar Cruciger, 법학자이자 신학자 유스투스 요나스, 위대한 인문주의자 에라스무스가 서 있다. 루터는 에라스무스와 관계가 틀어졌으나, 이 그림에 에라스무스가 그려진 이유는 그의 학술적 업적 때문이다. 마지막으로 루터 바로 옆에 있는 사람은 비텐베르크 시 목사이며 루터의 고해신부인 요하네스 부겐하겐이다.

성이 없다는 논제를 이미 오래전부터 주장해 왔다. 그러나 루터 신학에서 율법은 중요한 기능이 있으며, 그리스도인은 일상에서 당연히 십계명과 율법을 지켜야 한다는 입장을 견지했다. 공개적으로, 그리고 논박서들을 통해 이뤄진 논쟁에서 루터는 아그리콜라를 비꼬듯이 공격했다. "자네가 계명을 지키든 그렇지 않든, 하나님과 이웃을 사랑하든 그렇지 않든, 그래, 자네가 간통을 했든 안 했든, 그것은 문제가 되지 않는다고 자네 혼자 그렇게 믿게. 자네는 구원을 받을 걸세!" 이러한 '반율법주의 논쟁'은 1540년 아그리콜라가 체포되고 곧이어 다시 도주함으로써 모든 점에서 루터의 승리로 끝났다.

10. 받아 적은 모든 것이 도움이 되는 것은 아니네
손님으로 찾은 루터의 집

하루 동안 루터의 집에 머물기 위해 우리는 비텐베르크에 있는 그의 집 문을 두드린다. 이 집은 전에 아우구스티누스 은둔교단의 수도원이었다. 이 종교개혁자는 이미 수도사 시절부터 여기서 살았으며 이제는 그의 가족과 함께 거주하고 있다.

1519년 여름 라이프치히의 한 관찰자는 당시 35세였던 이 반항자를 '키는 중간 정도였고, 근심과 연구 때문에 고갈된 수척한 몸으로 인해 피부 밖으로 돌출된 뼈를 셀 수 있을 정도였으며, 남성답고 원기 왕성하며 높고 맑은 음색'을 지닌 인물이라고 묘사했다. 그러나 지금 당당하게 우리를 맞는 사람은 체격이 다부지며, 얼굴은 통통하며 둥그스름하다. 그의 곁에는 아내 카타리나 폰 보라가 서서 손님인 우리를 환영했다.

루터가 아내를 대하는 태도는 우리를 약간 당혹스럽게 했다. 한편

그림 35 1832년 아돌프 폰 멘첼Adolph von Menzel(1815-1905)의 석판화. 루터를 화목한 가정의 가장으로 묘사했다.

으로 그는 이렇게 말했다. "프랑스 혹은 베네치아를 주어도 나는 케테를 내어 주지 않겠습니다!" 그렇지만 루터는 그녀의 독립성이 다소 마음에 들지 않은 듯하다. "또 결혼해야 한다면, 그때는 돌로 순종적인 여인을 조각할 것입니다. 왜냐하면 나는 모든 여인의 순종심을 의심하기 때문입니다." 그렇다. 루터의 아내는 아궁이 앞에 앉아 있는 것에 만족하는 사랑스러운 부엌데기가 아니었다. 루터는 자신의 결혼을 이렇게 평했다. "나는 열정적으로 사랑한 편은 아니지만, 아내를 사랑하고 귀히 여깁니다." 그러나 후에는 이렇게 말한 적도 있다. "나는 아내를 결코 사랑한 적이 없습니다. (실제로 그렇듯이) 언제나 그녀가 오만하다고 생각했습니다."

결혼에 관한 일반적인 설명에서도 루터는 이와 유사하게 모순된 의견을 표출했다. 그는 "좋은 부부보다 더 사랑이 넘치고, 친절하며, 매혹적인 친척집단, 공동체, 사회는 없다"고 말했지만, "아내를 거절하고, 하녀에게 의지하라!"며 상반된 주장을 펼치기도 했다. 루터에게

> 욕구는 벼룩이나 이처럼 특별한 계기가 없어도 찾아옵니다. 그러나 사랑은 우리가 다른 사람에게 봉사하고자 할 때만 생깁니다.
>
> ― 루터, 《탁상담화》 중 사랑에 대하여

루터의 가족

1525년 6월 마르틴 루터와 카타리나 폰 보라가 결혼했다. 두 사람은 여섯 명의 자녀를 낳았지만, 네 명만 성년이 되었다.

- 첫째 아들 요하네스Johannes(1526–1575), 한스 혹은 어린 시절 애칭 핸쉔으로도 불렀으며, 법학자가 되어 선제후의 궁정참사관Fürstlicher Kanzleirat까지 올랐다. 이로써 원래 할아버지가 아들에게 바랐던 기대를 손자가 충족시켰다.
- 첫째 딸 엘리자베트Elisabeth(1527–1528)는 생후 8개월 만에 사망했다.

는 사랑이 부부관계의 중심이 아니었음이 명백하다. 그보다는 "한 사람이 다른 사람에게 나는 당신의 것이고 당신은 나의 것이라고 고백하는 신뢰에 그 중심이 놓여 있다. 그것이 결혼이다"라고 밝혔다.

이 종교개혁자는 우리를 그의 서재로 안내했다.

물론 그는 오늘도 아침 일찍부터 그곳에서 일했다. 늘 그렇듯 그는 일어나자마자 사도신경, 주기도문 그리고 아침기도를 드렸다.

그러고 나서 그날 할 일을 시작했다. 우리는 그가 종종 이전처럼 재빨리 일을 진행할 수 없다고 불평하는 소리를 들었다. 온갖 질병이 그를 괴롭히고 있었다. 루터는 "어지럼증"과 "귓속의 울림과 윙윙거림" 때문에 "한 시간 동안 중단하지 않고 책을 읽고, 맑은 생각으로 집중하거나 꼼꼼히 검토하며 숙고하기 어렵고, 울림이 시작되면 곧바로 의자에 주저앉고 맙니다"라고 고백했다. 가족이나 함께 생활하는 다른 사람들의 방해를 피하기 위해 그는 생활의 지혜를 얻었다. "자리에 앉아 글을 쓰고 있으면 강아지 퇼펠이 책상 위로 뛰어오르고, 아들 한스가 노래를 불러 줍니다. 아이가 아주 크게 부르려고 하면, 조금 야단을 칩니다. 그래도 노래를 계속하기는 하지만 어느 정도 조심

- 둘째 딸 막달레네Magdalene(1529-1542)는 모두에게 사랑받았고 어릴 때는 애칭 렌헨이라고도 불렸다. 유년기가 끝날 무렵 사망했다. 아버지의 상실감이 무척 컸다.
- 둘째 아들 마르틴Martin(1531-1565)은 신학을 공부하여 아버지의 뒤를 잇는 듯했다. 그러나 목사로 활동하지 않았으며 공직을 전혀 맡지 않았다.
- 막내아들 파울Paul(1533-1593)은 의학을 전공해 의학교수가 되었고 선제후의 주치의로도 활동했다. 인정받던 인물로서 아버지의 종교개혁을 변호했다.
- 막내딸 마가레테Margarethe(1534-1570)는 딸들 중 유일하게 성년의 나이까지 살았다. 귀족 게오르크 폰 쿤하임Georg von Kunheim과 결혼해 남편을 따라 동프로이센으로 이주했다.

스럽게 살짝 눈치를 보며 부릅니다."

　루터가 일에 방해를 받는다고 한 것이 무슨 의미였는지 시간이 지나면서 분명히 알게 되었다. 우리는 그의 다섯 아이들과 이 집에 함께 살고 있는 몇몇 친척도 알게 되었다. 그들 중에는 특히 카타리나의 숙모 레네Lene와 고아가 된 여섯 조카가 있었다.

　우리는 약 10여 명에 달하는 집안 일꾼도 만났다. 비서, 집사, 가정교사, 요리사, 마부, 돼지치기 그리고 하인과 하녀들이었다. 여러 개의 다락방에는 열 명에서 스무 명의 대학생과 그들의 상담교사들이 세 들어 살며 식사를 제공받고 있었다. 35명에서 50명이 거주하는 루터의 집은 비텐베르크에서 가장 살림 규모가 큰 집 중 하나였는데 중소기업의 규모에 견줄 만했다.

　살림에 필요한 것들은 스스로 조달했다. 그렇지 않으면 "모든 것을 비싸게 구입해야 했기" 때문이다. 집에는 과수원, 채소밭, 농장이 딸려 있었고, 막혀 있는 연못은 양어장으로 사용했다. 양조 설비, 포도 재배지와 포도주 저장실도 갖고 있었다. 이 모든 것은 이 집의 여주인이 감독했다. 루터는 때로 케테에게 남성에 대한 경칭인 '헤어'Herr를 붙여 '헤어 케테'라고 놀리듯 불렀다. 루터는 "아내가 비텐베르크의 샛별"임을 인정했다. 그의 설명에 따르면, 그녀는 "새벽 4시면 일어나서 분주하게 움직였다. 밭을 갈고, 가축을 먹이고 또 거래도 했으며, 맥주를 빚는 등의 일을 했다."

　1540년대에 루터의 집에는 돼지 10마리, 새끼돼지 3마리, 암소 5마리, 송아지 9마리, 염소 1마리, 새끼염소 2마리, 여러 필의 말이 있었고, 닭, 거위, 오리도 한 무리씩 있었다. 루터는 사실상 비텐베르크 시민 가운데 가장 많은 가축과 가장 넓은 토지를 소유하고 있었다. 루터는 이와 같은 소유를 '설명할 수 없는 기적'이라고 말하곤 했다. 왜냐하면 선제후가 직접 제공하는 그의 교수 월급이 200굴덴에서 시작하여, 300굴덴으로 인상되었다가 나중에는 400굴덴이 되었지만, 그 월급으로도 그처럼 규모가 큰 살림을 꾸리기 쉽지 않았기 때문이다. 그 사이에 상당한 인플레이션도 있었다. 사실 그는 설교를 한 대가로 곡물 및 현물을 받았으며, 그 외 다른 소소한 수입도 있었다. 그리고 후견인이나 친구들에게 귀중한 선물을 받기도 했다. 그러나 이 종교개혁자는 수업료를 받지 않았으며, 수많은 저서로 인한 모든 보상을 거절했다. 루터에게는 어떻게 집안 살림이 꾸려지는지가 수수께끼였다. 그가 버는 것보다 더 많은 돈을 지출했기 때문이었다. 그러나 그의 아내는 그 기적을 설명할 수 있었다. 그녀는 농장 경영 외에 기숙사 운영, 즉 대학생 하숙으로 소득을 올릴 수 있었다. 그녀는 자신이 남편이 버는 것만큼 벌어들인다고 추산했다.

> 하늘에 계신 나의 아버지, 아버지의 사랑하는 아들 예수 그리스도를 통해 지난밤에 특히 재난과 위험에서 보호해 주셔서 감사드립니다. 오늘도 죄와 모든 악에서 나를 보호하시고, 나의 모든 행동과 삶이 아버지 뜻에 합당하기를 원합니다. 나의 몸과 영혼과 모든 것을 아버지 손에 맡기옵니다. 아버지의 거룩한 천사들이 나와 함께하여 사악한 적이 내게 어떤 능력도 행사하지 않기를 바랍니다. 아멘.
> ─ 루터의 아침기도, 《소교리문답》에서

루터는 부유한 시민 계층에 속했지만, 돈 때문에 끊임없이 신경 써야 했다. 그는 "어떻게 돈을 벌어들일까 하는 걱정은 가장 끔찍한 종살이다"라고 불평했다. 루터의 격언집에는 관련된 유명한 규범을 발견할 수 있다. "동전 하나를 귀히 여기지 않는 사람은 금화의 주인이 되지 못한다." 루터의 집은 수도원이었기에 세금이 면제되어 있었다. 시민들이 시에 납부하는 유일한 정기세인 토지세를 내지 않아도 되었고, 경계 근무와 같은 부담도 부여되지 않았다. 그렇지만 그가 자주 불평하던 것처럼 그 건물은 보수하고 유지하는 데 어마어마한 돈을 집어 삼켰다. 인부들이 쉴 새 없이 드나들었는데, 이것은 루터의 업무를 방해하는 또 다른 원인이었다는 면에서도 전혀 달갑지 않았다. 이 집은 비둘기장처럼 사람들의 출입이 잦았고 늘 공사 중이었다. 커다란 건물에 거주할 만한 장소는 일부에 불과했다. 루터는 자신에게 이 수도원을 선물한 선제후에게 만약 집을 짓는다면 진정으로 "이와 같은 돼지우리에는 세우지 않을" 것이라고 사교적이지 못하게 발언했다. 그리고 그는 집에 대해 찬양과 더불어 분노도 터뜨렸다. "나는 커다란 집에 삽니다. 그렇지만 이 집에서 벗어나고도 싶습니다." 루터의 경험에 따르면 인부들은 대충 고치면서 품삯은 많이 받아 갔다.

집안을 좀더 지혜롭게 관리하기 위해 루터는 가계부를 썼다. 그런데 우리가 그의 어깨 너머로 슬쩍 엿보니 곧바로 명백한 실수 하나를 발견할 수 있었다. 이 학식 높은 사람이 계산을 잘 할 줄 모른다는 사실을 알게 되었다. 루터는 스스로 이 점을 인정하면서, "학교에 다닐 때는 과목 중에 산수가 없었고, 수도사로 지낼 때는 소박하고 단순하게 살았습니다"라고 덧붙였다. 그는 "나는 계산하는 것을 결코 좋아하지 않습니다. 계산은 사람을 혼

> 박사의 집에는 젊은이, 대학생, 젊은 하녀, 과부, 늙은 여인 그리고 아이들이 기묘하게 뒤섞인 한 무리의 사람들이 거주한다. 그로 인해 집안은 몹시 소란스러웠다. 많은 사람들은 루터를 안쓰럽게 여겼다.
> — 루터와 동시대인 게오르크 헬트Georg Helt의 발언 (1542)

그림 36 비텐베르크의 루터하우스를 묘사한 1830년대 에두아르트 디트리히Eduard Dietrich의 석판화. 아우구스티누스 은둔교단의 수도원이었던 이 건물에서 루터는 수도사이자 교수로 살았다. 루터가 카타리나와 결혼하자 선제후 프리드리히는 이 큰 건물을 가정집으로 사용하도록 해주었다. 그 후 선제후의 계승자는 이 건물을 루터에게 선물로 하사했다.

란스럽게 합니다"라고 하소연했다. 루터는 케테가 돈을 다룰 줄 알아서 정말 기뻐했다. 그러고는 그 증거로 한 일화를 소개했다. 루터가 결혼했을 때, 공교롭게 그가 경멸하는 교황주의자이며 그의 오랜 적수인 추기경 알브레히트가 신혼부부에게 전하는 축하의 말과 함께 50굴덴을 보내왔다. 루터는 격분해서 그 돈을 돌려보내려고 했다. 그러나 케테가 그 천한 재물을 은밀하게 그들의 공동 금고에 넣어 두었다. 루터는 교활하게도 그녀가 당시에 그렇게 처신할 것을 확신했다고 밝혔다. 아내는 여분의 돈으로 토지를 구입하자고 졸랐기 때문에 살림살이에 사용할 돈이 부족했다. 우리는 손님들이 방명록에 "1540년 8월 24일부터 10월 19일까지 루터의 집에는 맥주가 없었다. 맥주를 살 돈도 없었다"라고 써놓은 것을 볼 수 있었다.

루터는 돈에 대해 분열된 생각을 갖고 있었다. 돈이 삶의 의미이자 우상이 될 수 있으며, 그럴 경우 그것은 악마의 것이라고 생각했다. 그러나 다른 한편 "외적으로 볼 때 돈, 재산, 땅 그리고 사람들은 그 자체로 옳지 않은 것은 아니다. 하나님의 선물이자 질서다"라고 여겼다. 우리는 루터의 살림살이 중에서 황금 잔, 장신구, 쇠 장식을 박아 넣은 궤 등을 발견할 수 있다. 이 모든 것은 부유한 후견자가 준 선물이었다. 1542년 초 비텐베르크에서 부유한 시민에 속하였던 노쇠한 루터는 유언장을 작성했다. 그는 자신의 복합적인 성공에 대한 비결

그림 37 현재 박물관으로 개조된 비텐베르크의 루터하우스에 있는 루터의 방. 1536년 이후 이와 같은 모습으로 개축되었다.

을 이렇게 요약했다. "나는 집안일에 대해서 케테의 의견에 따랐습니다. 그 밖에는 성령이 나를 지배했습니다."

 루터는 자신의 낮잠 자는 습관에 대해 설명하기를, 아주 작고 보잘것없는 새들도 "낮에 휴식하지 않는" 경우는 없다고 했다. 그러고는 그는 정원으로 나갔다. 하늘색 여름 꽃들은 세상의 모든 돈으로도 살 수 없다며 감탄했다. 정원을 따라 흐르는 시냇물은 양어장을 조성하기 위해 막아 두었다. 곤들매기, 송어, 잉어 등을 바라보다가 루터는 "물고기가 얼마나 섬세하게 산란을 하는지"라며 물고기에 대한 사색에 잠겼다. 그는 수컷이 꼬리를 쳐 정자를 물에 뿌리면 암컷이 그것을 받는다고 설명했다. 그를 뒤따라온 개에 대해서도 골똘히 생각했다. "개는 가장 진실한 동물입니다. 이렇게 흔하지만 않다면 개는 아주 가치 있게 여겨질 겁니다." 반면에 그는 악마나 이단처럼 오물을 여기저기 갈겨 놓는 날짐승을 좋아하지 않았다. 그는 조류를 참새와 같이 쓸모없는 새와 꾀꼬리처럼 유용한 새로 나누었다. 루터는 하인 볼프강 제베르거Wolfgang Seberger가 방금 좋은 새를 잡았다는 소식을 듣고, 그가 또다시 덫을 놓아 사냥하는 것을 금하려고 그에게 꾀꼬리의 소송장을 전달했다.

 루터는 넓게 펼쳐진 정원 바깥쪽으로 더 나아갔다. 오늘 우리는 그를 따라 엘베강이 흘러가는 드레스덴 방향으로 풍요로운 산책을 했다. 도시의 성문 앞에서 약 5킬로미터 지점에서 한 샘을 만났다. '루터 샘물'이라고 불리는 이곳은 이 종교개혁자가 발견했다고 전해진다.

 얼마 후 우리는 신속하게 집으로 돌아왔다. 저녁 식사가 준비되었다는 소리가 들렸다. 성대한 식탁이 차려졌다. 루터 가족 외에 꽤 많은 대학생과 동료들 그리고 외지에서 온 손님들이 나타났다. 루터는 우리에게 두 명의 악명 높은 동시대인 마술사 파우스트Faust와 살해를 통해 복수하려 했던 상인 한스 콜하제Hans Kohlhase도 그의 집에 객으로 묵었던 사실을 알 만한 사람은 다 안다고 귀띔해 주었다. 그런 뒤 그는 큰 소리로 말했다. "나는 맛있는 것은 먹고, 다른 할 수 있는 것은 견딥니다." 금식 시도는 모든 것을 먹고 마시는 것보다 "수백 배 나쁜 결과"를 가져왔기 때문이다. 그는 "나는 내가 좋아하는 것을 먹고, 하나님이 원하실 때 죽을 것입니다"라고 결론지었다.

루터가 원하는 대로 식탁이 차려졌다. "나는 특별히 유명한 음식을 찾지 않습니다. 나는 수수하고 평범한 정성이 담긴 가정식을 찬양합니다." 식탁에는 정원, 밭, 농장에서 수확한 것들이 올라왔다. 그는 "나는 나뭇조각은 안 먹어!"라며 사냥해 온 퍽퍽한 야생고기보다 집에서 키운 돼지고기를 선호한다는 사실을 숨기지 않았다. 이렇게 식욕을 보이면서도 그는 주의를 요구했다. "배는 모든 종교에서 가장 강력한 우상입니다." 그러고는 그가 잔을 높이 들어 주빈인 우리와 잔을 부딪쳐 건배하며 영리하게 핑계를 댔다. "나는 내일 노아의 음주(*창세기 9장 20-27절에 나오는 사건)에 대해 강의해야 합니다. 전문가로서 그 악한 일에 대해 말하려면 오늘 밤 아주 많이 마셔야 합니다."

그는 솔직하게 덧붙였다. "나는 술을 많이 마십니다. 그러나 다른 사람은 나를 따라하면 안 됩니다. 나처럼 일을 많이 하는 사람은 없

> 손님이 즐겁도록 그들에게 좋은 술을 제공해야 합니다. 왜냐하면 성경에 "빵은 심장을 강하게 하고, 포도주는 사람을 즐겁게 만든다"고 적혀 있기 때문입니다.
>
> ─ 루터, 《탁상담화》에서

기 때문입니다." 그리고 우리는 그에게서 "보헤미아 사람들은 지나치게 먹어 대고, 벤트족은 끊임없이 도둑질하며, 독일인들은 마구 들이킨다"는 등의 "통용되는 선입견들"에 대해 적지 않은 이야기를 들었다.

노동은 생활이다. 그러나 루터의 판단에 따르면 그것은 단지 삶의 절반일 뿐이고 나머지 절반은 유희다. 일곱 살이 될 때까지 우리는 아무것도 하지 않는다. "그저 먹고, 마시고, 놀고, 잠잔다." "우리는 생애 전체에서 고작 10년 정도 일한다. 그러면서 우리가 행한 선행에 대해 무슨 자부심을 원하는가? 오늘 나는 무엇을 했는가? 2시간은 뒷간에 앉아 있었고, 3시간은 먹었고 4시간은 빈둥거렸다."

루터는 우리 그리고 다른 손님들에게 탁월한 식견을 내보였다. 그는 "말이 없는 사람은 반쯤 죽은 사람"과 같다고 했다. "인간에게 말보다 더 강하고 고귀한 행동은 없기" 때문이다. 그러면서 "인간은 사교적인 존재이며, 고독하고 슬픈 인간은 더 이상 자기 자신의 주인이라고 할 수 없다"고 간략히 요약했다. 침체되고 기분이 언짢은 것은 악마 때문이라고 했다. 악마는 루터의 단골손님이었다. "마음이 기쁜 것을 견딜 수 없어 슬프고 불쾌한 마음을 조장하는 마귀…." 루터는 대체로 대화를 통해, 예를 들어 하녀와의 단순한 대화를 통해서도 위안을 얻는다고 말했다. 그래서 그는 모두에게 교제를 권했다. 슬픔, 양심의 두려움 혹은 회의가 엄습하거든 먹고 마시고 교제할 대상을 찾

> 죽은 것에게는 포도주를, 살아 있는 것에게는 물을.
> 이는 물고기에 해당하는 규정입니다.
> — 루터, 《탁상담화》에서

> 포도주, 여인, 노래를 사랑하지 않는 사람은 평생 어리석은 인간이 되지 않을 것입니다.
> — 루터의 이 격언은 《탁상담화》에 없다. 단지 루터의 말이라고 간주될 뿐이다.

아 대화를 나누라고, "만일 어떤 소녀를 떠올리며 기뻐할 수 있으면, 그렇게라도 하세요"라며 권장했다.

그러고 나서 루터는 대학의 동료들 및 대학생들과 신학적 문제에 대한 토론으로 들어갔다. 신학과 일상이라는 두 세계는 루터의 식탁에서 하나가 되었다. 모든 것은 신학적으로 의미를 지녔다. 루터 가문을 상징하는 문장(紋章) 역시 그러했다. 그 부분에서 루터는 대가였다.

루터의 예찬자와 제자들은 그의 생애의 마지막 15년간 이 종교개혁자가 식사 중에 하는 말 한마디 한마디를 받아 적었다. 이러한 행동에 대해 루터는 고무되기도 했지만, 때로는 짜증을 내기도 했다. 특히 빠짐없이 기록해 남겨 두려던 츠비카우의 설교자 콘라트 코르다투스Conrad Cordatus에게 절제하라고 주의를 주었다. "받아 적은 모든 것이 도움이 되는 것은 아니네. 상당 부분은 그냥 잊어버리게나!" 이 위인이 말한 모든 것이 책으로 출간될 것을 염두에 두고 하는 것은 아니었다. 그러니 그의 모든 말을 곧이곧대로 들을 필요도 없었다.

식사 후에도 루터는 식탁에 조금 더 앉아 있었다. 그는 두 살 된 막내딸 마가레테를 무릎에 앉히고 그 아이의 눈을 바라보면서 그토록 아름답게 창조하신 하나님을 찬양했다. 그러면서 이렇게 말했다. "모태에서 만들어진 한 덩이의 살로 코, 입, 손과 발을 빚으신 것 또한 예술입니다." 말을 이었다. "아이들을 교육하려면, 우리도 그들과 더불어 아이가 되어야 합니다." 루터는 코부르

> **수퇘지 루터**
> 나, 루터는 진정한 돼지다.
> 이것을 모르는 사람은 나를 보면 알게 될 것이다.
> 적어도 식사 중에 내 말에서 그 모든 것이 얼마나 오물과 뒤섞여 있는지를.
> ― 예수회 수사 콘라트 페터Konrad Vetter가 쓴 논쟁적인 서적 《200명의 루터Zweihundert Luther》(1607)에서

크에서 당시 네 살이었던 아들 요하네스에게 편지를 써, 오랫동안 집을 떠나 있지만 돌아갈 때는 멋진 선물을 가져가겠다고 약속했다.

루터는 겨우 8개월 된 딸 엘리자베트의 죽음과 그 때문에 느꼈던 슬프고 '여성 같은 여린 마음'을 가졌던 지난날을 회상하며 이렇게 썼다. "아이 때문에 아버지의 마음이 그렇게 여려질 수 있다는 것을 전

그림 38 루터는 1530년 어느 편지에서 가문 문장에 대해 다음과 같이 설명했다. "이 문장은 내 신학의 기념 표식이 될 것입니다. 첫째로 심장 안에 그려진 검은 십자가입니다. 검은색은 십자가의 본래 색깔입니다. 이를 통해 나는 십자가에 달리신 분에 대한 믿음이 우리를 구원한다는 것을 항상 기억할 것입니다. 왜냐하면 이것을 마음으로 믿으면 의로워지기 때문입니다. … 그러나 붉은 심장은 하얀 장미 안에 있어야만 합니다. 이는 믿음이 기쁨과 위안과 평화를 주며, 요컨대 그분을 희고 기쁜 장미로 바꿀 수 있다는 것을 보여 주기 위해서 입니다. 왜냐하면 흰색은 성령과 모든 천사의 색이기 때문입니다. 이 장미는 하늘색 바탕에 그려져 있습니다. 영혼과 믿음 안에 있는 이러한 기쁨은 천상과 미래에 올 기쁨의 시작이기 때문입니다. … 바탕을 둘러싸고 있는 황금색 원은 이러한 하늘에서의 축복이 끝없이 영원히 지속되고, 모든 기쁨과 선을 초월해 가치가 있음을 표시합니다. 황금이 최고로 가치 있는 금속이듯 말입니다."

에는 생각도 못했다." 나중에 둘째 딸 레네(막달레네의 애칭)가 열세 살의 나이로 사망했던 일은 그를 너무나 힘들게 만들어 "심지어 그리스도의 죽음을 묵상해도 그 고통을 극복하는 데 한계를 느낄" 정도였다.

그리고 나서 잠깐 음악이 연주되었다. 루터는 항상 음악을 좋아했다고 말했다. "음악은 늘 생기를 불러일으키며 힘겨운 짐에서 해방시킨다"고 했다. 그는 류트Laute(*만돌린처럼 생긴 현악기)를 집어 들었다. 루터는 젊은 시절 부모님 댁으로 가던 중 단검에 다리를 찔려 생명이 위태로울 정도의 부상을 입었을 때 류트 연주를 배웠다. 연주가 끝난 뒤 그는 아이들과 함께 저녁기도를 드렸고 아이들을 안아 주었다.

자녀들이 잠자리에 들자 루터는 어른들에게 이렇게 말했다. "결혼하지 않아도 동침은 쉽게 할 수 있습니다. 그러나 결혼의 가장 멋진 징표는 자녀입니다. 자녀들은 양이 만들어 낼 수 있는 최고의 양모와 같습니다." 그러면서 쾌재를 부르며 말했다. "교황을 추종하는 신학자들과 달리 나는 결혼을 통해 자녀들을 얻었습니다." 루터는 근래 결혼한 게오르크 슈팔라틴Georg Spalatin에게 결혼식 후 6개월이 지나 편지를 보냈다. "자네 아내에게 가장 따뜻한 인사를 전해 주게. 무엇보다도 먼저 자네의 아내 카타리나에게 가장 사랑스러운 포옹과 키스를 해주게. 그리고 여보게, 하나님의 사랑스러운 피조물을 그리스도께서 내게 선물로 주셨으니, 그것이 그분을 찬양하고 존경해야 할 이유가 된다는 것을 생각하게. 나는 자네가 이 편지를 받게 되는 날을

> 나는 누군가가 나를 온건하다거나 거룩하다고 간주해 주기를 결코 바라지 않았다. 그 대신 모두가 복음을 알게 되기를 바랐다.
>
> ― 루터, 《옹호하기 위한 논쟁서Streitschrift zur eigenen Verteidigung》에서

추측할 수 있기에 그날 밤 자네를 생각하며 나도 아내를 똑같은 마음으로 사랑할 것이네. 자네에게 동일하게 응수한다는 생각으로 말일세." (루터의 편지모음집 중 이 부분은 오랫동안 검열에 의해 걸러졌다!)

루터는 여러 다른 주제에 대해 발언한 뒤, 어른들도 사도신경을 외우고 주기도문과 함께 저녁기도를 해야 한다고 조언했다.

"그러므로 기도하는 일이 아침 일찍 일어났을 때 첫 번째 활동이 되게 하고 저녁에는 마지막 활동이 되게 하는 것이 좋습니다." 그런 다음에는 즉시 자는 것이 좋다고 덧붙였다. 즉시 잠드는 것! 아마 악마만 없다면 그럴 수도 있을 것이다! 그러나 어둠은 본디 악마의 영역이기에 악마는 특히 밤에 안식을 주지 않는 법이다. 다행히도 루터의 조언이 우리를 그와 같은 위험에서 지켜 주었다. "악마가 집요하게 유혹할 기회를 주지 마십시오. 지혜로운 자는 악마를 방귀 한 방으로 즉시 물리칩니다." 이제 당신도 편히 잠들 수 있을 것이다.

모든 것에 신중한 나는 루터에게서 몇몇 작은 결함을 발견함으로써 그를 숭배하는 것을 피하게 되었다. 그렇지 않았더라면 나는 그를 우상처럼 여길 수도 있었다. 그에게서 발견한 인간적인 자취들은 내게 그의 가장 훌륭한 측면보다도 훨씬 가치가 있다. 그것은 심지어 그의 장점 모두를 합친 것보다 더 큰 교훈이 되었다.

— 고트홀트 에프라임 레싱 Gotthold Ephraim Lessing, 《P 씨에게 보내는 두 번째 편지 Zweiten Brief an den Herrn P.》(1753)에서

하늘에 계신 나의 아버지, 아버지의 사랑하는 아들 예수 그리스도를 통해 아버지께서 오늘 하루 나를 은혜롭게 보호해 주심을 감사드립니다. 부적절하게 범한 나의 모든 죄를 용서해 주시고, 이 밤에 나를 은혜롭게 보호하여 주시기를 간청합니다. 나의 몸과 영혼과 모든 것을 아버지 손에 맡기옵니다. 아버지의 거룩한 천사들이 나와 함께하여 사악한 적이 내게 어떤 능력도 행사하지 않기를 바랍니다. 아멘.

— 루터의 저녁기도, 《소교리문답》에서

11. 설교자는 진리를 명료하게 전달해야 합니다
설교자이자 교수

    루터는 다음 주일에 설교를 했다. 우리는 그가 시 교회로 가는 길에 동행했다. 교회까지는 7분 거리인데, 루터가 설명할 때마다 계속 멈춰 섰기 때문에 그보다 훨씬 더 걸렸다. 루터는 설교 사역이 모든 그리스도인의 '최고의 임무'라고 설명했다. 우리의 구원이 하나님이 우리에게 말씀하신 바를 믿는 것에 달려 있기 때문이다. 하나님은 성경을 통해서 그리고 바른 복음적인 설교를 통해 말씀하신다. "하나님의 말씀은 무엇보다도 우선된다." 그리고 "말씀이 있는 곳, 그곳이 천국이며 거기에 모든 것이 있다."

    루터가 설교자의 과제에 대해 말하면서 목사는 설교단에서 "젖을 꺼내 민중에게 먹여야 한다"고 했을 때, 우리는 약간 당황스러웠다. 잠시 뒤에 그는 또 이렇게 말했다. "설교자는 진리를 명료하게 전

그림 39 설교하는 마르틴 루터. 1530년대 연로 루카스 크라나흐가 그린, 비텐베르크 시 교회 성 마리엔 제단화의 일부.

달해야 합니다. 또한 신랄하고 재미있게 표현해 모든 사람이 진리를 말할 수 있도록 해야 합니다. 그리하여 하나님의 말씀이 온 세상으로 퍼져 나가 정복해야 하기 때문입니다." 이 개혁자는 설교자가 무엇보다도 말씀을 이해시켜야만 한다고 강조했다. 그리고 낮은 목소리로 자신은 학식 있는 동료 목사나 대학의 동료들이 청중으로 앉아 있는 것을 전혀 좋아하지 않으며, 차라리 "아들 한스와 딸 엘리자베트"를 위해 설교하는 것을 선호한다고 고백했다. 그는 아이들에게는 "이 무화과나무는 하나의 무화과나무다"라는 식으로 단순하고 이해하기 쉽게 설교해야 한다고 하면서, 그렇게 전하기 때문에 모두가 이해한다고 했다. 그러면서 "나는 늘 악몽에 시달립니다. 설교를 해야 하는데 준비가 되어 있지 않고 아무 생각도 정리되지 않아서 마치 벌거벗고 있는 것 같은 꿈입니다"라고 귀에 대고 속삭였다.

> 저는 설교를 길게 하는 걸 아주 싫어합니다. 설교를 경청하려는 청중의 욕망을 없애 버리기 때문입니다.
>
> — 루터, 《탁상담화》에서

교회 문 앞에서 루터는 우리에게 시 교회의 부제인 게오르크 뢰러 Georg Rörer를 소개해 주었다. 그런 뒤 예배에 참석한 우리는 루터가 1526년에 발표한 《독일어 미사와 예배 규정》에서 예배에 대해 어떻게 제안하고 확정되었는지 알게 되었다. 예배를 시작하는 찬송가 〈주여 불쌍히 여기소서〉와 예배 시작 기도가 끝나면 신약성경 중 서신 봉독, 찬송, 복음서 봉독, 그리고 이어 〈우리 모두는 한 분 하나님을 믿습니다〉로 시작하는 신앙고백을 노래했다. 다른 많은 찬송가와 마찬가지로 이 노래도 루터가 작사했다. 루터에게 신학 다음으로 중요

그림 40 성 마리엔 교회의 제단화에는 루터의 의견이 중요하게 반영되어 있다. 이 그림은 복음주의 교회의 핵심, 존재, 기반을 생생하게 표현했다. 정면에서 볼 때 세 폭 중 중간 부분에는 성찬식을(108쪽 그림 27 참조), 왼쪽에는 세례식을(122쪽 그림 32 참조), 오른쪽에는 고해 모습을 그렸다. 여기 보이는 제단화의 아래 부분(세 폭으로 접어지는 제단화의 하단부)에서는 설교하는 루터를 볼 수 있다. 그는 십자가에 달린 예수가 신앙과 종교개혁적 설교의 주제라고 가리킨다. 교회 공동체 구성원 가운데 앞쪽에 루터의 부인 카타리나 폰 보라와 어린 아들 한스(빨간 옷)가 보이고, 맨 뒷줄 오른쪽 첫 번째에는 연로 루카스 크라나흐가 자신을 그려 넣었다.

한 것은 음악이었다. 노래하는 사람은 두 배로 기도하기 때문이었다.

루터는 위대한 작사가였다. 그는 이러한 재능을 거의 40세가 되어서야 발견하고 발전시켰다. 그는 매우 체계적으로 노래가사를 만들었는데, 칭의론과 같은 신학적인 주제, 신앙고백, 주기도문, 세례와 성찬 등 예배와 공동체 생활의 모든 중요한 부분, 성탄절, 그리스도 수난일, 부활절 같은 중요한 절기 등을 위한 노랫말을 썼다. 루터가 쓴 42곡의 노래(이 가운데 36곡이 찬송)는 1523년에서 1524년 사이 아주 짧은 기간 동안에 만들어졌다.

그다음 순서로는 복음주의 예배의 핵심 부분인 설교가 이어졌다.

우리는 루터가 설교대에 섰을 때에야 비로소 한 당대인이 남긴 인상이 이해되었다. "다양한 얼굴 표정이 보여 주듯이 그는 친절하고 침착하며 쾌활했다. 그의 목소리는 편안하고 카랑카랑했으며, 놀라울 정도의 달변이 감탄스러웠다."

루터는 비텐베르크에서 가장 오래된 건물인 성 마리엔 시 교회의 설교자였다. 그는 설교를 위해 개요를 완성해 오지만, 기본적으로 자유롭게 설교했다. 이따금 그는 출판을 위해 설교 메모들을 인쇄가 가능한 판본으로 만들었다. 그러나 1520년대 초 이래로 특히 부제 뢰러가 루터의 설교를 계속 받아 적었다. 교회설교집 중에서 루터의 설교는 루터 자신 또는 그의 동료들이 수집해 출판했다. 그것들은 복음주의 목사들에게 모범이자 본보기 역할을 했다. 그는 3,000회 정도의 설교문을 남겼으나 현재 2,000회를 상회하는 설교문이 전해진다.

시 목사인 요하네스 부겐하겐이 오랫동안 자리를 비웠고, 루터가 교리문답 주해서를 추가로 냈던 1528년이 루터의 설교 사역에 있어서 절정이었다. 그는 145일 동안 무려 195회 설교했다. 그런데 1529년에서 1530년으로 해가 바뀔 때 갑자기 설교를 중단하겠다고 선언하여 사람들을 깜짝 놀라게 했다. 이러한 파업은 자신의 경고와 말이 별다른 효과가 없었다는 판단 때문이었다. 선제후가 질책했지만 루터는 한동안 그 협박을 실제 행동으로 옮겼다. 나이가 많아지면서 찾아온 여러 질병은 그의 설교를 방해하거나 부득이하게 그로 하여금 집에서 설교하도록 만들었다.

루터의 설교는 명쾌했다. 그의 신학에 부합하게 그는 하나님을 떠났던 죄인들이 하나님의 은총을 통해 의롭게 된다는 소식을 전했다. 이는 '복음'의 소식이었다. 하나님의 은총과 용서는 예수의 죽음과 부활로 입증되었다. 그로 인해 "신학의 가장 중요한 과제는 예수 그리스도를 알도록 하는 것"이 되었다. 따라서 "예수 그리스도와 믿음에 대한 것 외에 다른 주제는 설교할 수 없었다."

이와 더불어 믿음은 선물이다. 인간은 기꺼이 믿고 싶어도 결코 믿을 수 없으며, 하나님이 믿음을 선물해야만 한다. "그리스도인은 복음을 소유하고 그리스도를 믿는 자를 말한다. 이 믿음이 죄 사함과 하나님의 은총을 가져다준다. 그러나 믿음은 성령을 통해서만 오며, 그 성령은 우리의 행위나 관여 없이 오직 말씀을 통해 믿음을 일으킨다. 그것은 하나님의 고유한 역사(役事)다." 하나님의 말씀은 우리 안에 있는 믿음에 불을 붙인다. 루터는 "만일 내가 '믿음'에 대한 이러한 견해를 변질시킨다면, 나는 그리스도를 변질시키는 것이다"라고 말했다.

루터의 종교개혁가로서의 자의식은 다음과 같은 그의 말에 근거를 둔다. "나는 복음을 인간으로부터가 아니라, 오직 하늘에 있는 우리 주 예수 그리스도를 통해서만 받는다." 언젠가 선제후에게 보내는 편지에서 그는 이런 근거로 인해 스스로를 한 사람의 "복음전도자로

> 어린 시절 받은 교육에서 루터는 거의 재림한 예수님이거나, 불과 칼로 세계사의 이목을 끄는 사람과 같았습니다. 부친의 서재에 크라나흐가 그린 루터의 초상화가 걸려 있었습니다. 그 그림에서 루터는 설교단에서 치명적인 상처를 입은 구세주를 가리켰고, 비텐베르크 사람들에게 그리스도교를 가르쳤고, 카타리나 폰 보라와 결혼했고, 자녀들을 위해 성탄절 노래를 작사했으며, 프로테스탄트 목사관을 설립했으며, 그 견고한 성을 건설한 모습을 보여 주었습니다. "우리는 거지다. 이것은 진실이다"라는 그의 삶의 최종 문장까지도 저에게는 영웅의 모습이었습니다.
>
> — 언론인 크리스토프 디크만Christoph Dieckmann이 한 강연에서 구동독의 루터파 목사관에서 성장한 유년 시절을 회상하며(2005)

자부"할 수 있었다고 밝혔다. 루터는 스스로가 사도의 반열에 있다고 생각했으며, 특히 자신을 "독일의 선지자"라고 지칭했다. 비록 그가 선지자는 아니었을지라도, 그는 하나님의 말씀이 자신과 함께한 반면, 그가 증오했던 "교황주의자들과는 함께하지 않는다"라고 확신했다.

설교가 끝난 뒤에 루터는 그리스도교의 핵심 기도인 주기도문에 대해 설명했다. 그는 이 기도가 설교를 보충한다고 했다. 왜냐하면 "설교에서는 하나님께서 우리와 함께 말씀하시는 반면, 기도에서는 내가 하나님과 함께 말하기" 때문이었다. 그 후 공동체는 성찬을 나누었다. 끝으로 우리 예배 참석자들은 마지막 찬송 〈거룩하시도다 Sanctus〉를 부르고, 구약성경의 축복기도 "여호와는 네게 복을 주시고 너를 지키시기를 원하며, 여호와는 그의 얼굴을 네게 비추사 은혜 베푸시기를 원하며, 여호와는 그 얼굴을 네게로 향하여 평강 주시기를 원하노라"(민 6:24-26, 개역개정판)라는 말씀으로 예배를 마쳤다.

루터는 교회 문 앞에서 공동체 신자들과 악수를 나누며 작별 인사를 했다. 그리고 나서 집으로 돌아오는 길에 그는 교회에 대한 자신의 생각을 밝혔다. 본래 교회는 하나님의 말씀을 듣고 믿는 사람들, 즉 진정한 그리스도인 됨을 추구하는 자들의 공동체여야 한다고

루터 교리의 핵심: 솔루스(Solus, 오직)

루터는 몇몇 기본 원칙으로 파악할 수 있는 급진적 이론을 전개했다.
- 솔라 스크립투라Sola scriptura(오직 성경): 루터는 성경에 쓰여 있는 것만 중요하다고 여겼다. 반면, 교회의 전통은 중시하지 않았다.
- 솔라 그라티아Sola gratia(오직 은총): 인간은 하나님의 은총을 통해서만 의로워질 수 있다. 반면, 행위를 통해서는 의로워질 수 없다.

했다. 그러나 루터도 그리스도인 중에 지나치게 인간적이며, 종종 거의 그리스도인답지 않은 사람들도 포함되어 있다는 사실을 잘 알고 있었다.

그렇지만 오직 하나님만이 심판하고 판단할 수 있다는 것이다. "어느 누구도 인간의 마음을 들여다보거나 알 수 없지만", 오직 하나님만은 인간의 마음속을 통찰하신다. 자기 자신의 마음도 알 수 없는 인간이 더군다나 다른 사람의 마음을 파악할 수 없다는 것이다. 묘한 표정을 지으며 루터는 덧붙였다. "하나님께서 당신이 선택하신 신부인 교회와 동침한다면, 그분은 이를 세상 앞에 숨기려 하실 겁니다."

> 악마는 죄가 들어오기 전에는 천국을 주었고, 죄 지은 뒤에는 절망을 주었습니다. 그러나 그리스도는 반대로 행하셨습니다. 그분은 죄 이후 천국을 주셨고 꺼릴 것 없는 양심을 주셨습니다.
>
> — 루터, 《탁상담화》에서

루터는 1539년에 발표한 《공의회와 교회에 대하여》에서 교회에 관한 자신의 이해를 명확하게 진술했다. 이에 따르면 진정한 교회, 즉 '성도들의 공동체'는 다음 7가지 특징으로 구별된다. 첫째는 말씀의 올바른 선포 즉 복음적인 설교, 둘째와 셋째는 세례와 성찬 두 가지 성사의 거행, 넷째는 참회와 고해 그리고 죄의 용서, 다섯째는 건실한

- 솔루스 크리스투스Solus Christus(오직 그리스도): 오직 그리스도만이 십자가의 죽음과 부활을 통해 인간을 구원할 수 있다.
- 솔라 피데Sola fide(오직 믿음): 인간은 하나님이 성령을 통해 선물로 주신 믿음을 통해서만 의로워질 수 있다.

그림 41 비텐베르크 시 교회에 있던 루터의 설교단. 현재는 루터하우스에 전시되어 있다.

수련과 실무를 통한 사목 활동, 여섯째는 기도와 하나님에 대한 찬양, 마지막으로는 올바른 신앙을 추구함으로 인한 박해가 있다.

루터는 "내게는 마지막 특징도 성취되었습니다. 교황과 황제가 내 목숨을 원합니다"라고 말했다. 이어서 그는 "나는 믿음을 위해서는 기꺼이 목숨을 내놓겠습니다. 그러나 내가 희생되는 것을 하나님께서는 적절하다고 여기시지 않는 것 같습니다"라고 판단했다.

그다음 주 하루를 정해 우리는 루터와 함께 비텐베르크 대학을 찾았다. 짧은 길을 가며 이 종교개혁가는 "나는 신학박사입니다. 박사 서약에서 '성경을 성실하고 정직하게 연구하고 설교하며 가르칠 것'이라고 맹세했습니다. 그리고 지금까지 이 맹세를 지켰습니다. 우리의 교리는 곧 하나님의 말씀입니다"라고 말했다. 이런 말을 주고받는 동안 이미 우리는 '레우코레아'라고 불리는 대학 건물 앞에 이르렀다. 이곳에서 루터는 1508년에서 1509년까지 1년간 신학을 공부했고, 동시에 강사로 철학을 강의했다. 1511년부터는 이곳에 재직하게 되었고,

1512년부터 1545년 즉 사망하기 몇 달 전까지 신학 교수로 일했다. 그는 사명감과 지칠 줄 모르는 열정으로 강의했으며, 시편을 시작으로 성경의 여러 책을 해석했다. 그는 곧 신약의 바울 서신들, 특히 로마서와 갈라디아서에 몰두했다. 그리고 생애의 마지막 10년 동안에는 모세가 쓴 성경의 첫 권인 창세기가 그의 강의 주제였다.

루터가 직접 작성한 수많은 강의록과 학생들의 강의 노트가 남아 있어 우리는 그의 강의를 꽤 정확히 추론할 수 있다. 예컨대 창세기 강의에서 그는 인간의 질서와 제도들이 하나님에 의해 창조된 것임을 지적했다. 가장 먼저 교회가 세워졌고, 하나님과 아담의 관계는 비유적으로 설명되었다. 이어서 하와의

> 그리스도인의 삶은 경건한 상태가 아니라 경건하게 되어 가는 것이며, 건강한 상태가 아니라 건강하게 되어 가는 것이고, 존재하는 것이 아니라 형성되어 가는 것이며, 정지가 아니라 숙달이다. 우리는 아직 그렇지 못하나 그렇게 될 것이다. 아직 실행되지 않았고 일어나지 않았지만, 현재 진행되는 과정 중에 있다. 모든 것이 아직 눈부시게 빛나거나 반짝이지 않으나, 모든 것이 더 나아질 것이다.
>
> — 루터, 그리스도인 됨에 관하여

창조와 더불어 두 남녀의 관계에 가정 혹은 가계Ökonomie의 성립이 뒤따랐다. 그다음에는 세 번째이자 마지막으로 **원죄** 이후 인간의 악과 죄를 막고, 늘어나는 사람들 사이의 질서를 확립하기 위해 공권력이 필요하게 되었다고 가르쳤다.

대학을 방문해서 우리는 존경스러운 대학 전통의 증인이 되었다. 즉 논쟁들과 시험들을 계기로 실행되는 논제 강연의 전통을 보게 된 것이다. 이 관행은 비텐베르크에서 1520년대에 거의 중단되었다가 1530년대에 다시 부활한 것이었다. 오늘 루터는 그 논제 강연과 유사하게 진행되는 구두시험의 연습으로 일련의 논제들을 작성했다. 주제

그림 42 〈두 종류의 설교Zweierlei Predigt〉. 1545년 연소 루카스 크라나흐의 채색 목판화. 그림 왼쪽은 예배와 교회에 대한 복음주의적 이해를 보여 준다. 중심이 되는 것은 십자가에 못 박힌 그리스도에 대한 설교다(루터는 설교대에 서 있다). 두 가지 성사는 세례(뒤쪽)와 성찬(앞쪽)이다. 성찬은 '두 종류의 형태'로 시행된다. 즉 신자들은 빵과 포도주를 받는다(로마교회처럼 빵만 받지 않는다). 설교대 아래에 작센의 선제후가 십자가를 지고 있다.

는 '인간론'De homine이었다.

1. 인간의 지혜를 논하는 철학은 인간이 이성을 지녔고, 감각과 육체성을 갖춘 생명체라고 정의한다.

4. 이성이 특별히 가장 중요하고, 인간이 지닌 다른 모든 것과 비교해도 최고다. 따라서 이성은 신적인 속성이다. 이와 같은 이성에 대한 진술은 진실이다.

> 수많은 세례자 중에서 진정한 그리스도인은 거의 없다. … 그리스도인은 진귀한 존재다.
> — 루터, 그리스도인 됨에 관하여

20. 그와 달리 신학은 지혜의 총체로 모든 인간을 정의한다.

21. 즉 인간은 하나님의 창조물로, 육체와 생동하는 영혼으로 구성되었으며, 최초에는 하나님의 형상을 따라 죄가 없는 존재로 만들어졌다.

22. 그러나 악마의 능력에 굴복한 아담의 타락 이후 죄와 사망이 발생했고, 이 두 가지 불행은 인간의 능력으로 극복할 수 없으며 영원하다.

존중되고 있는 과거의 전통 안에서 루터는 일단 인간이 특히 이성을 통해 동물과 구분된다는 사상을 대변했다. 여기에서 이성은 '신적인 속성'이라고 언급될 수 있다. 그렇지만 그는 이러한 관점이 철학적 사고라고 말한다. 신학적으로 볼 때, 이성은 악마의 손아귀에 놓여 있으며, 믿음의 방해물이다. 루터가 다른 글에서 주장했듯이, 이성은 "하나님과 술래잡기"를 하려는 일종의 "창녀"로 변환된다. 믿음을 이성으로 파악하려는 사람은 "마치 어리석게도 눈으로 태양을 똑바로 바라보려는 사람과 다를 바가 없다. 태양을 더 오래 바라보면 볼수록, 얼굴만 더욱 상할 뿐이다." 따라서 신앙은 '이성을 눈멀게' 해야만 하고, 사람들은 신학을 바르게 연구해야만 할 것이다. 여기서 교수가 제시한 논제에 대해 토론하던 학생들은 말문이 막혔다. 당시나 지금이나 루터의 신학을 공부하는 모든 사람은 이 대목에서 난감해진다.

루터 신학에는 충돌하는 내용들이 공존한다. 그의 신학 논리는 모순되고 궤변적이다. 그리스도교 신앙을 탐구하는 신학은 이성을 동원해 작업하지만, 동시에 이성과 대립한다. 이러한 대립은 하나님과 인간 사이의 무한한 차이와 대립 그 자체에 기인한다.

그렇지만 신학의 "본래의 대상"은 "죄를 짓고 하나님을 떠난 인간과 의롭다 칭하시며 구원하시는 하나님"이 아닌가? 루터는 "하나님께서는 모든 인간이 구원받기를 원하시지만, 어찌하여 모든 인간이 실제로 구원받지 못하는가"라는 질문에 대해 답변할 수 없다. 이미 시초부터 어긋나 있었다. 다른 개혁가들, 특히 스위스 종교개혁가들이 하나님의 섭리를 잘 정돈된 교리로 전개한 반면, 루터는 예정설에 대한 사색에도 참여하려 하지 않았다. 그는 "사람들은 부지런히 섭리에 대한 논쟁에서 스스로를 보호해야 한다"고 자신의 의견을 간결하고 설득력 있게 주장했다. 하나님은 구원하시며 심판하신다. 하나님은 두 가지 상반된 측면, 즉 밝고 계시하는 면과 어둡고 숨기는 면을 갖고 계신다. 신학은 계시만을 다룰 수 있으며, 하나님의 심오한 신비를 에워싼 베일을 벗길 수는 없다. "하나님이 특정한 사람을 선택하는 이유를 사람들은 하나님이 아닌 인간에게서 찾아야 한다. 하나님

> 하나님은 길고 넓고 굵고 높고 낮게 조작할 수 있는 존재가 아니라, 초자연적이며 탐구 불가능한 존재입니다. 동시에 작은 낱알 안에서도 완전하며, 그럼에도 모든 창조물 안에, 위에, 그리고 밖에 존재합니다. … 하나님은 세상에 있는 그 어떤 것보다도 더 작으며, 세상에 있는 그 어떤 것보다도 더 거대하며, 세상에 있는 그 어떤 것보다도 더 짧으며, 세상에 있는 그 어떤 것보다도 더 길며, 세상에 있는 그 어떤 것보다도 더 넓으며, 세상에 있는 그 어떤 것보다도 더 가늡니다. 하나님은 사람들이 이름을 붙이거나 생각할 수 있는 모든 것 위와 밖에 있는, 말로 다 할 수 없는 존재입니다.
>
> ─ 루터, 1522년의 사순절 첫 주일설교에서

이 아닌 인간을 탓해야 한다." 복음은 하나님이 구원을 원하시며 이를 선물하신다는 사실을 보여 준다. 그것으로 충분하다.

따라서 논리와 이성의 영역에는 커다란 문제와 모순이 있다. 그러나 동시에 루터의 신학은 인간의 삶과 실존적인 질문을 다루는 일종의 경험학문이었다. 루터는 "오직 경험만이 신학자를 만든다"는 사실을 알고 있었다. 그래서 그는 자신의 저술들에서 아주 다양한 논증영역을 서로 결합시킬 수 있었다. 성경 구절은 철학적이며 법학적 논리들 외에 여러 이야기와 격언으로 이루어진 역사적 사례가 많다. 그리고 그 모든 것이 일상의 경험과 건강한 인간의 상식과 혼합되어 있다.

수많은 대학생이 루터의 강의를 듣기 위해 비텐베르크로 몰려왔다. 당시의 증인이었으며 훗날 루터의 적이 된 한 사람은 이렇게 이야기했다. "학생들은 그의 강의를 듣는 것을 좋아했다. 그때까지 라틴어를 그렇게 과감하게 독일어로 번역한 사람을 본 적이 없기 때문이다." 성경 번역에서와 마찬가지로 루터는 강의나 대화에서도 사안을 분명하게 명명하고, 이해하기 쉽게 설명했다.

그러나 이렇게 이해가 쉬울지라도 무엇이 우선하며 더 가치가 있는지는 분명했다. 인간의 모든 말,

> 루터의 교리는 신성하지만 비인간적이다. 그렇다, 야만적이다. 하나님에 대한 찬가이지만 인간에 대해서는 익명의 비방문(글로 전파되는 명예 훼손)이다. 그러나 그의 교리는 처음에만 비인간적이다. 전개되면서는 그렇지 않다. 전제만 그럴 뿐, 결과에서는 그렇지 않으며, 수단만 그럴 뿐, 목적에서는 그렇지 않다. … 굶주림이 없으면 음식도 없듯이 죄악이 없으면 은총도 없으며, 곤란이 없으면 구원도 없으며, 아무것도 아닌 인간이 없으면 모든 것이신 하나님도 없다. 굶주림이 가져간 것을 음식이 보충하며, 인간의 모습으로 루터가 그대에게서 취한 것, 그것을 루터는 하나님 안에서 그대에게 100배로 다시 배상한다…
>
> — 철학가 루트비히 포이어바흐Ludwig Feuerbach, 〈루터 연구〉(1844)에서

그림 43 1534년의 《루터 성경》에 실린 삽화. 미켈란젤로가 시스티나 성당에 그린 〈아담의 창조〉와 비교하면 하나님의 상과 인간의 상에 대한 르네상스와 종교개혁의 대립을 볼 수 있다. 미켈란젤로에게서는 하나님과 인간이 거의 동등하게 표현되어 있으나, 루터에게서는 하나님과 인간 사이에 상상할 수 있는 최대치의 차이가 존재한다.

지혜, 그리고 서적들 위에 성경이 있다. "왜냐하면 성경 외에는 그 무엇도 영생에 대해 가르치지 않기 때문이다."

루터의 교리는 이와 같은 기반 위에 세워졌다. "따라서 우리의 신학은 확실하다. 이 신학은 우리를 우리 자신들의 외부에 세우기 때문이다. 나는 나의 양심에 의지해서는 안 된다. … 그 대신에 기만할 수 없는 하나님의 약속과 진리에 의지해야만 한다."

12. 쓰려고 마음만 먹으면 글이 술술 써집니다
저널리스트이자 개혁강령 입안자

"나는 좋은 기억력과 빠른 손을 갖고 있습니다. 쓰려고 마음 먹으면 글이 술술 써집니다. 억지로 글을 짜내거나 시달릴 필요가 없습니다." 루터의 이 말을 통해 루터에게 글쓰기 재능이 있음을 알 수 있다. 그리고 이 진술은 틀림없이 사실이었을 것이다. 그렇지 않고는 그의 어마어마한 작업 성과를 달리 설명할 길이 없다. 일화에 따르면, 아직 잉크가 채 마르지도 않은 필사본이 인근에 있던 비텐베르크의 가장 중요한 출판업자 한스 루프트Hans Lufft에게 지속적으로 전달되었다고 한다. 그는 루터 덕에 부자가 된 인물이다.

루터는 명실상부한 '베스트셀러 작가'였다. 그의 저작 가운데 독일어로 출판된 글은 1517년에 2쇄, 1523년에는 346쇄 그리고 1528년에도 60쇄가 인쇄되었다. 그는 《95개조 논제》 출판부터 사망할 때까지 독일 내 모든 가톨릭 작가의 글을 합한 것보다도 5배나 많은 책을 출

그림 44 하인츠 찬더Heinz Zander(1939–)의 회화 〈마르틴 루터〉(1983). 거위 깃털 펜과 종이를 들고 있는 루터를 묘사함으로써 루터가 자신의 생각을 글로 재빨리 옮겨 놓을 수 있는 인물임을 알려 준다. 그림 속 루터는 우리를 진지한 눈길로 유심히 관찰한다. 그는 항상 독자를 염두에 두고 글을 썼다.

판했다. 1523년에는 독일어로 출판된 900여 편의 글 중 약 40퍼센트가 루터의 저술이었다.

종교개혁은 새로운 텍스트 제작 및 전파 방식인 활판인쇄술을 필요로 했으며, 역으로 활판인쇄술이 실질적으로 인정받기 위해서도 종교개혁을 필요로 했다. 종교개혁은 일종의 매체 혁명이었다. 활판인쇄술에서 신앙 문제는 단연 선두에 서 있었다. 종교개혁은 소책자 Flugschrift라는 매체를 거의 독점적으로 사용했으며, 소책자의 단 5퍼센트만이 비종교적인 주제를 다루었다. 이 소책자는 대부분 비텐베르크와 관련을 맺고 있었다. 농민전쟁 시기까지 200만 부 이상의 소책자가 출판되었다. 비텐베르크는 종교개혁자 루터를 통해 출판도시로 변모했다. 다른 중요한 출판도시, 예를 들면 라이프치히, 뉘른베르크, 아우크스부르크, 바젤, 스트라스부르 등에서도 루터는 책이 가장 많이 인쇄되는 작가로 급부상했다. 다른 작가들과는 차이가 현격해서 비교가 무의미할 정도였다. 서적 행상인들은 루터의 작품을 널리 유포시켰고, 저작권이라는 개념이 아직 없던 시절이었기에 도처에서 복사본이 인쇄되었다.

작가였다는 사실이 루터를 나타내는 가장 두드러진 특징이었다. 그는 95개조 논제를 발표하던 1517년 이래 두 언어로 글을 쓰기 시작했는데, 지식인을 위해 라틴어로 집필하다가 점차 민중을 위해 독일어로 쓰는 비중을 높였다. 적지 않은 작품들, 예를 들어 종교개혁 핵심 저작으로 1520년에 발표한 《그리스도인의 자유》는 라틴어판과 그보다 약간 축약된 독일어판으로 모두 출간되었다.

루터는 명실상부한 저널리스트였다. 그의 문체는 인문주의자들처럼 잘 다듬어지지는 않았지만, 매우 생동감 있고 때로는 시적이었다. 루터가 번역한 누가복음의 예수 탄생 이야기가 누구의 귓전엔들 울리지 않겠는가. "Ihr werdet finden das Kind in Windeln gewickelt und in einer Krippe"(너희가 가서 강보에 싸여 구유에 뉘어 있는 아기를 보리니)(눅 2:12, 개역개정판) 그의 언어는 마치 소리로 묘사하는 그림 같다. "Lasst euer Licht leuchten vor den Leuten"(너희 빛이 사람 앞에 비치게 하여)(마 5:16, 개역개정판)와 같은 산상수훈의 한 구절을 살펴보면 두운(頭韻)을 맞추어 리듬감을 살렸음을 알 수 있다. 루터의 언어구사 능력은 특히 성경 번역에서 절정을 이루었다.

그림 45 최초로 완역한 《비텐베르크판 성경(루터 성경)》의 겉표지. "하나님의 말씀은 영원하다"라는 글과 더불어 "성경. 이 책은 마르틴 루터가 비텐베르크에서 작센 선제후의 허락을 받아 한스 루프트 출판사에서 M. D. XXXIIII(1534)년에 출판한 독일어 성경 전권이다"라고 적혀 있다.

그의 언어 능력은 주목할 만하다. 당시 교수에게 당연시되었던 라틴어뿐만 아니라, 인문주의자들에게 통상적이었던 고전 그리스어도 잘 구사했다. 게다가 루터가 "위엄 있고 훌륭하여" "다른 어떤 언어도 그와 견줄 수 없다"고 평가한 히브리어에 대해서도 다른 사람들과 비교가 어려울 정도로 탁월하게 다루었다. 한편 루터는 동시대 성직자들의 부족한 라틴어 능력을 신랄하게 비꼬았다. 예를 들면 한 귀족 출신 주교좌성당 참사회원이 'Gloriam'(글로리암)을 'Glam'(글람)이라고 잘못 낭독해 나이든 사람들이 그대로 따라 부르게 된 일을 빗대어 "글림, 글람, 글로리암, 돼지가 사제복을 걸쳤다네"라며 조롱했다.

루터는 자신이 쓴 적지 않은 글이 시간에 쫓기면서 쓴 것들이라 장황하고 충분한 퇴고를 거치지 않았다며 자책하기도 했지만, 스스로를 훌륭한 작가로 여겼다. 그와 더불어 다른 작가들의 무능에 대한 비판을 삼가지 않았다. 그는 글을 쓰기 위해 노력하던 브라운슈바이크-볼펜뷔텔Braunschweig-Wolfenbüttel 공작을 "책을 쓰려고 하는 이해할 수 없는 바보"라며 대놓고 비난했다. 루터 자신은 마치 나이팅게일 소리라도 들어본 것처럼 공작에게 "늙은 돼지의 방귀 소리"를 한번 들어보고, 특별히 공작을 위한 "그 소리"에서 교훈을 얻으라고 비꼬듯 충고했다.

루터는 항상 언어적인 문제들에 몰두했다. 저술뿐만 아니라 종종 문학적인 성격의 글도 포함되었다. 무엇보다 루터가 지니고 있는 고유의 언어적 재능은 성경을 통해 증명되었다. 언젠가 루터는 《탁상담화》에서 스무 살이 되어 대학도서관을 열심히 뒤진 끝에야 비로소 성경을 난생 처음 접했는데, 그 후 2년 안에 성경을 여러 차례나 통독했다고도 말했다.

루터는 전문용어를 번역하기 위해 수공업자, 수렵가, 매사냥꾼 그리고 심지어 선제후의 금고에까지 방문했고, 관련 분야에 대한 지식을 모두 습득했다.

루터가 살아 있는 동안 《루터 성경》은 고지(高地) 독일어판과 성경 부분 번역을 합해 300쇄가 인쇄되었고, 저지(低地) 독일어판까지 합하면 출판된 부수는 거의 100만 부에 이르렀다. 한스 루프트 출판사에서만 50년 동안 10만 부를 인쇄했다. 복제본과 무허가본도 헤아릴 수 없었다. 이제 성경은 서적의 세계에서 유일무이한 지위를 얻었다. 또한 역사상 최초로 '대중매체'이자 동시에 '베스트셀러'가 되었다.

> 이것은 어떤 다른 책이나 가르침, 그 외 어떤 것도 대신할 수 없다. 궁핍, 불행, 죽음, 심지어 악마의 지배 아래나 지옥에서도 성경은 위안을 줄 수 있다. 성경은 우리에게 하나님의 말씀을 가르치며, 하나님은 성경 안에서 마치 친구와 이야기하듯 우리와 직접 대화하신다.
>
> ― 소장하던 라틴어 성경(1509년 바젤판)에 루터가 써놓은 글

'루터 성경'이라는 개념은 신학적 관점에서 볼 때 문제가 있지만, 당대에 이미 통용되던 용어였다. 일반적인 생각과 달리 루터의 번역판은 결코 최초의 독일어 번역 성경이 아니었다. 종교개혁 이전에 이미 고지 독일어로 14종, 저지 독일어로 4종에 이르는 완역 성경이 있었다. 그렇지만 루터 번역본은 경쟁본을 단기간 내에 시장에서 제압해 버렸다. 이와 같은 성공에는 분명 많은 이유가 있다. 번역자의 명성, 질적으로 탁월한 번역 그리고 종교개혁을 통해 이뤄진 신학 및 매체 역사에서의 변혁 등이 그것이다. 구원의 통로였던 교회와 사제의 자리를 이제 성경 내지 텍스트라는 매체가 대체했다.

루터가 천재적인 언어 능력을 지녔다는 사실은 직역뿐 아니라 의역을 자유롭게 구사할 수 있었으며, 농민과 수공업자에게 친숙한 민중친화적인 문장을 사용할 뿐만 아니라, 문학적이며 창조적인 표현을 동시에 구사했다는 점에서 잘 드러난다. 그리고 'Erdenkloß'(흙덩이)와 'Nächstenliebe'(이웃사랑), 'kleingläubig'(의구심이 많은)과 'friedfertig'(화평케 하는) 등을 비롯하여 새로이 창안된 여러 인공적인 조어(造語)들도 루터의 작품이다. 그의 언어는 결코 투박하지 않고, 항상 음악적 감수성이 넘쳤다. 그 비결은 루터가 새로운 문어체를 예전의 구어체와 결합시킬 줄 알았기 때문이다. 루터는 1530년 《번역자의 회람서신》에서 최초로 일종의 번역 이론을 펼치면서 "사람들은 민중이 생각하고 말하는 것을 꿰뚫어 봐야 한다"고 했다. "라틴어 문자만 중요시하며 그것을 어떻게 독일어로 표현할지 물을 것이 아니라, 집안의 어머니, 골목길의 아이들, 시장의 평민 등에게 동일한 내용을 어떻게 말하고 번역해야 할지 물어야 한다. 그리하여야 번역자들은 사람들이 독일어로 어떻게 표현하는지 이해하고 인지하게 될 것이다."

> 루터는 성경에서 전대미문의 내용을 불러냈으며, 성경 또한 그에게서 전대미문의 내용을 불러냈다.
> — 교회사가 하인리히 보른캄 Heinrich Bornkamm

**루터 칭의론의 중심이 되는 구절은 로마서 3장 28절이다.
이 구절은 오늘날 다양하게 번역되고 있다.**

"따라서 이제 우리는 인간이 의롭게 되는 것은 율법의 행위 없이 오직 믿음을 통해서라고 여긴다."
– 《루터 성경 Lutherbibel》 1984년 개정판

"충분히 숙고하여 우리가 도달한 결론에 따르면, 인간은 토라(유대 율법)가 요구한 모든 것이 이루어지지 않

동시에 루터는 작센의 공문서체 Kanzleisprache를 새롭게 변형시켜 처음으로 표준적인 성격의 독일어를 출현시켰다. 독일에서 최초로 출판된 문법책은 《루터 성경》과 루터의 다른 저작들에 기초하고 있다.

설교자와 교수라는 두 직업은 종교개혁자 루터에게 유용했다. 그는 성경 텍스트를 읽고 번역하고 이해할 수 있었다. 그리고 다른 사람을 이해시키기 위해 이를 어떻게 표현해야 할지 알고 있었다. 그는 번역할 때 '의미가 낱말을 시중들고 따르는 것이 아니라, 낱말들이 의미에 봉사하고 섬겨야 한다'는 것을 목표로 삼았다. 즉 그는 텍스트를 의미에 맞추어 번역하려고 시도했다. "천사가 마리아에게 인사하고 말하기를, '은혜를 풍성히 받은 자 마리아여, 문안인사를 받으라, 주께서 너와 함께 하시도다'(눅 1:28) 라틴어를 직역하면 이렇게 간단하게 독일어로 번역된다. 그렇지만 한번 생각해 보자. 도대체 어디에서 독일 남자가 '은혜를 풍성히 받은 자여'라고 인사하는가? 그리고 '은혜가 풍성하다'는 것이 무슨 의미인지 어떤 독일인이 이해하겠는가? 오히려 그는 맥주가 가득한 술통이나 돈이 가득한 주머니를 떠올릴 것이다. 따라서 나는 '그대, 복 많은 여인이여 Holdselige'라고 번역했다. 이렇게 옮기면 독일인은 천사의 인사가 무슨 뜻인지 훨씬 쉽게 이해할 것이다. 그러나 교황 추종자들은 이 구절에 대해 내가 천사의 인사를

을지라도, 믿음을 근거로 의롭다고 선언된다."
- 《바른 말 성경 Die Bibel in gerechter Sprache》 2006년

"나는 다시 한 번 강조한다. 내가 하나님께 지은 죄가 사해진 것은 내가 대단하게 살았기 때문이 아니라, 단지 내가 예수 그리스도를 신뢰했기 때문이다."
- 《민중 성경 Volxbibel》 4판, 2007년

변질시켰다며 나에게 격분할 것이다."

번역가 루터는 동시에 해석자이기도 했다. 그것도 박식하고 믿을 만한 해석자였다. 루터 신학에서 결정적인 부분, 즉 "인간은 행위를 통해서가 아니라 오직 믿음으로만 의로워질 수 있다"(롬 3:28)는 구절에서 처음에는 그의 적이었던 요하네스 에크가 개가를 올렸다. 에크는 그리스 원전에 '오직'(독일어로는 allein, 라틴어로는 solus)이라는 단어가 없는데 루터가 이 단어를 독단적으로 끼워 넣었고, 그로 인해 성경을 구미에 맞게 위조했다고 주장했다. 그러나 루터는 《번역자의 회람서신》에서 "어찌 번역해야 할 줄 모르는" 이 "멍텅구리"에 대항해 치열하게 맞서 싸웠다. 루터는 자신이

> 독일어, 즉 잠자고 있는 이 거인을 깨워 풀어 놓은 사람이 바로 루터였다. 마치 모든 은행 환전소에서 보듯 스콜라적인 무의미한 말의 향연을 끝내버린 사람도 바로 루터였다. 그는 종교개혁을 통해 민족 구성원 전부의 사고와 감정을 고양시켰다.
>
> — 요한 고트프리트 헤르더Johann Gottfried von Herder가 《언어철학Sprachphilosophie》에서 마르틴 루터에 대하여

시편 23편에 대한 다양한 번역

Der Herr, der richt' mich,/ und mir gebrast(=mangelte) nit,/ und an der Statt der Weide/ do satz't er mich./ Er fuorte mich ob dem Wasser/ der Wiederbringung,/ er bekehr' mein Seel./ Er fourt' mich aus auf die/ Steig der Gerechtrigkeit/ umb seinen Namen.

여호와가 나를 이끄시니,/ 내게 부족함이 없도다./ 목초지가 있는 곳에/ 그는 나를 앉히시도다./ 그는 나를 물로 인도하시도다/ 회복시키는,/ 그는 나의 영혼을 회복시키시는도다./ 그는 나를 인도하시도다./ 의로운 오솔길로/ 그분 자신의 이름을 위하여.

— 루터의 독일어 성경이 출현하기 이전에 라틴어 성경 《불가타Vulgata》를 독일어로 번역한 《멘텔린 성경Mentelinbibel》(1466)

Der Herr ist mein Hirte,/ mir wird nichts mangeln./ Er lasst mich weiden/ in der Wohung des Grases/ und nahret mich am Wasser guter Ruhe./ Er kehret wieder meine Seele,/ er führet mich auf den rechten Pfad/ um seins Namen willen.

성경의 의미를 바르게 옮겼다고 주장했다. 독일어에서는 "나는 오직 먹기만 했을 뿐, 아직 아무것도 마시지 않았다"라는 문장의 예에서 볼 수 있듯이, '오직'[오늘날에는 '단지/-만'(nur)이라는 단어를 사용]이라는 단어가 종종 필요하기 때문이다.

루터는 스스로 언어적 전제조건들을 충족시켰으며, 《번역자의 회람서신》에서 오늘날까지도 흥미로운 이론적인 고찰을 전개했지만, 성경 번역, 특히 히브리어로 된 구약을 번역하는 작업은 결코 쉽게 진척되지 않았다. 훌륭하고 보편타당한 번역을 위하여 학식 있는 동료 집단이 정기적으로 모임을 갖고 고심하며 수없이 수정했다. 그로 인해 사람들은 루터에게 불평했다. "히브리 예언자들을 독일어 안으로 억지로 쑤셔 넣을 수는 없다. 이는 마치 나이팅게일에게 뻐꾹뻐꾹 울라고 명하는 것과 같다." 글이 결코 늘 저절로 흘러 나오지 않고 억지로 눌러 짜내야만 하는 식이었다. 그러나 결과적으로 그들의 수고는

여호와는 나의 목자시니,/ 내게 아무런 부족함이 없도다./ 그는 나로 하여금 풀을 뜯게 하시고/ 풀이 서식하는 곳에서/ 그리고 내게 좋은 안식의 물을 공급해 주시도다./ 그는 나의 영혼을 다시 회복시키시고,/ 나를 의로운 좁은 길로 인도하시도다./ 그분 자신의 이름을 위하여.
— 루터의 수기를 현대 정서법에 맞게 고친 글

Der Herr ist mein Hirte,/ mir wird nichts mangeln./ Er weidet mich / auf einer grunen Auen/ und führet mich zum frischen Wasser./ Er erquicket meine Seele,/ er führet mich auf rechter Straße/ um seines Namens willen."
여호와는 나의 목자시니,/ 내게 아무런 부족함이 없도다./ 그는 나로 하여금 풀을 뜯게 하시니/ 푸른 초원에서/ 그리고 나를 신선한 물로 인도하시도다./ 나의 영혼에 생기를 불어넣으시며,/ 나를 옳은 길로 인도하시도다./ 그분 자신의 이름을 위하여.
— 현대 정서법에 맞게 고친 1531년의 시편 번역. 이 해석은 루터의 1534년 성경에 수록됨

그 이전에 세상을 위해 했던 노력들을 능가했다.

"여호와는 나의 목자시니 내게 부족함이 없으리로다"로 시작하는 잘 알려진 시편 23편의 한 부분은 처음에 '목초지가 있는 곳에서'라고 번역했다가, 나중에는 '풀이 서식하는 곳에서'라고 표현되었고, '회복시키는 물가'는 '좋은 안식의 물'로 바뀌었다. 이런 표현들은 더 적합하고 이해가 쉬운 표현을 발견하기 전의 것들이었다. 결국 고심 끝에 이 부분은 "그는 나를 푸른 풀밭에 누이시며 신선한 물로 인도하시는도다"라고 번역되기에 이르렀다.

여러 차례에 걸쳐 부분적인 번역판이 출판된 후, 1534년에 성경 전체에 대한 번역이 완료되었다. 루터와 다른 번역자들은 그 어떤 보상도 받지 않았고 단지 출판업자들만 부자가 되었다.

성경 각 권의 서두를 장식하는 서문에서 루터는 성경에 대한 견해를 밝혔다. 그는 다양한 개별 성경의 의미를 탁월하게 서술했다. 루터는 복음이 복음서들보다 바울 서신에서 '더 선명하고 밝게' 빛난다고 생각했다. 왜냐하면 복음서들은 예수의 생애에 대해 서술했지만, 세상의 구원자로서 예수 그리스도의 의미는 성령이 오신 이후, 즉 초기 그리스도인의 공동체 안에서 비로소 명확하게 인식되었기 때문이다. 루터는 바울 서신들 중에서 칭의론을 세련되게 표현한 로마서를 최고로 여겼다. 복음서들 중에서는 요한복음을 다른 것보다 선호했다. 이 복음서가 예수의 행적을 설명하고 있을 뿐만 아니라, 그 의미를 지시하고 있기 때문이다. 반면 그는 야고보서를 '지푸라기 서신'이라고 생각했다. 이 책이 믿음보다 행위의 중요성을 고집하고 있기 때문이었다.

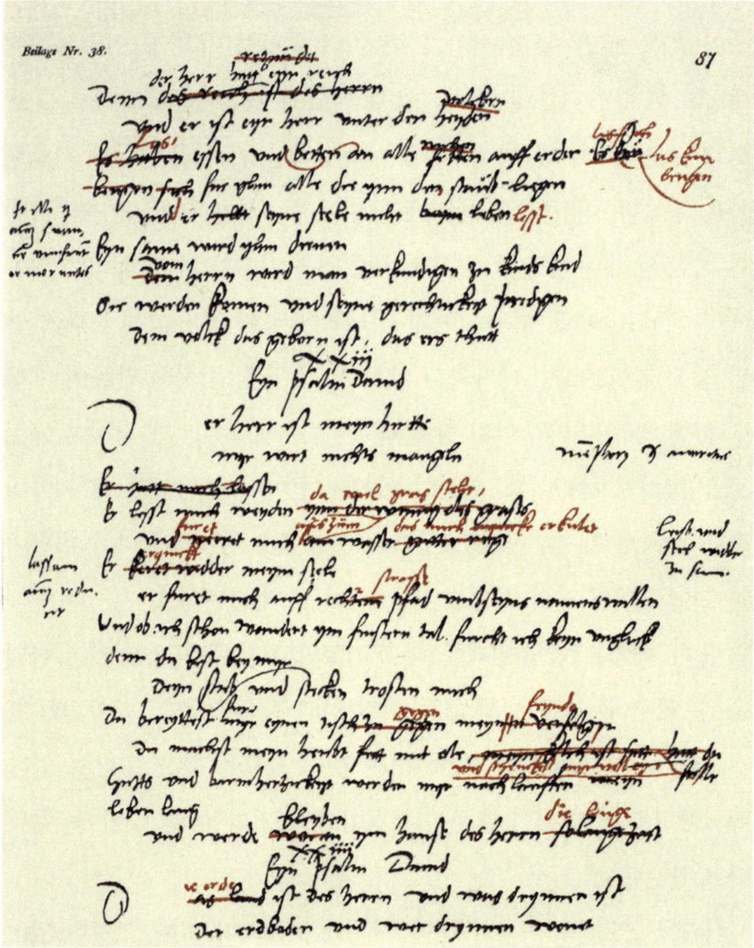

그림 46 루터가 시편 23편을 번역하며 남긴 노트의 일부.

루터는 문필가이자 작가로서 성경이 아닌 다른 소재, 즉 고대의 작품에도 몰두했다. 그는 유명한 《이솝 우화》를 새롭게 서술하기도 했다. 예를 들면, 늙은 사자가 죽은 뒤 교활한 여우의 선전 연설에 힘입어 한 당나귀가 등에 십자가를 메고(미사복을 입은 사제를 뜻함) 동물의 왕으로 등극한다. 다른 이야기에서는 늑대가 어린 양에게 부당한 일을 행한다. 이런 것은 세상에서 벌어지는 전형적인 일이다. "늑대와 어린 양이 우연히 함께 시냇가에 물을 마시러 왔다. 늑대는 위쪽에서 마셨고, 어린 양은 그보다 아래쪽에서 마셨다. 그때 늑대가 어린 양을 알아보고는 다가와서 말했다. '왜 물을 탁하게 만들어 마실 수 없게 하는 거냐?' 어린 양이 대답했다. '제가 어떻게 당신이 마실 물을 탁하게 하겠어요. 당신이 위쪽에서 마시니, 당신이 제가 마실 물을 탁하게 할 수는 있겠죠.' 늑대가 말했다. '뭐라고? 나를 비방하는 거야?' 어린 양이 대답했다. '비방하는 게 아니에요…' 늑대가 대답했다. '네가 그렇게 핑계를 대고 지껄인다면, 내가 오늘 안 잡아먹을 수 없구나.' 늑대는 죄 없는 어린 양의 목을 조르고 잡아먹었다.

교훈: 세상은 이렇다. 경건하려는 자는 고통을 받을 수밖에 없다. 폭력이 정의에 앞서기 때문이다. 늑대가 우기면, 어린 양이 옳지 않다고 판정된다."

이외에 2,500통 이상의 루터 편지가 보존되어 있다. 그보다 앞선 시기에 그 어떤 독일 작가도 루터만큼 많은 양의 서신을 교환하지 않았다. 에라스무스와 멜란히톤과 더불어 루터는 당대에 가장 많은 서신을 보낸 사람이었다. 이 편지들은 그의 전기뿐만 아니라 신학을 위한 중요한 증거들이다. 루터는 병상에 있을 때만 편지를 구술했고, 보통은 직접 썼다. 물론 그의 편지는 대부분 사본으로 전해진다. 주고받은 편지들은 일부분만 전해지고 있는데, 이는 루터가 자신에게 온 편지를 보전하지 않았기 때문이다. 루터는 편지로 당대 사회의 모든 신분, 즉 교황과 황제, 작센 선제후는 물론 평범한 사람들과도 연락을 주고받았다.

특히 집중적으로 서신 교환을 했던 시기는 바르트부르크와 코부르크 성에 홀로 체류하던 때였다. 주요 서신 왕래 상대는 그를 작센 궁정과 이어 주던 선제후의 서기관 게오르크 슈팔라틴, 동료 멜란히톤 그리고 아내 카타리나였다. 루터가 사망 직전 며칠 동안 썼던 마지막 서신의 수취인은 그가 특히 신뢰했던 멜란히톤과 카타리나였다.

루터는 서신에서도 목회자의 모습을 드러냈다. 그는 의기소침한 자, 병자와 죽어 가는 자, 연로한 부모는 물론 심지어 철천지원수라고 할 수 있는 요하네스 테첼에게까지 위로의 편지를 썼다. 그는 고통을 하찮게 여기지는 않았으나, 언제나 자신의 신앙 경험을 언급하며 복음을 위안으로 삼으라고 조언했다.

인간 마르틴 루터는 놀라울 만한 감정이입 능력, 상당한 감수성 그리고 풍부한 삶의 경험에서 얻은 지혜를 지녔다. 이는 그의 저술들에

현재 발행되고 있는 다양한 《루터 성경》 버전들

- 《성지 그림이 담긴 성경》(사진과 지도 수록)
- 《주해 성경》《슈투트가르트 주해 성경》)
- 《용어 색인 성경》(표제어 색인)
- 《너를 위한 루터 성경》《젊은이를 위한 루터 성경》)
- 《디지털 성경》: 독일 성서공회의 인터넷 주소 www.dbg.de에 접속하면 1984년 판 《루터 디지털 성경》을 무료로 볼 수 있다.

> 가장 힘든 유혹은 행복과 불행의 원인을 찾도록 악마가 우리를 부추기는 것입니다. 이러저러한 일이 왜 일어나는지를 찾으려 하는 것보다 더 쉬운 유혹은 없습니다. '왜'라는 의심은 모든 성도를 괴롭힙니다.
>
> — 루터, 《탁상담화》에서

서 잘 드러난다.

눈에 띄는 사실은 루터가 자신의 신학적인 기본 입장을 체계적으로 정리한 '조직신학'이나 '교리론'은 물론, 종교개혁 신학의 교과서도 집필하지 않았다는 점이다. 이와 같은 작업은 오히려 그의 동료인 멜란히톤이 담당했다. 그렇지만 멜란히톤은 본래 고전학자였으며 뒤늦게 신학 분야에 입문해 낮은 단계의 학위만을 취득한 탓에 학문적으로 입증된 신학자로 간주되지는 않았다. 그러나 루터는 포괄적인 신학체계를 세우는 데에는 확실히 거리를 두었다. 그가 견지하고 있던 신학에 대한 기초적인 이해를 일별할 수 있는 것은 기껏해야 두 편의 《교리문답서》(모두 1529년)와 《슈말칼덴 신조》(1537-1538년)가 전부다. 그렇지만 이 세 권의 저술은 모두 목회 및 교육을 목적으로 한 것이기에 학문적 주장이 충분히 담겨 있지는 않다. 가장 포괄적이며, 그와 동시에 신학 및 철학 사상이 풍부하여 오늘날까지도 가장 흥미를 끄는 저술은 《노예 의지에 대하여》다.

루터는 강의에서도 신학적 체계를 세우려 하지 않았으며, 그보다는 한 해 한 해 충실하고 소박하게 성경 각 권을 주해해 나갔다. 루터의 저서는 대체로 특별한 동기가 주어졌을 경우 특정 문제에 대응해 쓰였기에 다양한 개별 국면에서 그가 견지했던 신학의 특수한 관점을 노골적으로 드러낸다. 이러한 강령적 성격의 글들은 대부분 짧았고, 본래적 의미의 저작으로 분류할 수 있는 것은 소수였다.

그러나 루터가 생산해 낸 전체 저작물은 엄청난 분량이다. 그는 매

그림 47

루터와의 탁상담화. 화가 우베 파이퍼Uwe Pfeiffer(1947–)의 1983년 작품.

인터뷰 진행자: 존경하는 개혁자님, 우리의 인생에 대해 어떻게 생각하십니까?

마르틴 루터: 우리의 인생은 항해와 같습니다…. 그러나 우리가 타고 있는 배는 약한 반면 거대하고 막강하며 위험하고 격렬한 바람, 뇌우, 파도가 우리를 엄습하고 삼키려 하기 때문에, 우리에게는 참으로 분별 있고 유능한 항해사가 필요합니다. 그는 자신의 지성과 묘안으로 배를 몰아 암초에 부딪치지 않게 하고, 침몰하지 않게 할 것입니다. 이와 같은 역할을 할 수 있는 우리의 항해사는 오직 하나님뿐이십니다.

인터뷰 진행자: 그럼 인생이 그처럼 어렵고 대단히 힘들다는 겁니까?

마르틴 루터: 인생은 하나님께서 주신 좋은 선물입니다. 그러나 인생은 너무 짧고 죽음으로 중단되기 때문에 당연히 우리는 우리의 불행을 한탄합니다.

인터뷰 진행자: 그러면 그리스도인은 우울해하며 고개를 떨구고 살아야 하나요?

마르틴 루터: 하나님은 우리가 기뻐하길 원하시며 슬퍼하는 것을 미워하십니다.

– 《탁상담화》에서 루터의 발언을 편집함

년 1,800쪽, 날수로 환산하면 매일 5쪽을 썼다. 그의 첫 번째 라틴어 저술 모음집은 이미 1518년에 출판되었고 국제적으로도 커다란 주목을 끌었다. 독일어 전집은 1539년에 첫 권이 출판되었고, 라틴어 전집은 그가 사망하기 직전 해인 1545년에 나왔다. 독일어 전집 서문에서 루터는 주저하지 않고 겸손한 태도로 자신의 저술들은 보존될 가치가 없으며, 오직 하나님의 말씀, 즉 성경만이 중요하다고 말했다. 그러나 이러한 전집 출판 시도를 그리 나쁘게 여기지는 않았으며, 자신의 저작이 성경에 대한 유일하게 진실한 해석이라고 자부했다. 그는 자신의 저술들 중에서 《노예 의지에 대하여》와 두 종류의 교리문답서를 가장 보존할 가치가 있는 작품으로 꼽았다. 때로 그는 출판물의 가치와 효과를 의심하기도 했다. "충분히 많은 책이 있다. 그렇지만 모든 것이 다 감동을 주는 것은 아니다." 오늘날 학술적으로 루터 저작물의 표준 판본으로 인정되고 있는 바이마르판 《루터 전집》[일명 바이마라나(Weimarana=WA)]은 두꺼운 분량으로 100권을 넘어섰으며 여러 권의 색인서와 함께 책장을 가득 채우고 있다. 루터는 정신사에서 가장 생산적인 작가 중 한 사람이었다.

13. 자녀들을 학교에 보내야만 합니다
정치가이자 교육가

    루터는 1520년 종교개혁의 핵심 저술인 《그리스도인의 자유》에서 그리스도인의 특징을 "누구에게도 예속되지 않는 자유로운 주인"인 동시에 "누구에게나 예속된 섬기는 종"인 존재라고 설명했다. 그리고 이와 같은 모순을 해결하기 위해 그리스도인이 동시에 두 세계에 소속된 시민이라고 천명했다. 그리스도인들은 내적 즉 영혼 구원의 관점에서 하나님이 그리스도 안에서 죄악의 권세로부터 해방시켜 주신 존재이고, 외적 즉 육신적으로 볼 때 살과 피로 이루어진 다른 사람들과 마찬가지로 세상이라는 상황에서 사는 존재라는 것이다. 그리스도인은 의로워진 자인 동시에 죄를 범한 존재라고 설명하면서, 루터는 친구인 멜란히톤에게 보낸 편지에서 이렇게 노골적으로 표현했다. "죄인이여, 담대하게 죄를 범하라." 물론 다른 말을 덧붙였다. "그보다 더 담대하게 그리스도를 믿고 그 안에서 기뻐하라."

그림 48 연로 루카스 크라나흐의 공방에서 그린 이 그림은 노년의 루터(1541년경)를 묘사했다. 모자를 쓰지 않았으나 가슴과 손 사이에 성경을 지니고 있다.

그리스도인은 두 세계의 시민이다. 이는 세상이 두 영역으로 나뉘어 있기 때문이다. 한편에는 하나님의 왕국, 즉 교회가 있고, 다른 편에는 세속 왕국, 즉 국가가 있다.

루터는 1523년 발표한 《세속 정부에 대하여》에서 각 영역의 권리와 한계를 뚜렷이 구분해 놓았다. "하나님의 왕국에 속한 사람들은 의롭다고 인정된 신자들이다. 세속 왕국 또는 법 아래에 속하는 것은 그리스도인이 아닌 모든 사람이다.

따라서 하나님은 두 개의 정부를 제정했다. 그리스도의 통치하에 있는 종교적인 정부와 세속적인 정부다. 전자는 성령을 통해 그리스도인과 경건한 사람들을 만든다. 후자는 그리스도인이 아닌 자들과 악인들을 제지하여, 그들이 제멋대로 외적인 평화를 깨뜨리고 소란을 일으키지 못하도록 한다. 그렇게 하지 않을 경우, 온 세상은 악이 지배하며 수많은 사람 중 참된 그리스도인은 단 한 사람도 남지 않을 것이다. 또한 한 사람이 다른 사람을 파멸시켜 누구도 아내와 아이를 양육하고 부양하며 하나님을 섬길 수 없게 될 것이며, 결국 세상이 황폐해질 것이기 때문이다."

이 두 왕국을 다스리는 분은 하나님이다. 그는 두 '정부'를 이끌지만 각각 다른 방식을 사용하신다. 그리하여 그리스도인들 사이에서는 하나님의 말씀이 적용되지만 국가에서는 칼이 통치한다. 현대인이라면 집행권(행정)이 법률 제정권(입법) 및 판결권(사법)과 결합되어 있다고 지적할 것이다. 당연히 당시에는 아직 오늘날과 같은 삼권이 뚜렷하게 분리되어 있지 않았다. 그렇다고 해서 교회는 하나님에 의해 통치되고 세상은 악마에 의해 통치된다는 의미는 결코 아니다. 그보다 교회와 국가의 질서는 모두 하나님이 만드신 선한 창조질서에 속했다.

그리고 그리스도인은 두 정부, 즉 하나님의 왕국과 세속 왕국에 모두 속한다. 따라서 국가질서를 유지하기 위해 무력이 필요하다고 판단하는 그리스도인은 제후, 형리, 군인이 될 수도 있다.

루터의 **두 정부론**의 요점은 이중적이다. 한편으로 각 정부는 자신의 한계가 있다. 칭의론은 법률 위반자가 자신을 하나님의 은총에 맡긴다고 해서 결코 그가 받아야 할 정당한 처벌을 면제해 주지는 않는다. 역으로 세속 정부에는 결코 신앙의 문제에 개입하는 것이 허용되지 않는다. 신앙 문제는 전적으로

> 하나님과 관련된 일에서라면 우리는 누구도 염두에 두어서는 안 됩니다(즉 존경해서는 안 됩니다). 아버지, 어머니, 제후 혹은 그 누구라도 말입니다. 거기에는 또 다른 주군과 상위의 당국이 있어 "내가 너의 하나님이다"라고 말하기 때문입니다. 여러분은 하나님께 복종하고, 그분이 명령하는 것을 행하며, 다른 누구보다 그분을 섬겨야 합니다. … 하나님의 말씀과 명령이 항상 우선이기 때문입니다. 그것을 이행했으면, 그다음에는 아버지, 어머니, 황제나 국왕이 원하는 바를 따라야 합니다. 순서가 바뀌어서는 안 됩니다.
>
> ― 성전에 있던 12세 예수 이야기에 대한 루터의 설교에서(눅 2:41-52)

그리스도인의 양심의 문제다. 다른 한편으로 두 영역 혹은 두 '정부'는 각각의 권한과 특별한 과제를 갖고 있다. "하나는 신앙심을 일으키며, 다른 하나는 외적인 평화를 만들고 사악한 행위를 제어한다." 즉 후자는 법률이 집행되는 장소이기도 하다.

구약의 십계명은 국가의 법률과 마찬가지로 결코 시대에 뒤떨어진 것이 아니며, 오히려 모든 사람에게 유효하다. 그렇지 않다면 인간의 사악함과 타락이 만연하게 될 것이다. 따라서 성경의 율법은 인간의 공동생활을 가능하게 하며, 동시에 인간은 늘 법을 어기기 때문에

그림 49 1516년에 시청에 걸어 두기 위해 시참사회가 주문한 십계명 그림판(현재 비텐베르크의 루터하우스 전시홀에 비치되어 있다). 연로 루카스 크라나흐가 직접 그린 것이 아니라, 공방의 장인들이 그렸다. 각각의 그림은 십계명 하나하나의 내용을 담고 있다. 그림 속 실내 장식과 복장은 그림을 본 당대의 관람객으로 하여금 자신의 이야기를 보여 주고 있다는 생각을 갖도록 했다. 귀족들이 계명을 어기는 모습도 보여 준다. 그림 전체 위에 펼쳐진 무지개는 하나님과 인간 사이의 약속을 상징한다(6계명과 7계명의 순서가 뒤바뀌어 있다).

누구나 죄인이라는 사실을 깨닫게 해준다. 인간들 상호간의 영역에서는 그리스도인의 선행이 수행하는 역할이 있다. 하지만 하나님 앞에서 그리스도인의 행위는 전혀 도움이 되지 않는다. 단지 하나님의 은혜만 유효하다. 다만 그리스도인은 그와 같은 선물을 받은 결과로 선행을 하게 된다. 마치 좋은 나무가 유용한 열매를 맺는 것과 같다. "너는 네가 믿는 것만큼 사랑하는 것이다."

루터는 법률이 삼중의 의미가 있다고 생각했다. 법률은 (인간의 죄악을 막아 주는) 빗장이며, (죄지은 인간의) 거울이며, (의로워진 그리스도인의) 인장(印章)이다. 그리고 모든 진짜 편지에는 인장이 찍힌다. 동시대인과 후대인은 루터가 그리스도인의 안락과 태만을 장려했다고 반복적으로 비난했으며 여전히 비난하고 있다. 하지만 오히려 정반대로 루터는 결코 안락과 태만을 장려하지 않았다고 주장했다.

"아닙니다, 존경하는 여러분. 그렇지 않습니다! 비록 인간이 믿음을 통해 영적으로는 충분히 의로워졌다고 할지라도, 이 세상에서 육적인 생활을 지속하는 한 육신을 통제해야 하며 사람들과 교제해야 합니다. 이때 행위가 시작됩니다."

모든 그리스도인이 하나님의 은총의 선물에 대한 감사로 인해 행하게 되는 선행은 하나님이 각 개인을 세워 두신 그 자리에서 실천될 수 있다. 《그리스도인다운 생활》에서 루터는 다음과 같이 언급했다. "각자가 어떻게 자신에게 주어진 직무를 수행하며 사랑을 나타내야 하는지 여러분은 모든 신분을 통해 볼 수 있을 것입니다." 즉 주어진 질서를 유지하는 모든 세속적 직업, 모든 활동과 노동은 믿음과 사랑의 행위이기에 성스럽다는 것이다.

루터를 통해 인간의 노동은 전반적으로 크게 재평가되었다. "그 누구도 노동이 힘에 겨워 사망하지는 않는다. 그러나 한가함과 빈둥거림은 사람들의 목숨을 앗아 간다. 새가 날기 위해 태어났듯이 인간은 노동하기 위해 태어났기 때문이다."

루터는 여러 저술에서 공적이며 사회적인 생활의 모든 영역을 분석

> 나는 루터파가 될 생각이 없고,
> 되고 싶지도 않다.
> 기만과 허구는 그가 가르치는 자유.
> 하나님의 집을 단지 허물기만 할 뿐
> 세우지는 못한다.
> 민중은 더욱 나쁜 길로 빠진다.
> 그는 가르친다. 믿음! 믿음!
> 그로써 귀먹게 하고
> 무능한 자가 되게 한다.
> 아무것도 개선되지 않았음이 자명하다.
>
> — 성령의 직접적인 영향을 강조하는 '성령주의자'
> 세바스티안 프랑크Sebastian Franck

했다. 정부들, 특히 제후들은 신민을 엄격하면서도 정의롭고 정확하게 파악하고 통치해야 한다고 주장했다(《세속 정부에 대하여》, 1523년). 상인들은 사람들 사이에 필요한 상품을 교환하기 위해 애쓴다. 이 과정에서 그들은 지나치게 높은 가격을 제시해서는 안 되며, 독점해서도 안 되며, 돈을 빌려줄 때 이자, 특히 고리의 이자를 요구해서는 안 된다(《상업 거래에 관하여 *Kaufshandlungsschrift*》, 1524년). 군인은 근본적으로 왕국과 백성을 보호할 사명이 있으며, 그와 더불어 환자를 위하여 악성 궤양만을 도려내는 의사처럼 적을 대해야 한다. "신앙고백과 주기도문을 외우고 싶으면 그렇게 하라. 그런 뒤 칼을 빼내어 하나님의 이름으로 베라"(《전사들에 대하여 *Kriegsleuteschrift*》, 1526년).

> 내가 믿음을 그토록 강조하고 믿음 없는 행위를 비난하면, 그들은 내가 선행을 금지했다면서 책임을 내게 돌린다. 믿음에 의한 올바른 선행을 가르치려고 했는데도 말이다.
>
> — 루터, 《선행에 대한 설교 *Sermon von den guten Werken*》(1520)에서

두 정부론에 상응하여 루터는 십자군과 같은 전쟁을 거부했다. 심지어 1529년 빈 바로 직전까지 진격해 서양 그리스도교 세계의 핵심부를 위협하던 투르크인들에 대한 전쟁까지도 반대했다. 전쟁을 세속적인 사안으로 보았기 때문이다. 루터는 자신이 '병사'라면 싸움터에서 '사이비 성직자나 십자가가 그려진 군기'를 보게 될 것이기에 "마치 악마가 쫓아오기라도 하듯" 그곳에서 도주할 것이라고 말했다.

보름스 칙령을 관철하려던 황제에 대항하여 프로테스탄트의 저항권 문제가 불거지자 루터는 의견을 바꾸었다. 그는 본래 복음주의 방위동맹을 단호하게 반대했다. 그렇지만 이 사안에서는 저항권이 전적으로 허용된다는 확신에 도달했다. "폭력은 폭력으로 격퇴할 수

있다."

 루터는 돈에 대해 반복적으로 깊은 의구심을 표명했다. 돈이 많은 사람의 마음을 빼앗는 우상이 되었다고 주장했다. 그는 언젠가 《탁상담화》에서 "돈은 사탄의 단어다. 하나님께서 참된 말씀을 통해 모든 것을 창조하신다면, 사탄은 돈을 통해 이 세상의 모든 것을 만든다"고 말한 적이 있다.

 그렇지만 사람이 돈으로 선을 행할 수도 있다고 지적했다. 루터는 "누군가 겉옷이 없는 사람을 본다면, 그는 돈에게 말할 수 있다. '돈아, 가거라. 저기 가난한 사람이 벌거벗은 채 겉옷도 없이 서 있구나. 자네는 저 사람을 도와야만 하네!' 그곳에 또 어떤 병자가 약도 먹지 못하고 누워 있으면 '금덩어리야, 당장 주머니에서 나와라. 이제 나랑 헤어지자. 저기에 가서 저 사람을 도와주어라!'라고 말할 수 있다. 재산을 이런 식으로 활용하는 사람은 자기 재산의 주인이다"라며 마태복음 6장 24-34절의 산상수훈을 설교했다.

 공동체 금고가 설치됨으로써 프로테스탄트 지역에서는 합법적인 빈민구제가 시행되었다. 종교개혁이 사회정책을 촉진한 것이다. 루터가 새로운 공동체 조례에 대한 서문에서 제안했듯이 이를 위한 기금은 압류한 교회 재산으로 조성했다. "세속 정부가 수도원들에서 취한 재산을 이런 방식으로 지출할 수 있을 것이다. … (기존 수도원 거주자들과의 타협에 따라) 모든 것은 공동체 금고의 공동 소유로 돌리도록 하고, 그리스도교적 사랑에 따라 그 지역에서 생활하는 가난한 사람들에게 나눠 주거나 빌려줄 수 있을 것이다."

 루터는 성경, 윤리, 상식에 기초해 정치, 군사, 경제 등 여러 영역에 대한 의견을 제시했다. 오늘날 우리에게 그 가운데 많은 것은 단지 당시의 시대적 상황에서만 이해되고 의의를 지니는 것처럼 보인다. 기본적으로 루터는 당대의 사회질서를 과업과 소명을 지니고 있던 것이라고 합법화했다. 그러나 그는 각각의 권한이 지닌 구체적인 한계도 제시했다. 그리고 다양한 직업집단들에게 윤리적 기준을 지킬 것을 요구했다.

> 전쟁은 많은 것을 얻지 못하지만 많은 것을 잃고, 모든 것을 겁니다. 그러나 온유함은 아무것도 잃지 않고, 아주 적은 것을 걸지만 모든 것을 얻습니다. 그래서 시편 34편 14절은 말합니다. "악을 버리고 선을 행하며 화평을 찾아 따를지어다. 그리하면 좋은 날을 맞을 것이니."
> ― 루터와 멜란히톤이 1528년에 선제후에게 보낸 편지에서

그러나 루터의 견해는 커다란 문제를 야기할 소지가 있었다. 그는 신앙 문제를 제외한 모든 사안에서 어리석을 정도로 고집스럽게 세속 정부에 복종해야 한다는 점을 수없이 반복했다. 그는 단순하게 세속 정부를 중세적이며 봉건적인 신분질서와 동일시했다. 높은 지위에 있는 자들이 신민을 항상 옳게 대하는 것이 아님에도 불구하고, 그들은 전적으로 신민보다 우위에 있었다. 루터는 그들이 하나님에 의하여 그런 위치에 앉혀진 것으로 보았다. 비록 위에 있는 자가 폭군이라 할지라도 신민들은 평화로운 방법 외에는 저항하는 것이 허용되지 않았다. 루터는 "신민들이 폭군에게 단 한 번의 불법을 저지르는 것보다, 폭군이 그들에게 수백 번 불법을 저지르는 것이 더 낫다"고 생각했는데, "하층민은 전혀 절제할 줄 모를 뿐만 아니라, 한 명의 하층민 속에는 다섯 명 이상의 폭군이 잠복해 있다"고 간주했기 때문이다.

루터가 세속 정부를 결코 이상화했던 것은 아니다. 그는 지배자들의 악의를 잘 알고 있었다. "제후들은 일반적으로 세상에서 가장 어

리석은 바보이거나 가장 못된 악동이다. 제후라면 어느 정도의 도적질을 하지 않기가 어렵거나 거의 불가능하기 때문이다. 제후가 훌륭하면 할수록 도둑이 되지 않기는 더욱 힘들다." 루터는 "멋진 수말을 타거나 우아한 여성과 계집질하는 것 외에 그들이 할 수 있는 것이 무엇인가?"라고 심하게 조롱하기도 했다. 그러므로 "제후는 하늘나라에서 하나의 사냥감에 불과하다"는 루터의 말은 적절하다. 즉 제후는 가장 선택받은 존재이지만, 천국에서는 정말 만나기 힘든 존재다. 그러나 귀족에 대한 이와 같이 비판적인 입장에도 불구하고 루터는 하층민의 폭력적 변혁 시도는 단호히 거부했다. "모든 반란자는 죽어 마땅하다. 반란은 군주에 대한 불법적인 범죄이자 정부에 대항하는 죄로, 사형에 처한다고 법이 명백히 선포하고 있기 때문이다." 더욱 문제가 되는 것은 반란자들에 대해서는 온갖 수단을 동원해 응징할 수 있다는 그의 주장이었다. 이에 대해서는 그에게 어떠한 제한도 없었던 것으로 보인다.

신학적 정당성을 위해 루터는 몇 번이고 신약성경을 인용했다. "각 사람은 위에 있는 권세들에게 복종하라. 권세는 하나님으로부터 나지 않음이 없나니."(롬 13:1, 개역개정판) 루터는 오직 믿음으로만 의로워진

> 독일의 이교도는 국가의 권위에 관한 루터의 가르침을 이용하여 국가사회주의(나치)를 그리스도교적으로 정당화시킬 수 있다. 그리고 독일 그리스도인들은 동일한 가르침을 통해 국가사회주의를 인정하도록 권유받았다고 느낄 수도 있다.
>
> — 스위스의 위대한 신학자 카알 바르트Karl Barth (1886-1968)의 1949년 발언. 바르트는 기존 교회에 반대하는 '고백교회'Bekennende Kirche 설립에 크게 기여했으며, 1935년 히틀러에 대한 충성 서약을 거부했다는 이유로 본 대학 교수직을 상실했다.

다는 말씀(특히 롬 3:23 이하)과 더불어 이 말씀을 성경의 근본적인 관점으로 여겼다. 그러나 이 구절은 분명 그가 부여했던 정도의 위상을

갖고 있지 않다. 더구나 소수집단인 그리스도인들이 박해받고 있던 로마제국 시절에 이 구절은 전혀 다른 의미를 지녔다. 그러나 루터는 이와 같은 사실을 간과했다. 마찬가지로 그는 봉건적이지 않은 전혀 다른 정부 형태가 가능하다는 사실을 거의 알아차리지 못했다. 그렇지만 이미 그가 살던 시대에 자유로운 제국도시들에서는 시참사회를 통해 시민들이 정치적 결정권을 행사했다. 루터가 취하고 있던 입장은 독일적인 신민의 심성이 형성되는 데에 결정적인 영향을 끼쳤다.

한편 프로테스탄트 제후들은 가톨릭교회 재산의 몰수 및 그것이 새로이 건설된 복음적인 영방교회에 미친 영향을 통해 자신들의 권력과 지배력을 강화하고 확장했다. 이와 같은 전망은 의심할 바 없이 영방귀족들이 새로운 신앙으로 전향하는 데 꽤 중요한 동기로 작용했다.

루터는 공인으로서 사회생활의 모든 영역과 관련을 맺었다. 그는 설교자, 저널리스트, 정치가로서 비텐베르크와 독일 전체에 영향을 미쳤을 뿐 아니라, 교육가로서도 중요한 유산을 남겼다. 그는 한 저서에서 "독일 모든 도시의 시참사회원들"에게 "그리스도교 학교를 설립하고 지원해야만 한다"고 촉구했다.

루터는 또 한 설교에서 부모들에게 "자녀들을 학교에 보내야만 합니

> 루터의 유명한 두 왕국설은 오늘날 많은 비판을 받는다. … 그러나 사람들은 이 입장이 결과적으로 그리스도교적 자유의 역사에서 하나의 진전이었다는 점에 주목한다. 두 왕국설은 신앙이 정치적 이해관계에 복종하는 것에 맞서고, 또 종교적 허울로 정치적 이해관계를 위장하는 것에 맞서는 이데올로기 비판이기 때문이다. … 나치 시대의 유혹 속에서 이것은 우리에게 중요한 이정표였다.
> — 신학자 헬무트 골비처Helmut Gollwitzer(1908–1993)의 1983년 발언. 골비처는 카알 바르트의 제자이자 고백교회의 일원이었고, 훗날 본과 베를린 대학에서 신학교수를 역임했다.

다"라고 강력하게 훈계했다. 그는 더불어 "교육이 부요를 만들어 낸다"는 상당히 근대적이며 진보적인 철학을 제시했다. 그는 1524년에 쓴 《시참사회원들에게Ratsherrenschrift》에서 다음과 같이 주장했다. "도시에 훌륭하고, 학식 있고, 이성적이고, 명망 있고, 잘 육성된 시민들이 있다는 것은 그 도시에 최상이자 최고의 번영과 행운과 역량이 있다는 것을 의미한다. 그들은 교육을 받은 후에 모든 재물과 재화를 모으고 유지하며 제대로 사용할 수 있다." 또 그는 《탁상담화》에서 다음

그림 50 16세기의 라틴어 학교(1592년 목판화). 세 그룹으로 나뉜 남학생들이 수업을 받고 있다. 왼쪽에 있는 가장 어린 학생들은 읽기를 배우고 있고, 그중 한 명이 맨 엉덩이에 매질을 당하고 있다. 가운데 있는 그룹은 라틴어 문법을 배우고 있으며, 교사가 회초리로 겁을 주고 있다. 세 번째 그룹은 이미 라틴어 서적을 스스로 읽을 수 있다. 그렇지만 오른쪽 바닥 아래에 그들에게 사용하는 회초리가 보인다.

과 같이 언급했다. "도시에서 목사의 역할이 중요한 것처럼 교사에게도 똑같은 책임이 주어져 있습니다. 시장, 제후, 귀족을 포기할 수 있을지언정, 우리는 학교를 포기할 수 없습니다. 학교들이 세상을 다스려야만 하기 때문입니다."

이렇듯이 종교개혁은 결과적으로 교육에도 커다란 도전을 가했다.

이에 결정적인 역할을 한 사람은 '독일의 교사'라 불리는 개혁가 멜란히톤이다. 그는 상급학교와 대학의 개혁을 위한 유용한 제안을 했다. 프로테스탄트 영방 및 국가들은 대학 교육을 받은 목사들과 행정을 담당할 잘 양성된 법률가들을 확보했다. 그러나 진정한 의미의 폭넓은 민중 교육이 이뤄지기까지는 아직 더 기다려야만 했다.

그림 51 1524년에 쓰인 루터의 《시참사회원들에게》의 표지(에어푸르트판)는 기존 학교와 전혀 다른 이상적인 학교 체계를 보여 준다. 이제 소녀들도 소년들과 분리되어 여교사에게 수업을 받으며, 처벌 없는 교육이 이루어진다. 수업은 책들(성경, 그러나 나중에는 특히 루터의 《소교리문답》)을 통해 이뤄진다.

루터는 교육 이론가이자 기획자였을 뿐만 아니라 노소를 막론하고 사람들은 교육자로 대했으며, 자녀들에게는 사랑 많고 자상한 아버지였을. 그가 코부르크에서 네 살짜리 아들 한스에게 보낸 편지는 아버지가 자식에게 보낸 최초의 독일어 편지라 할 수 있다. "나는 아주 예쁘고 재미있는 정원을 안단다. 그 안에 들어가서 많은 아이들은 황금빛 상의를 입고 나무에서 예쁜 사과, 배, 버찌, 자두 등을 따는구나. 아이들은 노래하며 깡충깡충 뛰고 즐거워하지. 작고 예쁜 말들은 황금 재갈과 은으로 된 안장으로 장식되어 있고, 춤출 수 있는 멋진 초원도 있어. 거기에는 황금 피리와 북도 있단다. 거기서 나는 정원에 있는 남자에게 이 아이들이 누구인지 물어봤어. 그러자 그 사람은 그 아이들이 기도와 공부를 좋아하고 신앙심이 깊은 아이들이라고 알려 주었단다."

이 남자가 도대체 얼마나 다양한 면모를 동시대 사람들에게 보여 주었는지 그저 놀라울 따름이다.

루터를 통해 처음으로 독일과 주변 국가들에서 대중적인 문학 독자층이 형성되었다. 그제야 비로소 전에는 전혀 읽지 않았던 사람들이 읽기 시작했고, 전에는 읽지 못하던 사람들은 읽는 법을 배웠다. 학교와 대학들이 설립되었고, 독일어 종교 음악들이 불렸으며, 이전보다 훨씬 자주 독일어로 설교했다. 민중은 성경, 그게 어려우면 적어도 《교리문답서》를 손에 넣었다.

— 요한 고트프리트 헤르더, 《인간성 증진을 위한 서한들 Briefen zur Beförderung der Humanität》에서

14. 구더기들에게 뚱보 박사를 먹잇감으로 내줄 셈이오
노년과 죽음(1540-1546년)

  루터의 생애 마지막 기간은 극심하게 대립하는 반대 감정들이 양립했다. 그는 한 편지에서 체념적인 어조로 심정을 표현했다. "세상은 늘 그대로이고, 그리스도에 대해 아무것도 알려고 하지 않는다."
  다른 한편 그는 자신이 죽은 뒤 순수한 가르침과 수준 높은 목사들로 구성된 번창한 공동체를 남기게 되리라고 자신했다. 노쇠해 가던 루터는 들뜬 기대와 침체된 마음 사이에서 동요하는 듯했다. "아, 우리의 보잘것없는 명민함! 우리가 정말로 명민해지기 전에, 우리는 쓰러져 죽게 될 것이다. … 우리가 이렇게 나약한데도 그토록 위대한 것을 달성할 수 있던 것은 기적이다. 우리에게 이것을 가능케 하신 것은 우리의 주님이시다."

그림 52 루터의 안면상 또는 데스마스크. 루터의 마지막 시기에 대한 보고들과 마찬가지로, 이 안면상에서 그가 평화롭게 숨을 거두었으며 죽을 때까지 신실하게 믿음을 지켰다는 사실을 알 수 있다. 구교 측이 심지어 루터가 침대 기둥에 목을 맸다는 등의 말도 안 되는 억측을 늘어놓자, 종교개혁 진영은 이 안면상을 통해 구교 측의 흑색선전의 기세를 꺾으려 했다.

루터의 생애 마지막 국면에는 그 이전에 부각되던 상황들이 더욱 현저해졌다. 정치적 영역에서 종교개혁이 속행되는 데 있어서 루터는 점차 그의 동료 멜란히톤의 그늘에 가려졌다. 폭발적인 출발이 혁명적인 젊은 루터가 기여했던 가장 중요한 부분이었다. 1520년대 후반 새로운 교회를 확립하는 과정에서 이미 루터와 멜란히톤은 협력했다. 그렇지만 《아우크스부르크 신앙고백》 이래 정치무대에서 새로운 신앙을 제시한 것은 주로 멜란히톤이었고, 더 이상 루터의 일이 아니었다.

> 루터는 용납할 수 없는 수도사다. 그는 터무니없는 이유들을 내세워 교회를 공격하고, 교회를 -그것도 성공적으로!- 다시 세웠다. 가톨릭교도들이 루터 축제를 즐기고, 루터 연극을 만드는 데는 이유가 있다.
>
> ─ 프리드리히 니체

1539년 말 두 사람은 세인들의 큰 관심을 불러일으킨 일로 다시금 공동책임을 지게 되었다. 다음 해에 이 일이 추문으로 발전했기 때문이다. 프로테스탄트 진영에서 작센 선제후 다음으로 막강한 힘을 지닌 헤센의 영방백작 필립이 그들에게 자신의 중혼에 대한 재가를 요청한 것이었다. 그러면서 재가를 허락하지 않으면 "슈말칼덴 동맹에서 탈퇴해 황제에게 더 가까이 가겠다"고 협박했다. 이와 같은 압박으로 인해 비텐베르크의 두 종교개혁가는 서신으로 다음과 같이 회답했다. "백작이 정욕을 다스릴 수 없다면 하나님의 이름으로 두 번째 아내를 취할 수 있으나, 그 결혼과 우리들이 동의한 사실은 비밀에 붙여야 합니다." 권력자들이 정부를 둔다는 것은 잘 알려진 사실이었다.

그런데 이 일이 널리 알려져 정치와 법률의 영역에서 추문으로 발전했다. 1532년 카롤리나Carolina라고 불리는 황제의 형법이 제정된 이후 중혼은 사형에 해당했다. 이제 필립은 전적으로 황제의 은총에 매달릴 수밖에 없었다. 그는 자신의 입장을 양보하여 구교 측과 단독 협정을 맺지 않으면 안 된다고 생각했다. 이는 프로테스탄트 진영의 슈말칼덴 동맹을 결정적으로 약화시켰다. 모욕을 당한 루터는 자신의 영방군주에게 편지로 도움을 청했다. 자신이 기만당했으며, 일이 이렇게 진행될지 알았더라면 결코 그 사안을 재가하지 않았을 것이라고 주장했다. 이 사건은 두 종교개혁가의 명성뿐만 아니라 프로테스탄트 진영 전체에 오랫동안 해를 입혔다.

> 나처럼 세상으로부터 적대받은 사람은 수천 년 동안 단 한 사람도 없었을 것입니다. 나 역시 세상에 적대적이었으며, 평생 무슨 낙으로 삼을 것이 없어 피곤하게 살 수밖에 없었습니다. 우리 주 하나님께서 곧 다시 오실 것이고, 나를 곧바로 그곳으로 데려가실 것입니다. 특히 그분은 최후의 심판과 더불어 오실 것입니다. 그분이 천둥을 보내 심판하시고, 내가 바닥에 엎드려 있을 그날을 목을 빼고 고대할 것입니다.
>
> — 노년의 루터, 《탁상담화》에서

1540년 이래로 하게나우, 보름스, 레겐스부르크에서 일련의 종교회담이 열렸다. 공의회 개최가 반복해서 무산된 뒤, 황제는 이제 교황의 직접적인 개입을 배제하고 독일 지역 내의 구교도와 프로테스탄트 사이에 합의를 끌어내려는 전략을 추진했다. 루터는 이와 같은 노력을 전혀 의미 있는 것으로 여기지 않았다. 벨리알Belial, 즉 악마와는 농담은 물론 말도 섞어서는 안 된다고 생각했다.

그러나 멜란히톤은 1540년 슈말칼덴 동맹의 부탁을 받아 《아우크스부르크 신앙고백》을 수정했다. 라틴어로 쓰인 《아우크스부르크 신앙고백 개정판Confessio Augustana Variata》은 상대 진영과의 협상을 위한 기반이었으며, 이후 20년간 독일 프로테스탄티즘의 토대가 되었다.

결국 황제와 교황 사이에 합의가 이루어져 1545년 트렌토에서 공의회가 개최되었다. 약 20여 년간 지속된 이 공의회를 통해 가톨릭교회는 새로워졌으며 **반종교개혁**(*근래에 학자들은 '가톨릭 종교개혁'이라는 중립적인 용어를 사용한다. 여기서는 원문의 표현에 따른 것이다)이 종교적으로 확립되었다. 그러나 공의회는 더 이상 루터의 관심사가 아니었다. 루터는 오래전에 이미 가톨릭과 결별했다. 당연한 귀결이지만, 프로테스탄트 측은 이 공의회에 전혀 참석하지 않았다. 간접적인 영향이기는 했지만, 종교개혁은 구교가 개혁되고 쇄신되어 새롭게 조직될 수 있도록 자극을 주었다.

루터는 일반 정치와 교회 정치의 최전선에서 점차 뒤로 물러났다. 한편으로는 스스로의 확신에 따른 결과였지만, 다른 한편으로 1540년대 초에 그의 나이가 60대를 향하고 있어 노인으로 여겨졌기 때문이다.

그러나 이는 루터가 소진되었다거나 하는 일이 없어졌다는 의미가 아니다. 오히려 정반대였다. 그는 계속 신학 연구에 집중했다. 대학의 마지막 10년간은 모세오경의 첫 권인 창세기에 관한 방대한 강의로 채웠다. 또 작가로서 그는 필생의 결실을 거두었다. 《라틴어 전집》제1권 서문에서 그는 종교개혁 초기를 회고하면서 탑 체험을 언급함으로써 자신에 대한 하나의 전설을 만들어 냈다. 독일의 종교개혁에 대한 서술 전반이 그렇듯이, 이러한 회고를 통해 그의 생애는 모나지 않게 다듬어졌다. 이 종교개혁자는 종교개혁이 성공을 거두며 확산되는 것을 목도했다. 황제가 지배하는 지역과 바이에른 지역을 제외한 독일 대부분과 북유럽 전체, 즉 스칸디나비아 국가들이 이 새로운 신

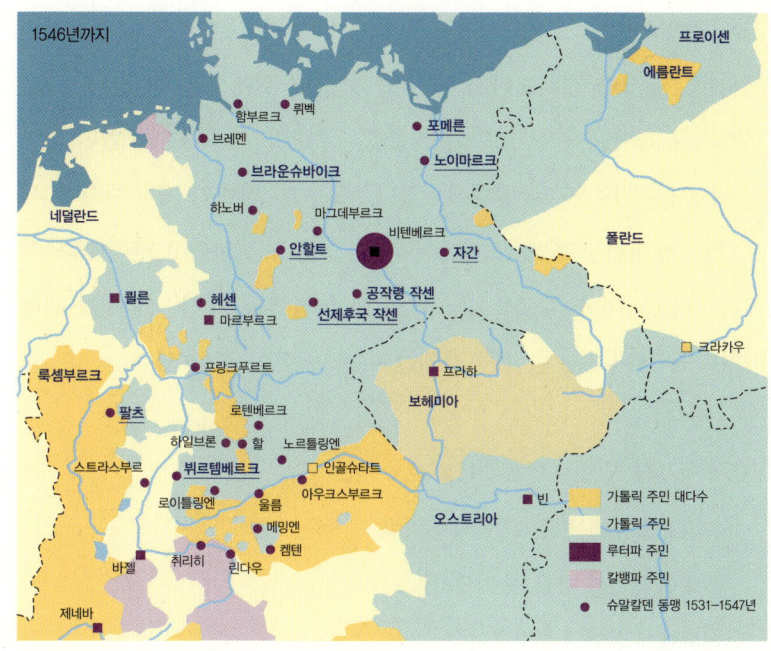

그림 53 루터가 사망할 무렵까지 종교개혁은 황제의 지배 지역과 바이에른을 제외한 독일 대부분의 지역으로 확산되었다.

앙으로 전환하는 듯했다.

얼마 후 가톨릭의 반종교개혁이 진행되는 동안 독일에서 다시 수많은 지역이 종교개혁적 신앙에서 떨어져 나갔고, 이로써 결국 두 진영 사이에 균형이 이루어졌다. 그러나 루터는 이와 같은 국면을 더 이상 알 수는 없었다. 그가 살아 있을 때는 적들의 모든 위협에도 불구하고 종교개혁이 영광스러운 승리의 행진을 이어 간 시기였다.

생의 마지막 몇 년간 루터는 종말론적이고, 흑백논리로 단순화되었으며, 폭력으로 점철된 세계상에 압도되었다. 이는 위대한 종교개혁가의 환영이었다. 루터는 특히 밤중에 악마를 육체적으로 체험했던 듯하다. "악마가 케테보다도 훨씬 가까이 내 곁에서 누워 잔다." 그는 실제처럼 육체를 가진 악마와 씨름했다. "내가 악마와 겨루었던 최고의 싸움은 케테 옆 내 침대에서였다." 그는 이 악마가 교황주의자, 투르크인, 유대인과 함께 도처에서 나쁜 일을 도모한다고 생각했다. 이 세 집단은 거대한 적그리스도 3인방을 형성했다. 그가 어린이를 위해 지었다고 전해지는 한 찬송가에는 다음과 같이 적혀 있다.

> 주여, 당신의 말씀으로 우리를 보호하소서,
> 그리고 교황과 투르크인들의 살육을 제어하소서.
> 그들은 당신의 아들 예수 그리스도를
> 왕좌에서 끌어내리려 합니다.

1540년 비텐베르크에서 최초의 마녀사냥이 벌어졌다. 이미 1526년에 루터는 구약성경의 한 구절 "너는 무당을 살려 두지 말라"(출 22:18)에 대해 설교하면서 "그들은 아이에게 마법을 걸 수 있으며" 그보다 사악한 일을 많이 한다고 해석했다. "따라서 그들은 죽임을 당해도

성 마리엔 시 교회의 출입문 옆에는 'Schem Ha Mphoras'(쉠 하 므포라스)라는 표제어와 함께 '돼지 젖을 빠는 유대인' 조각이 있다(쉠 하 므포라스는 히브리어로 '위장하지 않은 이름'이라는 뜻으로, 입 밖에 낼 수 없는 거룩한 하나님의 이름을 상징적인 일련의 철자나 숫자로 지시한다).
루터는 1544년 《쉠 함포라스와 예수의 가문에 관하여Vom Schem Hamphoras und vom Geschlecht Christi》라는 글에서 이와 같은 반유대적이며 여러 면에서 천박한 소재를 수용했다. "비텐베르크에 있는 우리의 교구교회 앞에는 돌로 된 암퇘지 조각상이 있다. … 암퇘지 뒤에는 랍비가 서 있다. 그는 허리를 굽혀 돼지 꼬리가 달린 부분 아래를 들여다보며 《탈무드》를 열심히 읽고 있다. 그는 마치 뭔가 선명하고 특별한

마땅하다. 그들이 해를 가하기 때문만이 아니라 사탄과 교제하기 때문이다"라고 말했다. 루터가 결코 열성적인 마녀사냥꾼이었던 것은 아니다. 게다가 당시에 마녀 신앙은 이례적이지 않았다. 그런데 이제 프로테스탄트 지역 비텐베르크에서도 마녀사냥이 가능해진 것이다. 다른 한편 루터에게서 여성들의 인생의 과제와 문제에 대한 세심한 관심도 발견된다. 1542년에 쓴 한 글에는 "출산에 실패한 여인들을 위로해 주어야 한다"는 감동적인 표현이 등장한다.

루터의 유대교와의 담판은 훨씬 극적인 결과를 가져왔다. 비교적 초기인 1523년에 발표한 《예수 그리스도는 유대인으로 태어났다 Dass Jesus Christus ein geborener Jude sei》에서 그는 그리스도교 신앙이 유대교에서 기원했다는 사실을 지적했다. 물론 여기에는 종교개혁으로 인해 진정한 복음이 재발견되었기에 유대인들은 진정한 그리스도교로 개종해야 한다는 희망과 요구도 섞여 있었다. 이러한 기대와 요구는 결국 치명적인 결과를 초래했다. 루터는 이러한 희망이 어긋났다고 판단한 후 1543년에 《유대인과 그들의 거짓말에 대하여 Von den Juden und ihren Lügen》를 발표했다.

"나는 간곡히 충고하고자 한다.

것을 읽어 파악하려는 듯하다. 그들은 분명 거기에 자신들의 쉠 함포라스를 갖고 있음이 틀림없다. … 왜냐하면 독일인들은 아무런 근거도 없으면서 자신을 대단히 현명한 사람이라고 사칭하는 자에 대해 '그 사람은 자신이 현명한지 어디서 알았을까? 암퇘지의 엉덩이에서…' 라고 말하기 때문이다."
1988년 이 조각상 아래에 청동판 하나가 설치되었는데, 그 판에는 베를린 출신 예술가 위르겐 레너르트 Jürgen Rennert의 글이 새겨져 있다. "하나님의 본래 이름/ 모욕받은 쉠 하 므포라스/ 유대인이 그리스도인 면전에서/ 극도로 성스럽게 여겼던 이름/ 육백만 유대인 속에서 죽음을 맞았도다/ 성호 아래서!"

첫째, 유대인의 회당 또는 학교에 불을 질러야 한다. 타지 않은 것은 흙으로 덮어 메워야 한다. 그리하여 그 누구도 돌 하나 또는 부스러기 한쪽도 영원히 볼 수 없게 해야 한다. 이는 우리 주님과 모든 그리스도인을 위한 것이다. 이로써 하나님께서는 우리가 그리스도인임을 아신다.

둘째, 마찬가지로 그들의 집도 파괴하고 박살내야 한다. 그들이 학교에서 행하는 짓과 똑같은 일을 집에서도 행하기 때문이다. 그러므로 그들을 모두 집시처럼 한 지붕 아래에 수용하거나 축사에 몰아넣는 것이 좋다. 이로써 그들은 자신들이 우리 땅의 주인이 아님을 알게 될 것이다.

셋째, 그들의 온갖 종류의 《기도서》와 《탈무드》를 빼앗아야 한다. 그들이 그것으로 우상숭배, 거짓, 저주, 신성모독 등을 가르치기 때문이다."

이 책은 끔찍한 반유대적 선동책자다. 이 종교개혁자를 반복적으로 보호하던 논리들도 이 사실을 바꿀 수는 없다. 반유대적인 성향에 있어서 루터는 그 시대에 속한 사람이었다. 물론 루터의 저술 중에는 유대교에 대한 편견이 없는 진술도 있다. 그래서 루터가 유대인 살

그는 그가 뭔가 다른 생각을 거듭 붙잡았으며, 광범위하게 퍼져 있던 유대인 혐오에 대한 저작을 착안했다. 그리고 저항할 용기를 잃은 적도 있었지만 고집스럽게 자신의 철학교수에게 논문을 제출했다. … 그는 독일의 유대인 혐오는 마르틴 루터의 저작들에서 처음으로 표명되었으며, 특히 《유대인과 그들의 거짓말에 대하여》와 《쉠 함포라스》에서 발견할 수 있다는 사실을 보여 주었다. 그리고 유대인 혐오가 곰팡이처럼 독일 철학 전체에 퍼져 나가는 것을 보여 주었다. 실제로 독일 철학에서, 그리고 결국 히틀러의 《나의 투쟁 Mein Kampf》에서도 루터의 극단적인 반유대주의의 우레와 같은 메아리가 울려 퍼졌다.

— 네덜란드 작가 마르턴 타르트 Maarten 't Hart, 《그물을 수선하는 여인 Die Netzflickerin》(1996)에서

해를 촉구하지 않았다는 말도 옳다.

그렇지만 그와 동시에 이 종교개혁자는 사상 및 신앙이 자신들과 다른 사람들을 악마의 활동이라고 생각했기에 그에 대해서 엄청나고, 때로는 전적으로 과도한 폭력 행위를 촉구할 수 있었다. 그럼으로써 평화를 장려하는 대신 결정적인 부분에서 과도한 폭력을 찬동하기도 했다는 사실이 확인된다. 바로 이 지점에서 루터의 많은 동지뿐 아니라 그의 적들도 달랐다. 루터가 인문주의에 대해 비판적인 거리를 두었던 것이 이런 결과로 돌아왔다고 추론할 수도 있다.

루터 스스로 분별하고 깊이 사고할 역량이 충분했음에도 어째서 그런 자질이 발휘되지 않았는지 루터의 신학사상 내에서도 제기해야만 한다. 그는 악마는 인간의 힘으로가 아니라 오직 그리스도에 의해서만 정복된다고 지적했다. 그는 권세로서의 악마를 사람들의 일상적인 악행이나 자신도 확실하게 믿고 있던 악령들과 구분했다. 그런데 그는 종종 이러한 차이를 무시하고, 적이라고 생각되는 모든 대상을 성급하게 악마로 간주해 지옥의 불길에 맡길 뿐만 아니라 현세에서 추방하거나 절멸시키라고 주장했다. 그렇다면 루터가 1522년 사순절 첫 주일설교에서 '땅에서 하늘까지 도달하는' '사랑으로 가득한 화덕'이라고 기발하고도 자유로운 이미지로 표현한 하나님은 어디 계시는가? 아니, 여기에서 루터라는 개인, 그의 입장 그리고 적어도 그의 종말론적이며 폭력적인 세계상에 대해 더 깊은 물음이 남는다. 종교개혁 그 자체를 전해야 할 마당에 이와 같은 폭력을 촉구한 일은 그 어떤 변명의 여지도 없으며, 그로 인해 비방받는 것을 피할 수 없다. 루터는 자기 자신과 투쟁했으며, 그리스도에 의해 '해방된 자'였지만 항상 승리했던 것은 아니라는 사실을 단호히 인정해야 할 것이다.

유대인에 대한 루터의 후기 저작들의 신랄함에 대해서는 종교개혁 지도자들도 비판적으로 보았다. 적지 않은 사람이 그 주장을 딱 잘라 거부했다. 세속 당국은 다양하게 반응했다. 선제후령 작센에서는 이미 1530년대에 공포되었던 엄격한 유대인 거주금지령이 1543년에 갱신되었다. 이는 역사가 전개되면서, 특히 1871년 독일 제2제국의 수립 이래 나치의 범죄에 이르기까지 반유대인 선전에서 반복적으로 루터를 소환하는 결과를 낳았다. 비록 루터의 이름이 악용된 점도 없지 않으나, 그가 빌미를 제공했음을 부정할 수 없다.

이와 마찬가지로 루터는 투르크인에 대해서도 분열된 주장을 펼쳤다. 그는 한편으로 코란에 대한 지식을 얻기 위해 힘썼고, 코란 번역이 출판되는 것을 장려했다. 그리고 1543년 실제로 바젤에서 코란 번역본이 출판되었다. 그러나 다른 한편으로 이슬람은 결코 진정한 종교가 아니라는 사실을 증명하기 위해 온갖 노력을 기울였다. 게다가 악마는 투르크인의 모습을 하고 그리스도교 세계와 종교개혁 신앙에 대항해 싸운다고 확신했다. 투르크인은 독일의 죄악에 대한 하나님의 징벌이었다.

그의 최후의 위대한 싸움은 그가 지상 최고의 적으로 간주하는 교황에 대한 것으로, 그는 1545년에 《악마가 세운 로마 교황권에 대항하여 *Wider das Papsttum zu Rom, vom Teufel gestiftet*》를 출판했다. 이 논쟁서에서 루터는 다시 한 번 자신의 의견을 명백하게 드러냈다. "하나님이 말씀하시는 것을 듣고자 하는 사람은 성경을 읽으라. 악마가 말하는 것을 듣고자 하는 사람은 교황의 교령집과 교서를 읽으라." 루터의 마지막 위대한 저술은 곧 널리 읽혔고, 광범위하게 영향을 미쳤다. 선제후는 루터가 "지나쳤다"고 지적했다. 그렇지만 선제후는 그의 무절제와 사그라지지 않는 호전성을 결국 인정하고 장려하기까지 했다. 루터는 마지막 숨을 거둘 때까지 그 숙적과 끈질기게 싸웠으며, 진지하게 자신의 묘비명을 준비했다. "교황이여, 살아 있을 때 나는 그대의 페스트였지만, 죽어서는 당신의 죽음이 될 것이오!"

다른 논쟁들에서와 마찬가지로 이 글에서도 계기와 시점을 고려해야만 한다. 교황은 황제에게 보낸 한 편지에서 루터를 철저하게 응징하라고 요구했다. 종교개혁의 생존뿐 아니라 종교개혁가 루터의 목숨도 위험에 처해 있었다. 상대편이 폭력적으로 위협하는 환경에서 루터의 무절제가 발전했다. 그로비안 문학 Grobianismus (*15-16세기의 문학작품에서 발견되는 투박하고 무례한 풍자와 조롱을 특징으로 하는 텍스트를 지칭한다)에서 발견할 수 있는 어느 정도의 거칠고 무례한 태도는 그 시대의 모습이었다.

> 못된 얼간이, 방귀쟁이, 암퇘지, 야비한 놈, 잔악한 인간, 비만한 사이비 성직자, 쓸데없는 성직자, 염소, 멍청한 놈, 바보, 강간범, 포주, 오물로 더럽히는 자, 아첨꾼….
>
> ─ 루터가 임의로 사용하던 욕설 목록 중에서. 루터는 스스로에 대해 이렇게 말했다. "마르틴 루터는 상스러운 놈이다."

여기에 루터의 성격도 한몫했다. 루터 스스로도 이를 알고 있었으나, 그와 같은 측면을 정당하게 생각해 제어하지 않았다. "내 안에는 여전히 분노가 잠복해 있지만 대부분 정당합니다."

루터의 생애 마지막 시기에는 묵시록적인 사고들이 더욱 강화되었다. 그렇다고 해서 1553년 10월 19일 오전 8시에 예수가 재림할 것이라고 예언했던 미하엘 슈티펠 Michael Stifel 처럼 세상의 종말을 정확히 예측하기 위한 몽상에는 참여하지 않았다. 그러나 그도 종말이 가까이 왔다고 생각했다. "세상의 종말이 문 앞에 와 있습니다"라며 루터는 이렇게 덧붙였다. "심판의 날이 멀지 않았습니다. 우리가 그날을 체험하게 될 겁니다." 그러나 이런 희망 속에 침울한 기분도 섞여 있었다. "나와 내 아이들 모두가 이미 죽었더라면 하고 바라기도 했습니다."

"우리 모두는 죽을 수밖에 없으며, 어느 누구도 다른 사람을 위해 죽을 수는 없습니다. 각자는 스스로를 위해 죽음과 맞서 싸울 것입니다. 우리는 귓전에 대고 외칠 수는 있을 것입니다. 그러나 각자는 자신을 위해 죽음의 시간 속에서 준비해야만 합니다. 그때 나는 당신 곁에 있지 않을 것이며, 당신도 내 곁에 있지 않을 것입니다." 루터는 바르트부르크에서 돌아온 직후 이런 말로 사순절 첫 주일설교를 시작했다. 이 설교로 그는 비텐베르크에 다시 평화를 회복시켜 주었다.

이제 루터의 차례였다. 예수도 겟세마네 동산에서 임박한 죽음을 두려워했다. 루터는 죽음과는 장난을 칠 수 없다는 사실을 알고 있었다. 죽음에 대한 두려움과 신앙을 통한 극복, 이것은 루터의 신학과 삶의 주제였다.

삶의 마지막 시기에 그는 두통, 이명(耳鳴), 극심한 통증이 따르는 요도 결석, 발작을 동반한 협심증 등 여러 육체적 고통과 더욱 맹렬히 싸워야 했다.

1542년 루터는 죽음이 임박했다고 느껴 벌써 두 번째인 유언장을 작성했다. 같은 해 겪은 딸 막달레나의 죽음은 그를 힘겹게 했다. 1545년 여름 그는 비텐베르크에 진저리가 났다며 그 도시를 떠났다. 사람들이 간신히 그를 설득한 끝에 다시 돌아왔다. 육체적으로 고통이 컸으며 영혼도 힘겨운 상황이 이어졌지만 그는 삶을 즐길 줄 알았다. 아내에게 보낸 한 서신에서 볼 수 있듯이 그는 마지막까지 먹고 마시는 즐거움을 유지했다. "사랑하는 케테… 나는 보헤미아 사람처럼 먹어 대고, 독일 사람처럼 들이킨다오. 감사하게도. 아멘." 또한 시 교회에서의 설교, 대학의 강의 그리고 저술 작업도 사망 직전까지 중단하지 않았다.

생애 마지막 시기의 한 설교에서 루터는 청중에게 한 알의 씨앗이 땅에 떨어져 썩어진 후에야 싹이 트듯 예수가 우리를 위해 죽었고 부활했음을 호소했다. 그는 마지막 강의를 "나는 약합니다. 나는 더 이상 할 수 없습니다"라는 말로 끝을 맺었다. 그리고 기도했다. "사랑하는 아버지, 나는 이 사악한 세상에서 죽도록 일했습니다. 이제 더 이상 일할 수 없습니다."

루터의 생애가 어떠했던가! 내적·외적으로 치열하게 싸움을 벌였으며, 한평생을 황제와 교황에 맞서 직접 투쟁하지 않았던가! 그렇지만 외적으로 볼 때 그는 튀링엔과 작센이라는 좁은 지역 안에서, 그리고 가장 긴 시간을 비텐베르크에서만 보냈다. 그 지역을 벗어났던

> 루터를 찬양하라! 우리의 가장 귀한 재산을 구출해 주었으며, 우리가 오늘까지도 살 수 있도록 자선을 베푼 소중한 사람을 영원히 찬양하라! 그의 견해가 편협하다고 비판하는 것은 옳지 않다. 거인의 어깨 위에 서 있는 난쟁이는 당연히 거인보다 멀리 볼 수 있다. 특히 난쟁이가 안경을 썼을 때는 더욱 그러하다. 그러나 난쟁이는 멀리 바라보기는 하나 그에게는 고귀한 감정, 자신의 것으로 만들 수 없는 거인의 심장은 결여되어 있다. 거인의 실수를 신랄하게 비판하는 것은 옳지 않다. 이러한 실수는 다른 수천 명의 미덕보다 훨씬 이롭다. 에라스무스의 고상함과 멜란히톤의 부드러움은 절대 그렇게 하지 못했으나, 이따금 형제 마르틴의 지독한 가혹함은 우리를 그렇게 멀리 가게 만들었다.
>
> — 하인리히 하이네Heinrich Heine, 《독일의 종교와 철학의 역사에 관하여 Zur Geschichte der Religion und Philosophie in Deutschland》(1834)

여행은 몇 차례에 불과했을 뿐이다.

　1546년 1월 루터는 고향 아이스레벤으로 여행을 떠났다. 만스펠트 백작 가문의 분쟁을 중재하기 위해서였다. 여기서 그의 인생 여정은 끝을 맺는다. 그는 멀리에서 집에 있는 아내에게 편지를 보내 간결하게 조언했다. "나에 대해 염려하지 마시오…" 그러고는 놀리듯 덧붙였다. "어제, 분명 당신의 걱정 때문에 돌 하나가 우리의 머리 위로 떨어져 우리를 박살내 버릴 뻔했다오." 그러나 아내가 걱정하는 것은 지극히 당연했다. 죽기 직전에 풍자적으로 표현했듯이 루터 스스로도 자신의 죽음이 임박했음을 어느 정도 감지하고 있었다. "다시 돌아가게 된다면, 나는 관에 누워 구더기들에게 뚱보 박사를 먹잇감으로 내

그림 54　생애 마지막 무렵 강단에서 강의하는 루터의 모습을 그린 루터의 조수 라이펜슈타인 Reifenstein의 펜화. 루터 그림 주변의 라틴어 글은 멜란히톤이 쓴 것이다. "교황이여, 살아 있을 때 나는 그대의 페스트였지만, 죽어서는 당신의 죽음이 될 것이오!" 루터는 1546년 2월 18일 2시에서 3시 사이에 죽었고, 같은 달 22일 비텐베르크 성 교회에 묻혔다.

줄 셈이오. 나는 세상에 지쳤다오."

그러나 그는 살아서 비텐베르크로 돌아가지 못했다. 1546년 2월 18일 마르틴 루터는 아이스레벤에서 죽었다. 그가 사망한 곳은 그가 태어난 곳에서 조금만 걸어가면 도달할 수 있는 가까운 거리에 있었다. 죽음에 임박해서 그는 이렇게 기도했다고 한다. "당신의 손에 나의 영혼을 맡깁니다. 당신은 나를 구원하셨습니다. 주님, 당신은 신실하신 하나님이십니다." 사람들은 한 작은 메모지에 끄적거린 그의 마지막 글을 발견했다. "우리는 거지다. 이것은 진실이다."

> 삶의 한가운데서 우리는 죽음에 에워싸여 있네. 우리는 누구를 찾고 있는가? 은총을 얻도록 도움을 주시는 자? 그는 오직 주님뿐입니다.
> ─ 루터의 찬송가에서

죽음에 임해서는 모두가 홀로 남는다. 즉 죽음은 고독이다. 홀로 있다는 것이 루터에게 무슨 의미인지 우리는 알고 있다. 그것은 바르트부르크에서의 고통, 침체, 유혹 등 악마가 활동할 듯한 낌새였다. 이것은 심리적으로뿐만 아니라 신학적으로도 그러했다. 죽음은 죄의 삯이기 때문이다.

루터가 사망했을 때 교황주의자들은 흑색선전을 퍼부으며 그를 가만히 내버려 두지 않았다. 그 이단자는 하나님과 세상으로부터 떨어져 나가 곧장 지옥으로 갔다고 선전했다. 종교개혁 진영에서는 그에 대한 반증으로 위대한 종교개혁자가 편안히 그리고 평화롭고 조용하게 하나님 품에 잠들었다는 소식과 관련 이미지를 제시할 필요를 느꼈다.

임종 시에도 루터는 공인이었으며, 그로 인해 그의 마지막 발언을 공표해야 했다. 스스로 설교했듯이 예수 그리스도와 그 가르침에 머물겠으며, 그를 위해서는 죽음도 불사하겠냐는 질문에 루터는 "예!" 라고 명료하게 대답했다고 한다. 루터는 '그리스도가 악마보다 더 크다'는 사실을 믿었다.

비텐베르크로의 운구 과정은 생전에 그가 보름스로 여행했을 때를 연상시키는 일종의 개선행렬과 같았다. 수천 명의 열렬한 추종자가 길가를 가득 채웠다. 루터는 성 교회에 안장되었다. 독일어로 거행한 장례식 설교에서 부겐하겐은 루터를 바벨론, 즉 로마의 멸망을 선포한 묵시록의 천사(계 14:8, 18:2)에 비유했다. 멜란히톤은 라틴어 조사(弔詞)에서 루터를 이사야, 세례 요한, 바울 그리고 가장 유명한 교부 아우구스티누스의 반열에 두었다. 그는 칠흑 같은 어둠의 시대 이후 "루터가 참되고 필수불가결한 가르침을 다시 드러냈습니다"라고 평했다. 루터는 마침내 교부로까지 추앙되었다.

> 죽음에 대한 공포는 죽음 그 자체일 뿐 다른 그 무엇도 아닙니다.
> ─루터, 《탁상담화》에서

반면에 석관에 쓰인 비문은 사실적이며 겸손하다. "여기에 경건한 신학 박사 마르틴 루터의 육체가 매장되었다. 그는 63년 2개월 10일을 산 뒤, 1546년 2월 18일 고향 아이스레벤에서 죽었다."

그로부터 약 1년이 지난 후 지상에서 루터의 두 번째 강력한 정적이었으나, 그가 결코 저주하지는 않았던 인물이 그의 무덤에 찾아와 작

루터는 본래 활력이 넘치는 사람이었으나 특히 노년에 여러 질병에 시달렸다.
- 평생 동안 달고 있던 변비(특히 바르트부르크 성에 체류할 때), 두통, 순환기 장애.
- 반복되는 우울증. 루터는 이를 악마가 주는 시련이라고 생각했다.
- 협심증. 1527년에 처음 발병하기 시작했고, 결국 그의 사망 원인이 되었다.

별인사를 전했다. 바로 독일의 황제 카알 5세였다. 루터 사망 직후 발발했던 슈말칼덴 전쟁(1546-1547)에서 구교도들은 프로테스탄트 측을 제압했다. 뮐베르크Mühlberg 전투 이후 황제군은 비텐베르크 성문 앞에 이르렀다. 작센 선제후는 '비텐베르크 항복협정'에 서명하는 것 외에 다른 방도가 없었다. 1547년 5월 23일, 황제는 말을 타고 비텐베르크에 입성하여 성 교회에 있는 자신의 최대 정적의 무덤 앞에 섰다. 그러나 늘

그를 제대로 알고 종종 그의 곁에 있었던 사람이라면 누구나 그가 매우 선량했으며, 다른 사람을 대할 때 늘 부드럽고 친절하고 온화했으며, 전혀 건방지거나 거칠지 않았으며, 완고하거나 호전적이지 않았다고 증언할 것입니다. 또한 그의 말과 몸짓에는 그에게 걸맞은 진지함과 확고함이 있었습니다. … 따라서 순수한 가르침에 반대하는 적들을 향한 그의 엄격함은 호전적이고 사악한 감정에서 기인했던 것이 아니라 진리를 향한 위대하고 진지한 노력에서 비롯되었음이 분명합니다. 그를 잘 알고 있는 우리는 그에 대하여 증언해야만 합니다.

— 1546년 2월 22일 멜란히톤이 루터의 장례식에서 발언한 조사에서

그랬듯 그는 기품 있는 모습을 잃지 않았다. 이 위엄 있는 군주는 루터의 무덤을 훼손하라는 무리한 요구에 대해서 "그는 자신의 심판대 앞에 섰다. 나는 살아 있는 자와는 싸우지만, 죽은 자와는 상대하지 않는다"라는 말로 거부했다.

"삶의 한가운데서 우리는 죽음에 에워싸여 있네." 루터는 이를 알고 있었고 거듭해서 강조했다. 그러나 그는 생과 사의 불확실성에 대한 오랜 격언을 탁월하게 수정했다. "나는 갈 곳을 알고 있네. 어

- 이명. 루터는 귓속에서 울리는 소리를 그대로 흉내 내어 'sussurrus'(수수루스)라고도 불렀다. 티니투스(이명) 혹은 메니에르 병이라고 한다(이명, 어지럼증, 구토).
- 요석으로 인한 통증. 생의 마지막 10년간은 심한 발작적 통증에 시달렸다. 1537년 초 슈말칼덴에서 처음 발병했다.

> 복음주의자들은 그를 깊이 애도했고, 독일의 사도로 여겼으며, 경건하고 학식을 갖춘 사람으로 여겼다. 바로 이 사람이 순수한 하나님의 말씀을 다시 드러냈으며, 로마 교황과 성직자들의 빈번한 권한 남용을 근절시키는 데 기여했다. 그러나 가톨릭교도들은 그를 최대의 적, 이단자, 선동가, 서약 위반자, 사람들을 타락시키는 자로 여겼다. … 그러나 어떻게 판단해야 할지는 경건하고 분별 있는 자들에게 맡겨야 한다.
>
> — 헤르만 폰 바인스베르크Hermann von Weinsberg, 《부흐 바인스베르크Buch Weinsberg》에서

디로 가야할지를. 하나님을 찬양하라! 그럼에도 이토록 슬픈 것이 놀랍구나." 그가 미래에 맞게 될 것은 죽은 자의 부활과 영원한 삶이었다. 악마, 죄 그리고 죽음은 맺음말을 간직할 수 없다. 그리스도가 그것들을 이겼다. 그는 생명을 가져다주었다. 그래서 루터는 그 격언을 도치시켰다. "죽음의 한가운데서 우리는 삶에 에워싸여 있네." 루터는 죽음과 부활을 비텐베르크에서 만스펠트로 이동하는 여행보다도 짧은, 그저 한순간이면 도달하는 여행으로 생각했다. "잠시 잠들고 나면 달라져 있을 것이다." 그는 이미 부활절 찬송에서 다음과 같이 노래했다. "그리스도가 죽음에 속박되셨네. 놀라운 전쟁이 벌어지네/ 저기 죽음과 삶이 싸우네/ 삶이 승리를 거두었네/ 삶이 죽음을 삼켜 버렸네."

루터는 《탁상담화》에서도 미래에 이루어질 모습을 생생하게 표현한 바 있다. "그리스도가 오셔서 무덤을 두드리며 '일어나라, 일어나라, 마르틴 루터여, 일어나라!'라고 말씀하실 때까지 그리스도인의 육신은 무덤에 누워 잠을 잡니다. 그때 우리는 한순간에 평온하고 기분 좋은 잠에서 깨어나고 영원히 우리 주 예수 그리스도와 함께 행복하게 살게 될 것입니다."

그림 55 〈죽음의 승리Triumph des Todes〉의 일부분. 1562년 피터 브뤼헬Pieter Brueghel의 작품.

15. 내 이름을 언급하지 않기 바랍니다
루터의 어제와 오늘

루터는 세계사를 썼다. 오늘날 유명한 독일인 중에서도 루터는 가장 널리 알려진 인물에 속하며, 때로는 그중 첫 번째 위치에 있기도 하다. 그가 황제 카알 5세 앞에 선 것은 역사의 전환점이었다. 보름스에서 주장을 철회하라는 황제의 명령에 맞서 자신의 주장을 철회하지 않겠다고 한 연설은 세계사에서 가장 위대한 연설 중 하나로 인정되었으며, 그로 인해 모든 비판을 무력화시켰다. 루터가 '탑 체험'을 통해 은혜를 베푸시고, 의롭다고 인정해 주시는 하나님을 발견한 일은 "인류의 운명의 순간" 중 하나가 되었다(1998년 주간지 《디 차이트(Die Zeit)》에 실린 로베르트 라이히트Robert Leicht의 글에 나오는 표현). 또한 교회에 대한 투쟁 선언인 《95개조 논제》도 수많은 대중적인 판본을 통해 오늘날까지도 '정경'처럼 읽히고 있다.

그림 52 미하엘 마티아스 프레히틀Michael Mathias Prechtl의 〈내면이 완벽한 마르틴 루터Martin Luther inwendig voller Figur〉(1983). 그림 제목은 "훌륭한 화가라면 내면이 완벽해야 하기 때문이다"라는 뒤러의 말을 인용한 것이다. 루터의 몸에 있는 그림들은 그의 신학을 암시한다. 그리스도는 자신이 흘린 피와 십자가의 죽음으로 어둠의 무시무시한 권세를 이겼다.

루터는 자신의 거대한 영향력에 어떻게 반응했을까? 아마도 매우 다양한 방식으로 대응했을 것이다. 루터 스스로도 타협을 모르는 자신의 태도를 영웅적 행위라고 여겼을 것이다. 그는 자신의 저술과 발언을 진리로, 더 정확히 말하면 성경에 대한 참된 해석으로 간주했다.

오늘날까지 루터 교회는 세계적으로 7,000만 명이 넘는 신도를 거느리고 있으며 개별 국가 혹은 지역 교회들은 '세계루터교연맹'에 가입해 활동하고 있다.

루터는 이러한 사실들로 인해 고무되었을지 모른다. 그러나 한편 화를 잔뜩 내면서 "사람들은 스스로를 '그리스도를 믿는 사람'이라고 밝혀야지 결코 '루터를 추종하는 사람'이라고 해서는 안 된다"고 비평했을지도 모른다. 이 종교개혁자는 하나의 참된 그리스도교 교회를 원했던 것이지, 자신과 관련된 특별한 교회를 세우려 하지 않았다. 1522년, 루터는 이렇게 말했다. "첫째로, 사람들이 내 이름을 언급하지 않기 바랍니다. 루터를 추종한다고 하지 않고, 오직 그리스도인들이라고 칭하기를 바랍니다. 루터가 무엇이란 말입니까? 교리는 절대 내 것이 아닙니다. 나는 누군가를 위해 십자가에 달린 적이 없습니다. … 그리스도의 자녀가 나의 사악한 이름으로 불리는 것을 이 가련하고 악취 나는 육체를 지닌 자가 어떻게 견딜 수 있단 말입니까?

독일 루터 교회의 현대사

영방군주의 영토에는 영방교회들이 건설되었다. 이 교회들은 1918-1919년 국가교회제도가 종식된 이후에도 존속했다. 합병은 바이마르 공화국 초기(독일 복음주의 교회연합Deutscher Evangelischer Kirchenbund)와 나치 집권 첫해인 1933년에(독일 복음주의 교회Deutsche Evangelische Kirche) 진행되었다. 나치에 충성하는 '독일 그리스도인들'에 대항하기 위하여 1934년 교회의 저항운동인 '고백교회' 운동이 일 그러니 그렇게 하지 마십시오. 친애하는 친구들이여, 우리 편파적인 이름들을 없애버리시고, 우리가 가르침을 받은 대로 우리를 그리스도인이라고 부릅시다."

오늘날, 루터에게서 결정적으로 종교개혁의 자극을 받은 모든 프로테스탄트 교회와 자유교회, 대략 개혁교회와 침례교 및 감리교의 자유교회 등을 포함해 신도가 3억 명 이상에 달한다고 해도 이러한 통계는 루터를 전혀 감동시키지 못할 것이다. 왜냐하면 이 모든 종파는 특히 세례와 성찬이라는 두 성사에 대해 고유한 길을 갔기 때문이다.

> 황제 폐하, 선제후, 제후, 신성로마제국의 모든 신분은 《아우크스부르크 신앙고백》때문에 제국의 어떤 신분도 폭력으로 억압하거나 그들의 양심과 지식과 의지에 반하여 《아우크스부르크 신앙고백》으로부터 다른 길로 가도록 재촉해서도 안 되며, 이 종교에 평화롭게 머물도록 내버려두어야 한다.
> — 〈아우크스부르크 평화조약〉(1555)에서

따라서 루터에게 그들은 혐오스러운 '교황 추종자들'보다 나을 바가 없다. 루터는 설령 커다란 이득을 가져다준다 할지라도, 진리를 희생하는 어떠한 타협도 모두 거부했을 것이다. 루터는 비록 우리가 "교회를 통합해 교황과 황제에게 어떠한 충격을 줄 수 있다고 해도 … 통일은 있을 수 없다"고 판단했다.

루터에게서 유래한 교회들이 스칸디나비아 국가들에서는 완전히 어났다. 이들은 '바르멘 선언'Barmer Bekenntnis을 작성했다. 2차 세계대전이 끝난 뒤 '복음주의 독일 교회'[Evangelische Kirche in Deutschland(1948년 설립, 이하 EKD)]라는 이름 아래 새로운 조직이 결성되었다.

오늘날 EKD에는 10개의 독립적인 루터파 교회와 (스위스 종교개혁가에서 유래한) 2개의 소규모 개혁교회, 그리고 12개의 통합교회(루터파와 개혁파의 결합)가 속해 있다.

관철되었고, 독일에서는 교인의 숫자에서 가톨릭교회와 비슷한 수준을 차지하고 있다는 사실 역시 루터에게는 족하지 않을 것이다. 독일과 유럽이 종교적으로는 분열되어 있기 때문이다. 그는 모두를 위한 참된 신앙을 원했다. 제국법상으로 구교와 루터파 사이에 동등함을 인정한 1555년의 '아우크스부르크 평화조약'의 원칙은 아마도 현실 정치가로서 루터에게는 납득이 될 수 있었겠지만, 자신을 우선적으로 신학자라고 여기던 루터에게 이러한 부패한 타협은 눈엣가시였을 것이다.

그러나 다음 세기까지 루터가 살아 있었더라면, 독일에서 일어난 30년에 걸친 종교전쟁(1618-1648)에 대해 이보다 더욱 격렬하게 저항했을 것이다.

신앙의 문제에서 루터에게는 오직 말씀만이 유효했고 칼과 폭력은 설 자리가 없었지만, 동료 그리스도인의 생명을 방어하기 위해서는 경우에 따라서 용인되기도 했다. 이 점에서 현실 정치가로서의 면모가 다시 등장했다. 물론 1648년에 체결된 '베스트팔렌 평화조약'도 흡족하지 않았을 것이다. 왜냐하면 이 조약은 '아우크스부르크 평화조약'을 갱신한 것이고, 가톨릭교도, 루터교도 외에 개혁파교도들에게까지 신앙의 자유를 확대했기 때문이다. 루터의 입장에서 보면, 그

종교 및 신앙고백 문제의 관점에서 보는 독일 역사

1555년	'아우크스부르크 평화조약': 독일 내에서 루터파(아우크스부르크 신앙고백 추종자)와 구교(가톨릭교도)에게 제국법상 광범위한 범위에서 동등한 권리를 보장.
1617년	프로테스탄트 측에서 종교개혁일 기념. 구교 측에서는 이단의 근절 촉구.
1618-1648년	30년전쟁(독일에서 프로테스탄트와 가톨릭교도 사이에 전쟁).

로써 진리를 절반으로 쪼갠 것도 부족해 3등분한 셈이 되었다.

1871년에 독일 제2제국의 건설과 관련하여 루터가 큰 명성을 누렸다는 사실은 그가 흡족해했을까? 새롭게 탄생한 독일 민족국가를 위해 마르틴 루터라는 설립자를 가진 프로테스탄트 전통이 발명되었다. 역사학자 하인리히 폰 트라이취케 Heinrich von Treitschke는 1880년대 초반 그의 유명한 루터 관련 연설 '루터와 독일 민족'에서 이 종교개혁자를 "세상의 모든 위대함과 고귀함"의 토대라고 표현했다. 그리고 1년 뒤 그의 동료 프리드리히 폰 베촐트 Friedrich von Bezold는 《독일 종교개혁사 Geschichte der deutschen Reformation》의 결론에서 이렇게 말했다. "늦었지만 종교개혁은 조국에게 그 결실을 가져다주었다. 루터가 없었더라면 우리는 칸트와 괴테를 갖지 못했을 것이다. 프로이센 국가의 기원이 프로테스탄트적이고 반가톨릭적이지 않았더라면 우리의 새로운 독일제국은 존재하지 않았을 것이다. 슬퍼해야 할 이유가 없지 않지만, 오늘 우리는 지극히 감사하는 마음으로 우리 민족의 역사에서 가장 폭력적이었던 변혁을 회고할 수 있다."

> 마르틴 루터가 교회를 다시 회복시키지 않았더라면, 인류가 끊임없는 살육과 경악스러운 자기 학대를 피할 수 있었으리라는 점은 의심의 여지가 없다.
>
> 토마스 만, 《파우스트 박사 Doktor Faustus》에서

1648년	'뮌스터와 오스나브뤼크 평화조약' 또는 '베스트팔렌 평화조약': 독일에서 세 종파 즉 로마 가톨릭, 루터파, 개혁파(칼뱅파)의 동등한 권리를 보장.
1871년	독일 제2제국 설립. 프로이센의 수많은 개신교도는 이를 종교개혁의 완성으로 이해하고 축하했다.
1919년	바이마르공화국 헌법을 통해 독일에서 처음으로 교회와 국가가 명백하게 분리되었다.

루터는 이 모든 성격규정들이 마음에 들지 않을 것이다. 그는 이미 보름스 제국의회에서 천명했다. "나는 나 자신을 일종의 성자로 만들려 하지 않습니다. 나는 내 삶이 아니라, 예수님의 가르침에 대해 토론하는 것입니다."

히틀러가 정권을 장악하기 직전이었던 1932년 나치에 충성하는 '독일 그리스도인들'Deutsche Christen은 히틀러를 지지하면서 '영웅적인 신앙심'과 '독일적인 루터 정신'을 불러냈다. 반면 디트리히 본회퍼는 같은 해 종교개혁 기념일 설교에서 그들에게 경고했다. "이제 죽은 루터를 고이 잠들도록 놓아주고, 복음에 귀를 기울이십시오. 그가 번역한 성경을 펼쳐 거기서 하나님의 말씀을 직접 들어 보십시오. … 그 안으로 들어가서 가장 우선되는 사역을 냉철하게 실천합시다. 하나님이 도우실 것입니다. 아멘." 루터는 분명 본회퍼의 편을 들었을 것이며, 다음과 같이 의견을 덧붙였을 것이다. "내가 복음을 경청했으며, 여러분을 위해 알기 쉽게 설명한 것처럼, 복음에 귀를 기울이십시오."

신학자이자 루터 연구자인 한스 프로이스Hans Preuß가 1933년 가을 명망 있는 신문인 《복음주의-루터교 교계신문Allgemeine Evangelisch-

독일 프로테스탄트의 주요 인물

요하네스 케플러Johannes Kepler(1517-1630): 일시적으로 황제의 수학자였던 프라하의 궁정 천문학자. 코페르니쿠스적 우주 체계를 완전하게 보충했다. 그는 행성들이 원형이 아닌 타원형 궤도로 움직인다는 것을 알았으며, 궤도의 법칙(케플러의 법칙)을 발표했다.

요한 세바스티안 바흐Johann Sebastian Bach(1685-1750): 라이프치히의 성 토마스 교회의 합창장. 독일의 주요 작곡가 중 한 사람으로 주로 교회음악을 작곡했으며, 합창곡을 만들 때 종교개혁 시대에서 유래한 찬송가 텍스트를 선호했다. 바흐는 자신의 작품에 S.D.G.(Soli Deo Gloria, 오직 하나님의 영광)라고 서명했다.

Lutherische Kirchenzeitung》에 제시한 것과 같은 혼란스러운 비유에도 루터는 면역이 되었을 것이다. 프로이스는 "사람들은 독일 민족이 세 차례 사랑에 빠졌다고 말한다. 카알 대제, 루터 그리고 프리드리히 대제가 그 대상이었다. 우리는 이제 자신 있게 우리의 '민중 수상'Volkskanzler을 여기에 포함시킬 수 있을 것이다. 그리고 마르틴 루터와 아돌프 히틀러 사이에는 독일 민중이 가장 사랑하는 대상이라는 유사점이 있다." 아니다. 마르틴 루터는 결코 한 사람의 인간을 찬미한 적이 없다. 어떤 정치가도, 그리고 자기 자신도 찬미하지 않았다.

우리는 실증적인 그리스도교의 기반 위에 서 있다. 우리는 그리스도교 신앙을 긍정하고, 그에 부합한 것을 고백한다. 이는 독일의 루터 정신과 영웅적인 경건함에 상응한다.

— 1932년, 나치에 충성하는 신앙운동 '독일 그리스도인들'의 〈지침〉에서

사람들은 루터의 행위에서 그가 원했던 것과는 정반대의 결과가 나왔고, 그의 생애 마지막에 그를 침울하게 했으며 심지어 그의 필생의 과업을 의심하게 만들 수 있었던 결과가 왜 나왔느냐고 묻는다. … 키르케고르는 이미 100년 전에, 루터가 오늘날에는 그가 당대에 말했던 것과 반대의 것을 말하리라고 했다. 대략 짐작하건대, 나는 키르케고르의 말이 옳다고 생각한다.

— 국가사회주의에 저항하다 처형당한 복음주의 신학자 디트리히 본회퍼

알베르트 슈바이처Albert Schweitzer(1875-1965): 신학자, 철학자, 음악가이자 의사. 아프리카 가봉의 랑바레네Lambarene에 열대병원을 설립하고 이끌었다. '삶에 대한 경외'라는 원칙을 만들었으며, 1952년에 노벨평화상을 수상했다.

디트리히 본회퍼Dietrich Bonhoeffer(1906-1945): 목사이자 신학자. 1933년부터 히틀러에 대항하는 (교회) 조직에서 일했으며, 훗날에는 (정치적) 저항 세력에 가담했다. 결국 체포된 그는 전쟁이 끝나기 직전 플로센뷔르크에 있는 나치 강제 수용소에서 끔찍하게 살해당했다.

도로테 죌레Dorothee Sölle(1929-2003): 신학자, 시인, 뉴욕 대학 조직신학 교수, 함부르크 대학 강사. 독일의 정치신학 및 여성신학 대변자. 평화운동과 여성운동에 적극 참여했다.

독일 문어(文語)와 인쇄술 그리고 교육에 대해 이 종교개혁자가 미친 영향에는 의문의 여지가 없다. 루터의 번역 성경과 루터의 언어는 독일에서 수 세기 동안 생생하게 남아 있었으며, 현재까지도 영향을 미치고 있다. 그에게서 기원한 복음적인 노랫말과 교회음악은 파울루스 게르하르트 Paulus Gerhardt(1607-1676)의 노랫말과 요한 세바스티안 바흐(1685-1750)의 작곡과 더불어 최고의 전성기를 맞았다.

루터의 영향은 신학에서도 나타났다. 그의 신학은 하나님과 인간 사이의 관계에 대한 급진적 입장에 있어서 오늘날까지도 타의 추종을 불허한다. 올바른 신학을 추구한다면 루터가 제시한 기본적인 질문들을 지나칠 수는 없다. 이는 분명 모든 그리스도교 종파에서도 적용된다. 이러한 근본적인 업적들에 대해 루터 스스로는 분명히 인지하고 있었으며, 그에 대해 반복하여 자부심을 드러냈다.

또 다른 영역인 문화적이며 종교사적인 성과에 미친 영향력에 대해서는 그는 본질적으로 유보적이며 이중적으로 평가했을 것이다. 이에 대해서도 루터가 수고한 결과는 충분히 평가되지 않았다. 교회 전통에 대한 비판적 검토와 그리스도인의 자유에 대한 선언은 근대의 자유의 역사에 앞서서 영향을 끼쳤다.

당시에 전능한 가톨릭교회를 만들기 위한 합법적인 대안도 있었다. 그를 통해 종교적 다원주의가 강한 자극을 받았으나, 신앙 문제에 있어서 진정으로 대화할 자세와 관용은 한참 시간이 지난 후에야 진전되었다.

루터는 기본적으로는 근대의 세속화 과정을 거부하는 입장이었음이 분명하다. 그렇지만 사실 '세속화' 경향에 탄약을 보급한 사람은 루터였다. 그는 신앙에 속한 영역과 세속적인 사안들을 뚜렷하게 구별했으며, 세상은 '세속적'이고 또 당연히 그래야만 한다는 입장을 지녔기 때문이다. 하나님, 그리스도교, 신앙으로부터의 이탈을 루터는 악마의 사역 외에는 설명할 수 없었다. 그에게 양심의 자유란 해방이 아니라 깊은 결속을 의미했다. "나의 양심은 하나님에 의해 사로잡혀 있다."

'이 종교개혁자에 대한 기념'은 역사의 흐름과 더불어 고유했을 뿐만 아니라 기억문화라는 면에서도 꽤 특징적인 발전을 보였다. 16세기 후반에 관련 기념일은 지역에 따라서 큰 차이가 있었다. 포메른에서는 루터의 생일인 11월 10일을 기념했고, 아이스레벤에서는 그가 사망한 2월 18일을 기렸다. 여러 지역에서는 공식적으로 1년에 한 차례 여러 다양한 교회조례의 도입을 기념했다. 다른 지역들에서는 10월 31일과 11월 2일 사이에 기념식이 개최되었다. 95개조 논제가 게시된 지 100주년이 되던 1617년에서야 비로소 처음으로 독일의 모든 프로테스탄트 지역에서 10월 31일을 종교개혁기념일로 대대적으로 축하했다. 가톨릭 측에서는 그들의 입장에서 '이단 척결'을 위한

> 카알 마르크스와 프리드리히 엥겔스는 루터를 종교개혁의 창시자로, 종교개혁을 봉건체제에 대항한 유럽 시민의 최초의 결전이라고 평가했다. 동시에 그들은, 혁명적 노동운동에 특별한 사명감을 느낀 토마스 뮌처와 농민전쟁은 루터가 제공한 자극의 불가피한 귀결을 구체화한 것이었음을 보여 주었다.
>
> — 마르틴 루터 탄생 500주년을 기념하여 구동독의 사회학자 집단이 완성한 《마르틴 루터에 대한 논제 Thesen über Martin Luther》(1983)에서

> 루터파, 교황파 그리고 칼뱅파, 현재 세 종류의 신앙이 존재한다. 그러나 도대체 그리스도교는 어디에 있는지 의문이 든다.
>
> — 독일 서정시인 프리드리히 폰 로가우Friedrich von Logau, 종파 문제에 대한 짧은 풍자시

기념일을 기획했다.

 이와 같은 축제와 기념일을 둘러싸고 양측의 매체 전쟁도 절정에 다다랐다. 이는 그다음 해에 일어난 30년전쟁을 맞이할 준비였다. 100년이 더 지난 1717년, 당국은 일탈적인 폭력 행위가 일어날까 두려워 양측의 상호비방을 피하기 위한 검열 조치를 필요로 하게 되었다. 또다시 100년이 지난 1817년, 괴테는 프로테스탄트들에게 건전한 사고를 지닌 모든 가톨릭교도도 함께 축하할 수 있는 방식으로 종교개혁을 기념하라고 촉구했다. 그는 또 라이프치히 전투Völkerschlacht bei Leipzig(*1813년 10월 16일부터 19일까지 라이프치히에서 프로이센-오스트리아 연합군이 나폴레옹 보나파르트와 벌인 전투를 말한다. 양측 합쳐 50만 명이 넘는 병력이 참여한 전투에서 연합군은 결정적인 승리를 얻었다. 괴테는 독일의 신구교 세력이 연합하여 프랑스에 승리했다는 점에 착안했다)가 있었던 10월 18일에 모든 독일인의 축제를 거행하자는 제안도 내놓았다. 그리고 또 100년이 지난 1917년에 독일은 다시 무시무시한 전쟁을 겪고 있었다. 이 전쟁은 종교 문제와는 상관없었으나, 모든 전선에서 그리고 모든 종파에 의해 이 기념일이 종교적으로 합법화되고 인정되었다. 이와 같은 배경에서

오늘날의 루터: 시험

오늘날 마르틴 루터와 같은 인물이 자리 잡을 수 있는 곳은 어디일까?
본래의 비텐베르크 대학은 1815년 할레 대학과 통합되었다. 그러나 비텐베르크 대학이 오늘날까지 존재했더라도 루터가 그 대학에 초빙될 수 있을지는 결코 확신할 수 없다.
그는 너무 보수적이고, 지나치게 경건하며, 더욱이 '가톨릭교도와 유사하다.' 또 심하게 중세에 사로잡혀 있어서 시대정신과는 거리가 멀었다. 물론 그의 가르침과 관련해서는 거의 의심의 여지는 없다. 그러나 동료로서 루터는 너무 불편한 존재이고 또한 다수에 속하는 것을 내켜하지 않았다. … 악마와 관련하여 그는 아

2017년에 500주년이 되는 역사적인 기념일은 마르틴 루터 개인과 그의 업적을 다양한 방식으로 기억하는 기회를 제공할 것이다. 이 지점에서 '현재가 역사를' 변화시킨다는 사실이 명확해진다.

역사학자 루이제 쇼른-쉬테Luise Schorn-Schütte는 "우리는 '바로 그 루터'를 만나지 못하게 될 것이다. 언제나 단지 당대의 기억과 연관된 후대에 살아 있는 루터만을 알게 될 뿐이다"라고 말했다. 그리고 이와 같은 환경에 영향을 받거나 후대의 관점이 반영된 루터 상은 시대와 입장에 따라 매우 다를 뿐 아니라, 서로 모순적이기까지 하다. 동시대와 후대의 추종자들은 루터를 거의 메시아처럼 숭배했다. 그는 '말세의 엘리야', '하나님의 예언자'라고 간주되었다. '루터의 조언'은 거룩하게 여겨졌으며 거의 법적 구속력을 가졌다. 프로테스탄트 주류 진영에서는 그를 절대적 권위를 가진 오류가 없는 스승으로 받아들였다.

계몽주의는 루터에게서 이성과 양심 및 종교의 자유를 위한 선구자의 모습을 보았다.

반면 가톨릭 측은 그와 다르게 생각했다. 그들은 루터의 소위 '방탕한' 생활을 비난했다. 이미 생전에 그는 '바보', 악마의 산물, 적그

직 계몽되어 있지 않았으며, '악마를 상대하지 않았더라면 그는 무엇을 했을까' 진지하게 묻게 만든다. … 악마가 없었더라면 자신의 상태가 더욱 나빠졌을 것이라는 그의 대답은 아주 낯설게 들린다. 하나님도 그에게는 멀리 떨어져 있었기 때문이다.
한 심리학적 분석이 루터가 오늘날의 대학에서 강의할 수 있는 나머지 기회를 빼앗았을 것이다. 그에 대한 심리학적 소견서는 다음과 같이 결론을 내렸다. 개혁 편집증偏執症.
_ 교회사가 하이코 오버만의 루터 전기 《루터, 하나님과 악마 사이에 있던 자Luther-Mensch zwischen Gott und Teufel》(1982)에서

리스도라 비방당했고, 그의 어머니는 '창녀'라 불리며 인격모독을 겪었다. 루터 사망 후 몇 년 지나지 않아 구교도 요하네스 코흘래우스 Johannes Cochläus는 논쟁적이며 편견이 가득한 《마르틴 루터의 행적과 저술에 대한 논평 Kommentierung der Taten und Schriften Martin Luther》 (초판 1549년)을 출판했다. 이 책은 수세기 동안 적의가 가득하고 왜곡된 구교 측의 루터 상을 각인시켰다. 그에게 루터는 '도주한 하찮은 수도사였으며, 수녀를 타락시킨 간악한 인간'이었다. 마찬가지로 1640년에 출간된 예수회 창설 100주년 기념책자도 루터를 노골적으로 '독일의 치욕', '지상 최대의 불행을 초래한 괴물'이라고 표현했다. 간단히 그를 '돼지'라고 칭했다.

오랜 시대구분법에 따라 시대를 고대-중세-근대로 나눈다면, 역사가 하인츠 실링 Heinz Schilling처럼 "루터가 중세인이었는지 아니면 최초의 근대인이었는지"를 묻게 된다. 프랑스의 위대한 루터 연구가 뤼시앵 페브르는 청년 루터를 '신앙심이 깊은 천재'이자 혁명가로 평가하고, 초기의 루터를 위대한 혁신가로 보았다. 네덜란드 교회사가 하이코 오버만 Heiko Oberman은 그의 주장에 이의를 제기했다. "마르틴 루터만 아니었더라면, 종교개혁사는 독일이 근대로 출발하는 역사로 서술될 수 있었을 것이다." 오버만은 루터를 근대적이라고 보지 않은 것이다. 최근 교회사가 알브레히트 보이텔 Albrecht Beutel은 오늘날 시대사 서술에서 하나의 문제를 지적했는데, 그는 "루터의 독특한 특성을 제대

> 내일 세상이 끝나리라는 것을 알지라도, 나는 오늘 한 그루 사과나무를 심겠다.
> — 자주 인용되는 루터의 격언 중 하나. 루터에게 기원한 표현은 아니지만, 2차 세계대전 이후 사람들은 그의 말로 간주했다. 이 말은 자연과 세계 종말에 대한 그의 입장을 잘 드러내 보인다.

로 편입시키지 못하고 있다"고 판단했다. 그 이유는 사실 루터의 사상이 "결정적인 측면에서 중세의 정신이나 근대의 정신에 모두 낯설었기" 때문이다. 우리는 이러한 관점을 조금 더 확장시킬 수 있다. 루터는 우리에게 세 가지 면모를 보여 주었다. 첫째로 그는 중세에 사로잡혀 있었으며, 이는 특히 봉건적 신분질서를 완강하게 고집했던 점에서 확인할 수 있다. 둘째로 그는 근대로 접어들었다고 할 수 있는데, 이는 교회의 후견과 전통에서 벗어났다는 사실에서 발견된다. 셋째로 그는 그리스도교적 칭의론을 급진적으로 발전시켰으며, 모든 시대와 일반적인 인간의 사고에 기본적으로 관철되도록 했다. 바로 여기에 시대를 초월해서 빛을 잃지 않는 루터의 의미가 있다.

'오늘날'에도 여전히 우리는 직접 '루터의 흔적'을 추적할 수 있고, 그에게 가까이 가려고 시도할 수도 있다.

'루터의 도시'인 비텐베르크와 아이스레벤에 있는 박물관 4곳과 교회 2곳은 유네스코 세계문화유산으로 지정되어 있다. 그 밖의 루터 기념 장소로 만스펠트, 에어푸르트, 아이제나흐, 바르트부르크 성, 코부르크 성 등이 있다. 주요 루터 기념비는 비텐베르크, 아이스레벤, 보름스, 아이제나흐, 에어푸르트 등에 세워져 있다. 이 모든 것에는 기념하고, 역사성을 부각시키며, 역사에 헌신한 19세기 정신으로 넘쳐난다. 그것들은 교부, 성인 그리고 영웅의 모습을 과시한다. 그러나 다

> 세상을 변혁하는 데 성공한 유일한 사람은 마르틴 루터였다. 여기에 루터의 위대함이 있다. 사람들이 그를 루터 교회와 동일시한다면 그의 위대함의 진가를 알 수 없을 것이다. … 루터는 루터 교회와는 아무런 상관이 없다. 그는 그리스도교 교회의 몇 안 되는 위대한 예언자 중 한 사람이다.
>
> ― 20세기 대표적인 신학자인 파울 틸리히Paul Tillich

행히도 프로테스탄트에는 성인 제도가 없다.

그렇지 않았다면 우리는 루터의 경우 비공식적인 성인 선언을 무효화해야 하는 것이 아닌지 물어야만 했을 것이다. 왜냐하면 루터는 사랑만이 아니라 증오에 있어서도 위대했으며, 날카롭고 논리정연한 사상가였을 뿐 아니라 맹목적으로 분노하는 선동가이기도 했기 때문이다. 만약 그가 교황에게서 적그리스도를 보았고, 급진적인 종교개혁가와 투르크인 그리고 유대인에게서 악마가 활동하고 있을 뿐 아니라 육체의 모습을 갖춘 상태로 현현했다고 간주했다면, 루터 스스로가 맞서 투쟁한 바로 그 영적인 존재에게 예속되었던 것은 아닐까? 루터의 증오 그리고 선과 악, 천국과 지옥, 악마와 하나님이라는 그의 이분법적이고 비타협적인 실재의 분할은 그 자신을 파괴하는 방향으로 영향을 끼칠 수 있었다. 루터 스스로도 그것을 감지했지만 그

> 하나님의 조건 없는 은혜의 복음은 예수 그리스도를 통해 나타났으며 우리에게 주어졌다. … 이것은 신앙에 대한 새로운 언어 형식이자 이해의 틀이다. … 우리는 오늘날의 가톨릭적 사고 안에서 눈에 띄지는 않으나 가장 영향력이 큰 루터의 존재에 대해 말해야만 한다. … 그리하여 이 책은 간단한 조언으로 끝맺고자 한다. 루터를 읽으라. 이는 가톨릭교도와 복음적인 그리스도인들을 위한 조언이다.
> — 가톨릭 신학자 오토 헤르만 페쉬Otto Hermann Pesch,
> 《루터 입문 Hinführung zu Luther》(3판, 2004)

아이스레벤과 비텐베르크의 루터 기념장소들은 1996년부터 유네스코 세계문화유산으로 지정되었다. 지정된 이유는 그 공간들이 "인간 역사에서 매우 중요한 단면을 대변하며, 종교개혁의 확실한 현장으로서 아주 특별한 보편적인 의미를 지니고 있기" 때문이다.
아이스레벤에 있는 루터 생가와 루터가 사망한 집은 박물관으로 활용되고 있으며, 비텐베르크에 있는 루터의 집과 멜란히톤의 집도 박물관으로 개축했다. 루터의 설교단이 있는 시 교회, 그리고 95개조 논제가 게시되었던 교회 문과 루터와 멜란히톤의 무덤이 있는 성 교회도 중요한 기념장소다.
info@martinluther.de / www.martinluther.de(작센-안할트 주의 루터기념재단) / www.wittenberg.de / www.eisleben-tourist.de / www.unesco-welterbe.de

로부터 벗어나지는 못했다. 이 독은 수백 년 동안 계속 영향을 끼쳤다. 그가 편견, 박해, 말살로 점철된 엄청난 물결에 순응했기 때문이라며 그의 행동을 용납해서는 안 된다. 한편으로 멜란히톤, 요하네스 로이힐린Johannes Reuchlin, 에라스무스 등 다른 사람들도 마찬가지 상황이었기 때문이다. 위대한 파괴자 루터에게는 매우 불쾌할 수도 있겠지만 이들은 적들과도 대화를 시도했다.

> 가장 고귀한 가르침은 지극히 영광스러운 하나님께서 값없이 우리의 죄를 사하셨다는 것입니다.
>
> — 루터

게다가 종교개혁의 위대한 전사 역시 전혀 다른, 좀더 구별된 태도를 취할 역량을 지니고 있었다.

그런데 우리가 지나치게 속단하는 것은 아닐까? 위대한 기념비를 손가락으로 지적하는 것만으로 충분할까? 다소 규모가 작을 수는 있겠지만 모든 인간 그리고 우리 후대인들 안에도 내재하는 상반된 가치의 공존이 어쩌면 루터의 커다란 모순 안에 반영된 것은 아닐까? 이런 것이 자신의 모든 가능성을 밖으로 쏟아 내거나 펼치지 못한, 그런 사람들에게서 나타나는 것은 아닐까? 여기서 우리는 루터와 함께 다음을 거듭 질문해야 한다. 인간의 의지가 인간의 행복을 지키기에 충분한가? 혹은 행복에 뭔가 더 많은 것이 속해 있지는 않은가? 이러한 행복과 우리가 삶의 의미라고 표현하는 그것은 어쩌면 무엇보다 우선적으로, 아니 가장 근본적으로 결국 하나의 선물이며, 신학에서 말하는 은총이 아닐까? 만일 그렇다면 우리는 은총으로 그리고 은총 안에서 사는 것이다. 루터는 이것을 알았다. 그리고 마치 자신 이전이나 이후에 자신과 같은 사람은 없을 것이라는 듯 이 사실을 전파했다. 그런 까닭에 500년 전과 마찬가지로 오늘날에도 루터는 실제적인 것이다. 그를 동상 받침대 위에 올려 둔다면, 그는 거기서 입을 다물고 있을 것이다. 그로 하여금 그 자신이 가장 큰 축복이라고 인정했던 한 문장을 계속 말하게 두어야 한다. "하나님은 죄 많은 인간을 의롭게 하시며, 그로써 영생을 가능하게 하신다."

마르틴 루터(1483–1546)

카타리나 폰 보라(1499–1552)

필립 멜란히톤(1497–1560)

옮긴이의 말

이 책은 이미 2012년에 《누구나 아는 루터, 아무도 모르는 루터》라는 제목으로 번역되어 출판되었다. 몇 해 전에 우연히 이 역서를 독일어 원문과 비교할 기회가 있었는데, 잘못 번역되어 오해를 불러일으킬 만한 부분이 지나치게 많다는 사실을 확인하게 되었다. 출판사에 해당 부분들을 보이며 개인적인 의견을 전달했다. 출판사는 예상 못한 지적에 당혹했으나 고심 끝에 재번역을 하겠다는 결정을 내렸다. 하지만 문제는 적절한 역자를 찾는 일이었다. 이런 주제의 독일어 책을 번역할 사람을 찾기가 쉽지 않기 때문이다. 출판사의 사정을 알게 된 후 시간이 나면 번역을 해보겠다는 의견을 전한 적이 있었다. 올해는 종교개혁 500주년으로 이 주제를 독자들에게 소개하기에 적절한 시기인데, 마침 1년간의 연구년이 주어져 새로이 번역을 시도하게 되었다.

역자가 재번역을 하겠다고 생각한 이유는 단순하다. 애착이 가는 좋은 책의 내용이 잘못 전달되고 오해를 불러일으키는 것을 마냥 방치할 수는 없었기 때문이다. 루터에 대한 책은 매우 많아 선택이 어려울 정도다. 그렇지만 시중에서 발견할 수 있는 책들은 대부분 그의 신학과 업적을 소개하는 데 치중하고 있다. 개인적 차원에서 인간 루터를 부각시켜 시대적 맥락을 잊게 만들기가 일쑤다. 이 책은 원제《마르틴 루터. 그의 생애와 그의 시대》가 시사하듯이 루터를 그가 활동했던 16세기 전반이라는 시대적 맥락에서 서술하고 있다. 3장과 7장 등 시대적 배경과 독일의 상황에 대해 서술한 부분들이 루터 개인의 활동과 종교개혁을 균형 있게 이해하고 판단하는 데 얼마나 도움이 되는지 독자들이 직접 확인할 수 있을 것이다.

  목차에서 추측할 수 있듯이 이 책의 목표는 루터와 종교개혁을 바르게 이해시키는 것이다. 여느 책들처럼 그를 종교개혁의 '영웅'으로 높이거나 긍정적인 기여만을 일방적으로 설명하지 않고, 상당히 공정하게 그의 업적들을 평가한다. 그리고 그와 더불어 농민전쟁기에 루터가 보였던 반민중적 입장, 개혁세력 분열에 대한 루터의 책임, 반유대주의적 태도 등 루터가 견지했던 일탈적인 모습들도 가감 없이 드러낸다. 저자는 루터에 대한 판단이나 평가에 대해서 개방적인 태도를 보이며, 특정 관점으로 몰아가지 않는다. 루터와 그가 활동했던 시대를 객관적으로 소개하고 독자 스스로 그에 대해 판단하도록 유도하려는 태도를 취한다.

  이 책의 서술상의 특징은 1차 사료를 많이 활용한다는 점이다. 이를 통해 독자들이 저자의 목소리를 직접 접할 수 있게 배려했다. 독자의 입장에서는 인용문이 많아 다소 불편할 수도 있지만 루터의 모습을 생생하게 전달하려는 저자의 의도가 반영되었다고 할 수 있다. 이 책이 본격적인 연구서는 아니기에 사료를 다소 축약하고, 경우에 따라 현대적으로 해석해서 인용하지만, 루터의 표현을 직접 대함으로써 역사적 이해를 높인다.

  또 다른 특징은 루터를 바라보는 다양한 시선들이 담겨 있다는 점이다. 본문 외에 다양한 사람들의 글이 인용되어 책의 곳곳에 배치되어 있다. 루터와 동시대인은 물론이고 20세기 및 21세기의 작가와 정치가 등에 이르기까지 시사적인 글이 다양하게 발췌되어 있다. 레싱과 헤르더, 니체와 토마스 만, 바르트와 본회퍼 등 독일의 전통시대와 현대를 종횡으로 가로지르며 다양한 맥락에서 루터의 면모를 해석하는 글을 읽을 수 있어 루터가 독일 사회에서 어떻게 이해되어 왔는지 파악하는 데 큰 도움이 된다. 그중에는 루터에게 비판적인 글들도 적잖이 섞여 있다. 이처럼 책의 분량에 비해 내용이 풍부하다. 그리고 종교개혁이라는 주제를 이해하는 데 도움이 될 흥미로운 이미지들과 단편적인 정보들도 정리해 박스 형태로 제공하고 있어 지식이 많지 않은 학생들도 교과서적인 목적으로 활용할 수 있다. 그 외 부록에 있는 용어 설명이나 참고 문헌 소개 등도 요긴하다.

저자가 이런 성격의 책을 쓸 수 있는 것은 저자의 약력에서 단편적으로 알 수 있듯이 다양한 지적인 편력과 경험 덕분이다. 그는 많은 사람과 소통해 왔고, 교회사, 신학, 종교교육 분야에서 대중적인 글을 써온 작가다. 전체적으로 볼 때 이 책은 독자들에게 루터를 그 시대의 맥락에서 파악할 수 있도록 할 뿐 아니라, 왜 그의 메시지와 저항이 결실을 맺을 수 있었는지 이해시킨다. 그리고 거기에서 그치지 않고 종교개혁자 루터의 삶을 반성적으로 돌아보고 있다. 종교개혁 500주년을 맞았지만 정작 요구되는 성찰이 결여된 한국 교회와 사회에, 이 책은 종교개혁이 일어났던 시대와 개혁가 루터를 바르게 이해시키고, 우리 사회를 그 거울에 비추어 보는 데 기여하게 될 것이다.

2017년 10월 캐나다 밴쿠버에서

박흥식

부록

용어 설명

가톨릭적(Katholisch): 사도신경에 표현된 것처럼 그리스도교 신앙과 관련된 포괄적인 용어. 그리스어 'katholos'(='일반적인, 모든 것을 포괄하는')에서 유래. 루터는 구교를 절대 '가톨릭' 교회라고 칭하지 않았고, 그보다는 '교황주의자의' 교회 혹은 '로마' 교회라고 칭했다. 18세기 이후에야 비로소 '로마-가톨릭' 교회를 지칭하는 종파상의 표현으로 모두에게 수용되었다. 이와 대조되는 용어는 '복음(주의)적 종파'(evangelische Konfession).

개혁파(Reformierte): 취리히의 울리히 츠빙글리와 그다음 세대인 제네바의 장 칼뱅으로 대변되는 스위스 종교개혁 전통에서 유래한 복음주의 교회에 대한 칭호.

고백, 신앙고백(Konfession): '고백'을 뜻하는 라틴어 'confessio'에서 유래. 본래는 순교를 각오하고 자신의 (종교적) 신념을 고수하는 것을 의미한다. 이후 특정 (신앙의) 교리를 글로 집약해 서술한 내용의 의미도 지니게 되었다[예를 들면, 아우크스부르크 신앙고백(1530)]. 특정한 신앙의 경향[→ **복음(주의)적**, 가톨릭적 등]을 나타내기도 한다.

고해(Beicht): → 회개

공의회(Konzil): 라틴어 'concilium'(모임, 조언)에서 유래했으며, 그리스어에서 유래한 'Synode'(회의)와 유사한 의미를 지녔다. 합의제 회의체이지만, 교회의 상설조직은 아니었다. 주로 논의 및 자문을 수행하고 부분적으로 결정권도 지닌 주교들로 구성된 회의체다.

광신자들(Schwärmer): 루터가 급진 종교개혁자들에게 사용한 용어로 본래 (벌이나 나비가) 떼 지어 몰려다니는 것을 표현하는 의성어에서 기원했다. 루터는 이들 모두가 악마에게 미혹된 적들이라고 간주했다.

교리문답(Katechismus): 그리스어 'κατέχειν'(katechein, 가르치다, 강의하다)에서 유래한 용어. 그리스도교 교리의 가르침 혹은 그 교리를 요약하여 서술한 교재(질문과 답변의 형식)를 뜻한다. 루터는 《소교리문답》과 《대교리문답》을 1529년에 출간했다.

교황(Papst), 교황권(Papsttum): 가톨릭교회의 위계상 가장 높은 지위에 있는 주교로서 사도 베드로의 직접적인 계승자로 간주된다. 교황은 고유한 최고 교회행정기관(교황청)과 이탈리아 중부지역과 로마를 포괄하는 독립적 교회국가를 거느려 왔다. 이는 오랫동안 유럽에서 중요한 정치권력으로 기능했다. 루터는 종교적 측면에서 교황의 주요 적수가 되었으며, 그를 '적그리스도'라고 비판했다.

교황주의자(Papisten): 루터는 전통교회에 대해 (→)가톨릭이라는 개념을 사용하지 않았다. 그는 전통교회가 '보편적' 즉 정통성이 있으며 일반적으로 '구속력을 지닌' 교회라고 간주하지 않았기 때문이다. 그보다는 '교황을 신봉하는 자들', '교황주의자들' 혹은 (그들의 우두머리가 로마에 있다는 것을 근거로) '로마 추종자들'(Romanisten) 등의 표현을 즐겨 썼다.

교회(Kirche): 루터는 '교회'를 뜻하는 그리스어 단어 '에클레시아'(ἐκκλησία/ekklesia)를 '게마인데'(Gemeinde) 즉 신자 공동체라고 번역하는 것을 선호했다.

당국 또는 정부(Obrigkeit): 종교개혁 시기에 모든 형태의 국가 권력을 말한다. 루터는 이것이 하나님에 의해 세워졌으며, (롬 13:1을 근거로) 봉건적 사회 내에서 (→)**신분**으로 구분되어 있다고 이해했다.

두 정부론(Zwei-Regimenten-Lehre): 중세에는 일반적으로 정치와 종교를 담당하던 관직 및 업무가 혼재되어 있었다. 루터는 그에 반해 두 영역을 철저히 분리시킨 정부(통치 방식)론 혹은 하나님의 '왕국' 이론을 발전시켰다. 루터는 종교적 통치와 세속적 통치, 즉 교회와 국가의 분리를 주장했는데, 이는 결국 루터파 교회에서 사실상 영방군주가 교회를 통치하는 교회 정부(→ **영방교회**)의 출현을 초래했다.

로마 가톨릭적(Römisch-katholisch): → **가톨릭적**

루터파(Lutheraner), 루터적(lutherisch): 루터는 자신이 추진하던 운동에 대해 루터의 적대자들이 일종의 비방하는 의미로 사용했던 '루터적'이라거나 '루터 추종자들'이라는 개념을 거부했다. 오늘날 '루터파'라는 개념은 마르틴 루터의 전통을 따르는 복음주의 교회를 의미한다.

면벌/면벌부(Ablass), 면벌부 거래(Ablasshandel): 가톨릭교회의 가르침에 따라 교회가 죄에 대한 형벌, 즉 연옥에서의 받아야 할 벌을 감해 주던 수단을 말한다.

목사(Pfarrer): 복음주의 교회에서 목사는 단지 전문교육을 받아 양성된 직업집단을 의미할 뿐이며, 교회라는 신자들의 공동체 내에서 원칙상 지위가 동일한 그리스도인들 중 인솔자 역할을 하는 사람(primus inter pares, 동료들 중 첫째)을 지칭한다. 이런 측면에서 로마 가톨릭 교회의 (→)**사제**와 대조된다.

미사(Messe): → **예배**

믿음(Glaube): → **칭의**

반종교개혁(Gegenreformation): (→)**트렌토 공회의**(1545-1563)에서 로마 가톨릭교회는 자신들의 교의를 새롭게 갱신했다. 이로써 종교개혁에 대항하여 혁신을 시도하며 반격을 가했다.

법률 보호의 박탈(Acht), 제국법의 보호 박탈(Reichsacht): 범법자(이단자를 포함)를 공동체와 독일제국의 법적 구속력에서 배제시키는 것. 이렇게 배제된 자는 '법률의 보호 밖으로 추방'되어(vogelfrei), 살해해도 가해자에게 법적 처벌을 할 수 없었다.

보름스 칙령(Wormser Edikt): 1521년 5월 루터와 그 추종자들에게 발행된 (→)**법률 보호의 박탈** 선언. 여기에는 루터 저작물의 출판과 유통을 금지하는 내용도 담겨 있었다.

복음(주의)적(Evangelisch): 루터가 1521년 자신의 운동에 대해 부여한 표현. 그는 '복음적'이라는 용어의 의미를 복음(Evangelium)의 가르침에 일치하는 것으로 이해했다. 급진 종교개혁 노선들도 자신들의 입장을 표현할 때 이 개념을 사용했다. 이 용어는 종교개혁 시기 이후에야 비로소 종교개혁 교회를 통칭하는 표현으로 관철되었다.

사면(Absolution): → **회개**

사제(Priester): 로마 가톨릭 교회에서 핵심적인 종교행위는 사제라는 고유한 신분(성직자 신분)의 몫이었다. 성품 성사를 거쳐 사제가 되었다. 루터는 개혁 초기에 이에 반대하여 '만인사제' 이론을 제시했다. → **목사**

선제후(Kurfürsten): 독일 황제 선거권을 갖고 있는 7명의 제후들. 루터의 군주인 작센 선제후와 루터의 최대 적수 중 하나였던 마인츠 대주교 알브레히트 폰 브란덴부르크 등이 여기에 속한다. 이들은 제국의회에 참석할 자격이 있는 제국신분대표들 중 최고 서열에 속한 무리를 구성했다. → **제국신분대표들**

성경 번역(Bibelübersetzung): 루터는 바르트부르크 성에서 몇 주 만에 신약을 독일어로 번역했고, 그 후에 비텐베르크에서 (다른 동료들과 함께) 여러 해에 걸쳐 구약성경을 번역했다. 1522년 9월에 신약성경이 출판되었고(이 때문에 《9월 성경》라고 불린다), 1534년에는 신구약 성경 전체가 독일어로 번역되어 출판되었다.

성사(Sakramente): 라틴어 'sacer'(성스러운)에서 유래한 용어로, 좀더 특별하고 중요한 의미를 지닌 교회 의례. 로마 교회에서 핵심 전례로 삼았던 7가지 성사(세례, 견진, 성찬, 고해, 성품, 혼인, 종부성사) 중에서 루터는 세례와 성찬 성사만을 존속시켰다.

성직자(Klerus): 로마 가톨릭교회의 종교적 (→)신분. 교회의 통솔과 교직 및 (→)사제직은 전적으로 이들의 몫이었다.

성찬(Abendmahl): 성찬은 예수가 그의 제자들과 가졌던 마지막 식사에서 유래했다. 이것은 모든 그리스도교 교회에서 치르는 (→)성사다. 종교개혁자들은 성찬을 '두 가지 형태' 즉 빵과 포도주로 거행하도록 권했다(이종성찬). 그 결과 복음주의 교회에 속한 신자들은 두 종류를 모두 받는 반면, 가톨릭교회에서는 빵만 받는다.

세례(Taufe): 세례는 종교개혁자들에게 (→)성찬과 더불어 계속 존속되어야 할 두 번째(혹은 첫 번째) 성사였다. 루터는 다른 종교개혁자들과 마찬가지로 (→)재세례파에 반대해 유아 세례를 주장했다. 그에게 세례란 일종의 동의이고 행위이며 하나님의 선물이기 때문이다.

세례파(Täufer), 재세례파(Wiedertäufer): 그리스도교 공동체에 소속되기 위한 전제조건으로 자발적이며 의식적으로 하는 세례인 성인 세례를 제시했으며, 그로써 자유의지로 결심한 그리스도인 교회를 추구했던 광범위하고 다양한 종교운동. 유아 세례를 주던 민중적 성격의 교회를 고수하던 루터와 구교도들로부터 맹렬한 핍박을 받았다.

수도원 제도(Mönchtum)(교단Orden, 수도사Mönche, 수녀Nonne): 중세 교회에서 수도사의 생활은 청빈, 복종, 순결 세 가지 서약으로 인해 특별히 하나님의 뜻에 부합하는 경건한 성격으로 간주되었다. 점증하는 세속화 경향에 저항하고자 루터가 속했던 (→)아우구스티누스 은둔자 교단 같이 새로운 개혁교단들이 계속 출현했으며, 이는 종교개혁이 진행되던 중 루터가 수도사 서약이 효력이 없다고 선언할 때까지 계속되었다. 루터파 교회에서 수도원 제도는 근본적으로 폐지되었다.

스콜라학(Scholastik): 라틴어 'scholasticus'(학교에 속한)에서 유래한 용어. 철학적 사고와 명료하고 논리적인 논증 방법 그리고 토론 등의 요소를 포함하며, 이성과 신앙과 그리스도교의 묵시록적 가르침의 결합을 특징으로 하는 중세 그리스도교적 신학과 철학이다.

신분(Stand): 루터는 상위 성직자 신분(→ 사제직)과 그보다 열등한 세속 신분(평신도) 사이를 구별하는 중세적 위계관념을 철저하게 거부했다. 그러나 세속 영역에서 최상위에 황제와 (→)제국신분대표들로부터 사회구성원 전체가 위계화 되어 있는 봉건적 신분사회 구조는 고수했다.

신성로마제국 독일 민족(Heiliges Römisches Reich Deutscher Nation): 이와 같은 형태의 명칭은 1519년 카알 5세 황제의 '선거 협정서'(선거에 대한 양해문서)에 최초로 등장한다. 제국의 최정점에는 황제(선출된 황제)가 있고, 일종의 권력분할이라는 의미에서 그의 곁에는 (→)제국의회에 참여할 자격이 주어진 (→)제국신분대표들이 있었다.

신앙고백(Glaubensbekenntnis): 초대 교회에서는 그리스도교 신앙의 토대에 대해 여러 가지 공식고백들이 출현했다. 일명 '신앙고백들'(혹은 '신경'信經)로 그중 세 가지 즉 사도신경, 니케아 또는 니케아—콘스탄티노폴리스 신조와 아타나시우스 신조가 구속력이 있었다. 이들은 종교개혁을 통해 근본적 중요성을 다시

회복했다. → 신앙고백서

신앙고백서(루터파)[Bekenntnisschriften(lutherische)]: 루터파 교회 내에서 신앙고백서(구속력 있는 교의들의 집약)의 지위를 획득한 마르틴 루터와 필립 멜란히톤의 글이다. 초대 교회의 신앙고백들과 더불어(→ **신앙고백**) 복음주의 루터 교회의 신앙고백서 모음집(1580)에 수록되었다. 여기 수록된 것 중 《소교리문답》과 《대교리문답》(1529), 그리고 《슈말칼덴 신조》(1537년 판)는 루터가 작성했다.

아우구스티누스 은둔자 교단(Augustiner-Eremiten): 12-13세기에 개별적으로 생활하던 은둔자 집단에서 유래한 개혁교단이자 탁발수도회(→ **수도원 제도**)를 칭한다. 루터는 1505년 이 교단에 입회했다.

아우크스부르크 신앙고백 추종자(Augsburger Konfessionsverwandte): 독일제국에서 공식적으로 그리고 공문서에서 사용하던 개념으로, 1530년 아우크스부르크 제국의회 이래 루터 추종자들을 일컬었다. 이 제국의회에서 루터 추종자들은 멜란히톤이 작성한 《아우크스부르크 신앙고백》을 제출했다.

영방교회(Landeskirche), 영방군주의 교회 지배(Landesherrliches Kirchenregiment): 루터가 본래 '비상 주교'로만 생각했던 영방군주들이 새로 건설된 루터파 영방교회에서 감독과 통치를 넘겨받았다.

예배(Gottesdienst): 복음주의 및 루터파 예배에는 설교를 통한 하나님 말씀의 선포와 해석이 중심이 되었다. 반면 로마 가톨릭의 미사에는 성찬식 즉 영성체를 받는 것이 핵심 부분을 형성했다.

원죄(Erbsünde): → 죄

은총(Gnade): → 칭의

이단자(Ketzer): 공공연히 공식적인 주류 신앙의 가르침에서 이탈한 입장을 지닌 사람에 대한 오래된 표현. 이들은 중세와 근대 초기에 교회의 (→)**파문**과 국가의 (→)**법률 보호의 박탈** 위협을 받았다.

인문주의(Humanismus): 라틴어뿐만 아니라 그리스어와 히브리어의 집중 연구, 그리고 고전과 성경의 원어 강독을 강조하는 교육 및 지식 운동. 루터는 인문주의의 지식(고전어)을 이용했지만, 인문주의적 사고, 그리고 특히 인문주의의 대표자격인 로테르담의 에라스무스와는 점차 거리를 두었으며 결국 대립하는 상황에 이르렀다.

자유의지(Willensfreiheit): 로마교회와 그에 속한 인문주의자 에라스무스의 입장과 달리 루터는 (일상적인 행위에서가 아니라) 구원 사역에 있어서 자유의지의 존재를 철저히 부정했다. 그는 인간 스스로 구원을 위해 결정할 수 있는 가능성 또한 부정했다.

정통파(Orthodoxie): 그리스어 ὀρθοδοξία(orthodoxia, 바른 믿음)에서 유래. 종교개혁 시기 이후 출현한 (→)**루터파**, (→)**개혁파**, 로마 가톨릭(→ **가톨릭**) 교회 내부에서 생긴 신학적 분파를 의미한다. 이들은 바른 신학적 가르침을 공식화하는 데 우선적인 가치를 부여했다. 한편 이 용어는 부정적 의미로 완고함, 비관용을 뜻하기도 한다.

제국신분대표들(Reichsstände): 법적으로 단지 황제에게 종속되어 있으며, 실질적으로 황제 측에 속해 있는 구 독일제국의 정치 주역들이었다. 이들은 (→)**제국의회** 내부의 세 종류의 회의체(선제후협의회, 제국제후참사회, 제국도시참사회) 중 하나에 소속되어 표결권을 행사했다.

제국의회(Reichstag): 종교개혁 시기 제국의회들은 황제 혹은 그의 대리인이 (→)**제국신분대표들**(선제후들, 제후들, 제국도시들)과 더불어 중요한 정치적 사안을 결정했다. 제국의회는 주로 제국의 남쪽 지역에서 개최되었으며, 아우크스부르크와 레겐스부르크에서 그 빈도수가 가장 많았다.

종교개혁(Reformation): 1500년경 변혁 또는 개혁(reformation, 개선, 혁신)에 대한 요청은 독일의 국가적 차원, 특히 교회적 차원에서 매우 대중적이었다. 이와 같은 토대 위에서 개혁자 마르틴 루터가 촉발시킨 종교개혁(1517년 10월 31일 면죄부에 관한 95개 논제로 시작)이 진척되었다. 이것은 1555년 아우크스부르크 제국의회에서 루터파 교회(→ **아우크스부르크 신앙고백 추종자**)가 법적으로 인정받음으로써 종결되었다.

죄(Sünde)(원죄Erbsünde): 죄는 루터에게 한편으로 개인의 과오였지만, 다른 한편으로 인간이 인류의 타락(창세기 3장) 이후 대대로 벗어날 수 없었던 세력이었다(바울과 특히 교부 아우구스티누스의 '원죄론'에 따르면).

칭의(Rechtfertigung): 칭의론을 핵심으로 하는 루터의 신학은 죄인들을 의롭게 만들어 주시는 전적인 하나님의 은총(sola gratia, 오직 은총) 위에 세워졌다. 그와 관련하여 성경(sola scriptura, 오직 성경)은 무엇보다도 그리스도의 사건 즉 우리의 죄를 용서하기 위해 십자가에 달리신 예수(solus Christus, 오직 그리스도)에 대해 기록한다. 이것은 그리스도가 성령을 통해 역사했을 뿐 아니라 믿음(sola fide, 오직 믿음)을 선물로 주셨다는 사실을 붙잡는 것이다. 이로써 구원에 있어서 선행(예를 들면, 행위로 의롭다 함을 인정받는 일)과 같은 모든 인간적 참여는 철저하게 부정된다.

파문 교서(Bannbulle)(파문Bann): 교회의 파문 즉 신자들의 공동체로부터 대상자를 추방(특히 미사 참여와 성사의 배령으로부터 배제)에 처한다는 교황의 교서(Bulle). 후에는 파문(Exkommunikation)이라 칭했다.

프로테스탄트(Protestanten): 1526년 제1차 슈파이어 제국회의에서 보름스 칙령의 집행을 유예하기로 결정했으나, 1529년 제2차 슈파이어 제국의회에서 다수결로 그를 번복해 엄격히 실행하기로 결정하자, 공식적으로 이의를 제기해 저항했던 루터 추종자들을 칭하는 용어다.

황제(Kaiser): → 신성로마제국 독일 민족

회개(Buße): 회개(그리스어 μετάνοια/metanoia)의 성경적 개념은 전향, 회심을 의미하며, 가톨릭교회에서는 7가지 (→)**성사** 중 하나로, 죄로부터 용서[참회, 고해, 참회 고행, (→)**면벌**, 사면/사면선포 등]로 향하는 길을 뜻한다. 루터와 종교개혁을 수용한 교회에게 참회와 고해는 더 이상 성사가 아니었으나, 그리스도인의 삶에서는 중요한 기능을 한다.

인물 설명

황제와 대자본가

막시밀리안 1세(1459–1519): 독일 황제. 재임 기간 1493–1519년. 합스부르크가 출신.

카알 5세(1500–1558): 독일 황제. 재임 기간 1519–1556년. 합스부르크가 출신. 막시밀리안 1세의 손자. 유럽과 라틴아메리카에 걸친 대제국을 통치했고, 종교개혁에 대항해 싸웠으며, 1521년 루터에게 제국법의 보호 박탈을 선포했다.

푸거 2세, 야콥(1459–1525): 부호라 불렸다. 커다란 영향력을 갖고 있던 아우크스부르크 출신의 거상. 독일 황제, 교황 그리고 고위 귀족들의 돈줄을 대었던 은행가. 1519년 독일 황제 선출 때 카알 5세를 재정적으로 지원했다.

로마 교회: 고위 성직자와 신학자들

레오 10세(1475–1521): 본명은 조반니 데 메디치. 1513년 이래 교황으로 재임. 베드로 대성당 개축을 위해 면벌부 거래를 확대했으며, 1521년 루터를 파문에 처했다.

알브레히트 폰 브란덴부르크(1490–1545): 막데부르크와 마인츠의 대주교. 할버슈타트의 주교구관리자, 추기경(1518년 이래)이자 제국의 대제상. 테첼을 면벌부 설교자로 임명했다.

요하네스 에크(본래 성은 마이르Mayr 또는 마이어Maier, 1486–1543): 에크 출신. 잉골슈타트 대학의 신학교수. 구교 측을 대표하는 신학자로서 루터의 최대 정적이었다.

요하네스 테첼(1465경–1519): 도미니쿠스회 수도사. 면벌부 설교자. 1517년부터 알브레히트 폰 브란덴부르크의 관할하에 있는 막데부르크 관구의 면벌부 설교 총책임자로 활동했다.

요한 폰 슈타우피츠(1468경–1524): 여러 직책을 두루 거쳤던 아우구스티누스 은둔자 교단 소속 신부. 비텐베르크 대학 교수. 종교개혁 이전 루터의 고해신부.

종교개혁을 옹호한 영방군주와 영방제후(선제후령 작센과 헤센)

프리드리히 3세, 현명공(1463-1525): 1486-1525년까지 작센 선제후. 1502년 비텐베르크 대학 설립. 마르틴 루터를 지원하고 보호했다.

요한, 견실공(1468-1532): 1525-1532년까지 작센 선제후. 프리드리히 3세의 동생이자 그의 계승자. 선제후령 작센에서 종교개혁을 제도화했다.

요한 프리드리히 1세, 선량공(1503-1554): 1532-1547년까지 작센 선제후. 요한의 아들이며 계승자. 선제후령 작센의 종교개혁을 완성했다.

필립 1세, 선량백(1504-1567): 헤센 백작(1509/18-1567). 작센 선제후와 함께 종교개혁 초기 루터를 추종했다.

종교개혁자들

마르틴 루터(원래 성은 루더Luder, 1483-1546): 1517년 95개조 논제를 계기로 종교개혁을 주창했으며, 독일은 물론 그 외 다른 지역에까지 핵심적인 종교개혁자로 영향을 미쳤다. 1521년 교황으로부터 파문을 당했고, 황제로부터는 법의 보호를 박탈당했다.

필립 멜란히톤(본래 성은 슈바르츠에르트Schwartzerdt, 1497-1560): 인문주의자, 비텐베르크 대학 그리스어 교수. 루터의 친구이자 루터와 함께 독일에서 가장 중요한 종교개혁자.

토마스 뮌처(1489/90경-1525): 신학자. 처음에는 비텐베르크 종교개혁의 추종자였으나 후에 적이 됨. 1525년 농민전쟁의 지도자. 바트 프랑켄하우젠 전투 후 생포되어 고문을 당한 뒤 처형되었다.

카타리나 폰 보라(1499-1552): 수녀. 1525년 마르틴 루터와 결혼한 뒤 집안 살림을 책임졌다. 루터 부부는 여섯 자녀를 두었다.

요하네스 부겐하겐(1485-1558): 비텐베르크 시 목사이자 교수. 루터의 친구, 조언자, 고해신부. 북부독일 여러 지역에서 종교개혁자로 활동했다.

마르틴 부처(1491-1551): 신학자. 1523년 이후 스트라스부르에서 활동. 루터와 멜란히톤 다음으로 중요한 독일의 종교개혁가.

안드레아스 카알슈타트(원래 성은 보덴슈타인Bodenstein, 1480경-1541): 카알슈타트 출신. 비텐베르크 대학 교수. 1521-22년 사이 비텐베르크에서 종교개혁운동의 지도자로 활동했으나 루터와 결별. 바젤에서 사망.

장 칼뱅(1509-1564): 제네바의 종교개혁자(1541년 이후). 제네바와 스위스에서 시작하여 전 세계로 확대된 개혁파 교회의 건설자.

울리히 츠빙글리(훌드리히Huldrych, 1484-1531): 취리히의 종교개혁가. 특히 성찬문제로 루터와 열띤 논쟁을 벌였다.

그 외의 학자(인문주의자)와 예술가

데시데리우스 로테르담 에라스무스(1466/69-1536): 로테르담 출신으로 바젤에서 생활했던 신학자이자 유럽 최고의 인문주의자. 특히 신약성경 그리스어 원본의 비평본을 편집 발행.

루카스 크라나흐, 연로(1472-1553): 화가. 인쇄업자. 뒤러와 함께 독일 르네상스 회화를 대표하는 인물. 비텐베르크에 화가 공방과 인쇄소 소유. 일정 기간 비텐베르크 시장. 루터의 친구.

루카스 크라나흐, 연소(1515-1586): 루카스 크라나흐의 아들 중 하나. 아버지의 화가 공방을 계승해 운영했다.

알브레히트 뒤러(1471-1528): 화가, 소묘 및 동판 화가. 독일 르네상스 회화를 대표하는 인물. 뉘른베르크 시 참사회원을 역임했고, 루터와 종교개혁의 추종자였다.

한스 작스(1494-1576): 뉘른베르크의 작가. 수공업자이자 시민계층 출신의 작가. 1523년 〈비텐베르크의 나이팅게일〉이라는 시에서 루터를 찬양했다.

연표

1483년 11월 10일	마르틴 루터(원래는 루더)가 만스펠트 백작령의 아이스레벤 시에서 출생.
11월 11일	세례를 받았다.
1484–97년	루터가 만스펠트에서 성장. 그곳에서 처음으로 학교를 다녔다.
1497–1501년	막데부르크와 아이스레벤의 성당학교에서 라틴어를 배웠다.
1501–05년	에어푸르트 대학에서 철학 기초 과정을 마쳤다.
1505년 초	에어푸르트 대학에서 법학 공부를 시작했다.
7월 2일	슈토터른하임에서 벼락에 두려움을 느껴 수도사가 되겠다고 서원했다. 그로부터 6주 후 에어푸르트에 있는 아우구스티누스 은둔자 교단에 입회했다.
1507년 초	사제로 서품을 받았다. 첫 번째 미사를 주재한 후 신학 공부를 시작했다.
1508–9년	작센 선제후 현명공 프리드리히가 몇 해 전에 세운 비텐베르크 대학에서 1년간 학습했으며, 동시에 그곳에서 철학 강의를 담당했다. 가을에 에어푸르트로 돌아갔다.
1510–11년	수도회의 업무를 수행하기 위해 로마로 여행했다(늦가을에서 연초까지).
1511년 9월	다시 비텐베르크에 있는 교단 수도원으로 전근을 갔다.
1512년 10월 중순	신학 박사학위를 받았다. 비텐베르크 대학 신학 교수가 되었으며, 수도원에서는 부원장직을 맡았다.
1513년 이후	본격적인 성경 강의를 시작했는데, 구약의 시편과 신약의 바울 서신(로마서와 갈라디아서)을 강의했다.
1513년	레오 10세, 교황으로 선출되었다(1521년 사망).
1514년경	비텐베르크 시 참사회가 루터를 시 교회의 설교자로 청빙했다.
1515–18년경	루터가 10여 개의 수도원을 감독하는 교구사제가 되었다. 이 무렵 루터는 훗날 완성한 칭의론의 골자를 '발견'했다(소위 '탑 체험').
1517년 10월 31일	'면벌부에 대한 95개조 논제'를 발송했고, 공개했다.
1518년	로마에서 루터에 대한 이단 소송 진행.
가을	카제탄 추기경이 아우크스부르크에서 루터 심문.
여름	필립 멜란히톤이 비텐베르크 대학에 교수로 부임했다. 곧 루터의 동지가 되었다.

1519년 여름	라이프치히에서 마르틴 루터와 동료 안드레아스 카알슈타트가 구교 신학자 요하네스 에크와 논쟁했다(라이프치히 논쟁).
6월 28일	선제후들이 카알 5세를 독일 황제(1519-1556)로 선출했다.
1520년 6월 15일	교황 레오 10세가 루터에 대한 〈파문 교서〉를 공표했다. 종교개혁 3대 논문으로 불리는 《독일 그리스도교 귀족에게》(8월), 《교회의 바벨론 포로》(10월), 《그리스도인의 자유》(11월) 등과 그 외 《선행에 대한 설교》 등을 발표했다.
12월 10일	루터와 그의 추종자들은 교황의 〈파문 교서〉들 공개적으로 불태웠다.
1521년 1월 3일	루터에 대한 교황의 〈파문 교서〉가 실행되었다.
4월 17-18일	보름스 제국의회 청문회에서 황제와 제국신분대표들 앞에서 저작들의 주장을 취소하라는 요구를 거부했다.
5월 8일/26일	황제 카알 5세의 보름스 칙령이 포고되어 루터와 그의 추종자들에 대한 법률의 보호가 박탈되었다. 5월 4일부터 루터는 신분을 숨기고 융커 외르크로 변장하여 아이제나흐 근처 바르트부르크 성에 체류했다. 이곳에서 신약성경을 독일어로 번역했다(1522년 9월 초판 인쇄. 일명 《9월 성경》).
1522년 3월 초	루터가 비텐베르크로 귀환했다. 사순절 첫 일요일부터 이어진 일련의 설교에서 교회의 성상 제거 등 과격한 개혁에 반대했다.
1523년	수도회 동료이자 루터 추종자 2명이 브뤼셀에서 이단자로 화형당했다. 《세속 정부에 대하여》 소위 두 정부론을 발표했다.
1524년	안드레아스 카알슈타트와 토마스 뮌처 등 급진 개혁자들과 논쟁.
1524-25년	농민봉기 발발.
1525년 4월	슈바벤 농민의 12개조 요구에 대하여 루터는 《평화를 위한 훈계》를 발표했다.
5월	이어 《도적질을 일삼는 농민들에 반대하여》를 발표했다.
5월 15일	봉기한 튀링엔 농민들이 프랑켄하우젠 전투에서 패배했다.
6월 13일	루터가 수녀였던 카타리나 폰 보라와 결혼. 《노예 의지에 대하여》를 발표했다. 이 글은 에라스무스의 《자유의지에 대하여》(1524)를 비판한 글이다. 루터가 평범한 민중들의 호의를 상실했지만 종교개혁은 독일 내에서 계속 확대되었다.
1525-26년	《독일 미사와 예배 규정》 발표.
1526년	《전사들과 그들의 신분에 대하여》 발표.
1527-28년	성찬에 대하여 루터와 츠빙글리가 격론을 벌이며 대립했다.
1528년	루터가 멜란히톤의 《시찰자들을 위한 지침서》에 서문을 썼다.
1529년	《소교리문답》, 《대교리문답》, 《투르크 문제에 대하여》 발표.
4월 19일	제2차 슈파이어 제국의회에서 보름스 칙령의 실행을 재의결하자, 복음주의 진영

	의 신분대표들이 항의했다(여기서 '항의하는 자'라는 의미의 '프로테스탄트' 명칭 유래).
10월	루터와 츠빙글리 등 주요 개혁자들이 논란이 되던 성찬 문제를 논의하기 위해 모인 마부르크 종교담화가 합의에 이르지 못하고 종료되었다.
1530년 연초–가을	아우크스부르크 제국의회가 열린 기간에 루터는 코부르크 성에 체류했다. 멜란히톤, 《아우크스부르크 신앙고백》을 제출했다.
1530년대	독일과 북유럽 국가들에 루터의 종교개혁이 계속 확산되었다. 복음주의 영방교회 건설.
1531년	선제후령 작센과 헤센의 주도로 루터파의 군사적 방어동맹 '슈말칼덴 동맹' 결성.
1534년	루터가 번역한 《독일어 성경》 신구약 전권이 비로소 출판되었다.
1536년	비텐베르크와 남부 독일의 신학자들 특히 스트라스부르의 마르틴 부처 사이에 성찬에 대한 문제에 일치를 보았다. 《비텐베르크 일치신조》 발표. 루터, 《슈말칼덴 신조》(1536년 말 집필. 1537년과 1538년판 출판).
1538년	구교 제후들 중 일부, 프로테스탄트에 대항하여 〈뉘른베르크 동맹〉을 결성했다.
1539년	《루터 독일어 전집》 제1권이 출판되었다.
1540년대	루터는 말년에 질병들과 우울증에 시달렸다.
1543년	《유대인과 그들의 거짓말에 대하여》 출판.
1545년	《루터 라틴어 전집》 제1권 출판. 《악마가 세운 로마 교황에 대항하여》 출판.
1546년 초	만스펠트 백작의 법정분쟁을 중재하기 위해 마지막으로 고향 지역을 방문했다.
2월 18일	고향 도시 아이스레벤에서 사망했다.
2월 22일	비텐베르크 성 교회에 안장되었다.
1546–47년	슈말칼덴 전쟁에서 황제가 프로테스탄트 진영에 대해 승리했다.
1555년	아우크스부르크 평화조약에서 《아우크스부르크 신앙고백》을 추종하는 루터파가 구교(로마 가톨릭)와 동등한 종파로 인정되었다. 영방군주가 신민의 종교를 결정하는 권한을 지녔다(군주의 종교가 그 지역의 종교 cuius regio, eius religio).

도판 출처

akg-images: 그림 1, 2a, 7, 12, 21, 27, 32, 33, 35, 39, 46.

© Berthold Steinhilber, Stuttgart: 그림 4

akg-images/Nimatallah: 그림 8

© Ruth Hartmann, Rosenfeld: 그림 9

cinetext: 그림 18

베르너 튑케(Werner Tübke): 〈농민전쟁 파노라마〉(일부). © VG Bild-Kunst, Bonn 2008/akg-images: 그림 23

베르너 튑케: 〈농민전쟁 파노라마〉(일부). © VG Bild-Kunst, Bonn 2008/akg-images: 그림 24

© 작센안할트 루터 기념재단: 그림 37, 41, 52, 5쪽

하인츠 찬더(Heinz Zander): 〈마르틴 루터〉 © VG BILD-KUNST, Bonn 2008: 그림 44

우베 파이퍼(Uwe Pfeiffer): 〈루터의 탁상담화〉(중간 부분) © VG BILD-KUNST, Bonn 2008: 그림 47

헤르만 킨더(Werner Kinder)/베르너 힐게만(Werner Hilgemann): dtv-Atlas Weltgeschichte Bd.1. 그래픽 하랄트와 루트 부코 © 1964 DTV 출판사, München: 그림 53

미하엘 마티아스 프레히틀(Michael Mathias Prechtl): 〈내면이 완벽한 마르틴 루터〉(1983). © 프리들 프레히틀 추렉(Frydl Prechtl-Zuleeg): 그림 56

* 저작권이 불분명한 도판은 확인되는 대로 정해진 절차를 따르겠습니다.

참고문헌 해설

매년 마르틴 루터와 종교개혁에 관하여 500권 이상의 책이 거의 세계 모든 언어로 새로이 출판되고 있다.

마르틴 루터 원전

현대 독일어로 쓰인 여러 권으로 된 전집 세 종류가 일반적으로 가장 사용하기 편리하다.

- *Calwer Luther-Ausgabe*(10권). Hg. von W. Metzger. Neuhausen-Stuttgart: Hänssler 1996 (슈투트가르트 Calver 출판사의 저작권 취득판).

- Luther, Martin: *Ausgewählte Schriften*. 6 Bände. Hg. von K. Bornkamm und G. Ebeling. Frankfurt/Main: Insel Taschenbuch, 2. Aufl. 2000.

- *Luther Deutsch. Die Werke Luthers in Auswahl*(10권, 목록과 루터 사전 첨부). Hg. von K. Aland. Göttingen: Vandenhoeck & Ruprecht 1991.

- 학술적 표준으로 인정되는 일명 《바이마라나(Weimarana)》(WA)는 고가일 뿐 아니라, 광범위한 사료의 양과 원전 언어(라틴어, 루터 시기의 독일어)이라는 특징 때문에 단지 학문적인 활동을 하는 학자들에게만 그 중요성을 지닌다고 할 수 있다. 이외에 상당한 학문적인 수준을 담보하는 것으로 최근에 오토 클레멘(Otto Clemen), 한스 울리히 델리우스(Hans-Ulrich Delius), 빌프리트 헤를레(Wilfried Härle)가 편집한 3종류의 루터 선집이 있다.

루터의 저술에 대한 단행본과 단권으로 된 선집류

이와 관련해서는 수많은 책이 있다. 논점과 구성이 다양한 책들이 계속 출판되고 있어서 모두 나열할 수는 없지만, 루터의 《탁상담화》를 유용한 편집의 사례로 언급할 수 있다.

- Luther, Martin, *Tischreden*. Hg. von K. Aland. Stuttgart: Reclam 1986.

이해하기 쉽게 소설화된 루터의 전기

- Diwald, Helmut, *Eine Biografie*. Bergisch-Gladbach: Lübbe 3. Aufl. 1986(루터가 지니고 있는 불변의 가치에 대해 묻고 있는 읽을 만한 전기).

- Friedenthal, Richard, *Luther. Sein Leben und seine Zeit*. München: Piper 13. Aufl. 2005(루터와 그의 시대에 관하여 흥미롭고 이해하기 쉬우면서도 포괄적으로 서술).

- Gronau, Dietrich, *Luther. Revolutionär des Glaubens*. Kreuzlingen: Hugendubel 2006(간략하지만 이해하기 쉬운 서술).

- Herrmann, Horst, *Martin Luther. Eine Biografie*. Berlin: Aufbau Taschenbuch 4. Aufl. 2006(긴 장감 있고 전체적으로 이해하기 쉬운 전기).

- Lilje, Hanns, *Martin Luther. Reinbeck*: Rowohlt Monografie 24. Aufl. 2003(좋은 내용, 흑백 그림, 약간 구식의 전기).

- Schorlemmer, Friedrich, *Hier stehe ich — Martin Luther.* Berlin: Aufbau 2. Aufl. 2003(풍부한 삽화, 그림 일부는 루터 영화의 스틸이다).

- Steinwede, Dietrich, *Martin Luther.* Düsseldorf: Patmos 2006(청소년에게 적합한 내용에 풍부한 삽화로 잘 편집된 책이나 내용은 그다지 흥미진진하지 않다).

- Wehr, Gerhard, *Luther.* Krezlinger: Hugendubel 2004(읽기 좋으며, 내용이 포괄적이며 구성이 좋다).

- Zitelmann, Arnulf, *Widerrufen kann ich nicht! Die Lebensgeschichte des Martin Luther.* Weinheim, Basel: Beltz 5. Aufl. 2008(긴장감 있게 쓰인 전기. 청소년에게도 적합하다).

다른 종교개혁자들과의 관련성을 지닌 루터 전기

- Dietrich, Veit-Jakobus, *Die Reformatoren.* Reinbek: Rowohlt Monografien 2002.

- Kaufmann, Thomas, *Reformatoren.* Göttingen: Vandenhoeck & Ruprecht 1998.

현재도 남아 있는 루터의 흔적으로 추적한 인간 루터에 관한 책

- Dithmar, Reinhard, *Auf Luthers Spuren. Ein biografischer Reiseführer.* Leipzig 2006.

- Heling, Antje, *Zu Haus bei Martin Luther. Ein alltagsgeschichtlicher Rundgang.* Wittenberg: Stiftung Luthergedenkstätten 2003.

- Joestel, Volkmar, *Legenden um Martin Luther und andere Geschichten aus Wittenberg.* Berlin 1998.

- Treu, Martin, *Martin Luther in Wittenberg. Ein biografischer Rundgang.* Wittenberg: Stiftung Luthergedenkstätten 2003.

- Wolf, Manfred, *Eine Frage noch, Herr Luther…. Interview mit einem Ketzer.* Leipzig: Evangelische Verlagsanstalt 2004.

- Wolf, Manfred, *Thesen und andere Anschläge. Anekdoten–Essays–Episoden um Martin Luther.* Leipzig: Evangelische Verlagsanstalt 2005.

VHS-Video, DVD, CD-Rom

- Junghans, Helmar, *Martin Luther. 1483-1546.* Multimedia-CD Rom. Neuhausen-Stuttgart: Hänssler 1998.

- Till, Eric, *Luther.* 영화. BRD 2003. VHS Video, DVD 출시.

문학 작품

- Forte, Dieter, *Martin Luther & Thomas Müntzer oder Die Einführung der Buchhaltung*(1971). Frankfurt/Main: Fischer 4. Aufl. 2002.
- Opitz, Detlef, *Kilo, ein Wirbel um L. Roman*. Göttingen 1996.
- Osborne, John, *Luther*(1961). London: Faber & Faber 1988(재판).

오늘날의 루터 연구가들이 집필한 학술적 의견이 내포된 전기
— 단순한 독서뿐 아니라 참고문헌으로도 적합하다.

- Beutel, Albrecht, *Martin Luther. Eine Einführung in Leben, Werk und Wirkung*. Leipzig 2. verb. Aufl. 2006(읽기 좋다).
- Brecht, Martin, *Martin Luther*(3 Bände). Stuttgart 1987(학문적인 기반을 지닌 연구서로 매우 풍부하고 포괄적인 내용을 담고 있다).
- Kaufmann, Thomas, *Martin Luther*. München: Beck'che Reihe 2006(간략하고 일목요연하다).
- Leppin, Volker, *Martin Luther*. Darmstadt 2006(풍부하며 수준 높은 내용을 담고 있다).
- Schwarz, Reinhard, *Luther. Studienausgabe*. Göttingen 3. Aufl. 2004(학술적 측면에서 함축성 있게 개관한다).

학술적 입장에서 루터의 저술(특히 신학적 저술)을 총체적으로 연구한 책

- Bayer, Oswald, *Martin Luthers Theologie. Eine Vergegenwärtigung*. Tübingen 3. Aufl. 2007.
- Lohse, Bernhard, *Luther's Theologie in ihrer historischen Entwicklung und in ihrem systematischen Zusammenhang. Studienausgabe*. Göttingen 1995.
- Mauer, Ernstpeter, *Luther*. Freiburg: Herder Spektrum Meisterdenker 1999.

새로운 관점으로 서술한 종교개혁사

- Decot, Rolf, *Kleine Geschichte der Reformation in Deutschland*. Freiburg 2005.
- Mörke, Olaf, *Die Reformation. Voraussetzung und Durchsetzung*.(Enzyklopädie deutscher Geschichte, Band 74.) München 2005.
- Reinhard, Wolfgang, *Probleme deutscher Geschichte 1495–1806. Reichsreform und Reformation 1495–1555*.(Gebhardt Handbuch der deutschen Geschichte. 10., völlig neu bearb. Aufl. hg. von Wolfgang Reinhard.) Stuttgart 2001.
- Schnabel-Schüle, Helga, *Die Reformation 1495–1555. Politik mit Theologie und Religion*. Stuttgart 2006.

인명 색인

ㄱ

게르하르트, 파울루스 234
골비처, 헬무트 202
괴테, 요한 볼프강 폰 10-11, 71, 231, 236
구텐베르크, 요하네스 39

ㄴ

니체, 프리드리히 71, 208

ㄷ

뒤러, 알브레히트 44, 84, 116
디크만, 크리스토프 163
디트리히, 에두아르트 149

ㄹ

라이펜슈타인 220
라이히트, 로베르트 227
라파엘로 34
레너르트, 위르겐 213
레네 숙모 146
레싱, 고트홀트 에프라임 157
레오 10세 27, 33-34, 65
로가우, 프리드리히 폰 235
로트, 게르하르트 106
뢰러, 게오르크 160, 162

루더, 마아가레테 17, 20
루더, 한스 17, 19, 20, 46
루터, 마가레테 145
루터, 막달레네(렌헨) 145
루터, 엘리자베트 144
루터, 요하네스(한스) 144
루프트, 한스 109, 175, 179
릴예, 한스 102

ㅁ

마키아벨리, 니콜로 34
마르크스, 카알 235
막시밀리안 1세 26, 78
만, 토마스 10, 231
멘델스존 바르톨리, 펠릭스 21
멘첼, 아돌프 폰 143
멜란히톤, 필립 60, 86, 91, 102, 109, 127-130, 133-139, 186-188, 193, 200, 208, 223, 241
뮌처, 토마스 41, 90, 93-95, 100, 102, 235
미켈란젤로 51, 172
밀티츠, 카알 폰 65

ㅂ

바울 11, 53-54, 67, 97, 167, 184, 222
바흐, 요한 세바스티안 232
베를리힝엔, 괴츠 폰 95
베촐트, 프리드리히 폰 231
보라, 카타리나 폰 102-103, 143, 163
보르자 가문의 알렉산더 6세 33
보른캄, 하인리히 180
보스, 히에로니무스 37
보이텔, 알브레히트 238

본회퍼, 디트리히　232, 233
부겐하겐, 요하네스　98, 140, 162, 222
부처, 마르틴　133, 134
브란덴부르크, 카지미어 폰　99
브란덴부르크, 알브레히트 폰　60, 62
브뤼헬, 피터　225
브루노, 지오다노　138

ㅅ

성 엘리자베트　86
쇼른-쉬테, 루이제　237
술레이만 2세　27
슈바이처, 알베르트　233
슈타우피츠, 요한 폰　48, 56
슈티펠, 미하엘　217
슈팔라틴, 게오르크　156, 187

ㅇ

아그리콜라, 요한　140, 141
아우구스티누스　222
알레안더　13, 77
에라스무스, 데시데리우스 로테르담　38, 73, 103-105, 140, 186, 219, 241
에크, 요하네스　65, 182, 253
엥겔스, 프리드리히　235
옌스, 발터　81
오버만, 하이코　237, 238
요나스, 유스투스　102, 139, 140
요한(견실공)　109, 113, 254
요한 프리드리히 1세(선량공)　113, 254
위클리프, 존　38
율리우스 2세　33

이솝　186

ㅈ

작스, 한스　116, 255
제베르거, 볼프강　151
쥘레, 도로테　233
지킹엔, 프란츠 폰　94-95

ㅊ

찬더, 하인츠　175
츠빙글리, 울리히　117, 118-123, 254

ㅋ

카알 5세　25-27, 40, 78, 83, 223, 228, 253
카알슈타트, 안드레아스　65, 91, 254
카제탄(추기경)　64-65
칸트, 임마누엘　231
칼뱅, 장　120, 135, 254
케플러, 요하네스　232
켈만, 다니엘　56
코르다투스, 콘라트　154
코페르니쿠스, 니콜라우스　40
코흘래우스, 요하네스　238
콜, 헬무트　73
콜하제, 한스　152
쾽, 한스　67
크라나흐, 루카스(연로)　10, 20, 43, 55, 85, 102, 109, 113, 122, 127, 160, 161, 193, 255
크라나흐, 루카스(연소)　55, 69, 140, 168, 255
크루키거, 카스파르　140
키르케고르, 쇠렌　233

ㅌ

타르트, 마르턴　214
테첼, 요하네스　61-62, 187, 253
투만, 파울　77
튑케, 베르너　89
트라이슈케, 하인리히 폰　231
틸, 에릭　21, 59
틸리히, 파울　239

ㅍ

파라켈수스　41
파이퍼, 우베　189
페브르, 뤼시앵　107, 238
페쉬, 오토 헤르만　240
페터, 콘라트　154
포르테, 디터　21, 41
포이어바흐, 루트비히　171
폰타네, 테오도르　66
폴머, 안테　50
푸거, 야콥　39, 40, 41, 62, 63, 78, 100, 253
프랑수아 1세　27, 78
프랑크, 세바스티안　197
프레히틀, 미하엘 마티아스　227
프로이스, 한스　232
프리드리히 3세(현명공)　61, 65, 77, 78, 113, 254
필립 1세, 선량백　113, 115, 117, 119, 254

ㅎ

하드리누스 6세　34
하이네, 하인리히　219
헤르더, 요한 고트프리트　182, 205
헨리 8세　26, 74
헬트, 게오르크　148
호퍼, 다니엘　72
홀바인, 한스　25
후스, 얀　38, 65
후텐, 울리히 폰　35, 66, 94
히틀러, 아돌프　201, 214, 232-233

지명 색인

ㄴ

남아메리카 27
네덜란드 27, 34, 135
뉘른베르크 34, 82, 115, 116, 129, 133
뉴욕 63

ㄷ

다마스쿠스 54
덴마크 135
동프로이센 145
드레스덴 151

ㄹ

라이프치히 86, 143, 176, 232, 236
란다우 95
레겐스부르크 209
로마 28, 33, 35, 50-52

ㅁ

마부르크 29, 117, 118, 129
마인츠 62
막데부르크 19, 62
만스펠트 17, 19, 29, 220, 224, 239
만투아 134, 136
멕시코 27
모라비아 38

뮌스터 83, 231
뮐베르크 223

ㅂ

바르트부르크 84, 86, 92, 127, 187, 218, 222, 239
바이에른 210
바젤 176, 216
바트 프랑켄하우젠 89, 100
발츠후트 95
발칸반도 27, 28
베를린 202, 213
보름스 25, 78-80, 82, 90, 116, 127, 132, 198, 209, 222, 227
보헤미아 27, 38, 153, 219
부르고뉴 왕국 27
북아메리카 135
뷔르템베르크 134
브란덴부르크 62, 134
비텐베르크 28, 52, 56, 60, 67, 90, 102, 119, 133, 134, 146, 162, 171, 176, 202, 212, 218, 221, 239

ㅅ

슈말칼덴 83, 133-136, 188, 209, 223
슈바벤 95, 96
슈토터른하임 43, 53
슈튈링엔 95
슈파이어 82, 116, 129
스웨덴 135
스위스 117, 119, 170, 229
스칸디나비아 210, 229
스코틀랜드 135
스트라스부르 117, 120, 133, 176

스페인 27

ㅇ

아우크스부르크　28, 39, 64, 82, 127, 130, 176, 209, 229-230
아이스레벤　17, 21, 29, 220, 235
아이제나흐　19, 21, 84
알사스　96
에어푸르트　22, 43, 45, 79, 239
오스나브뤼크　83, 231
오스트리아　27, 236
이탈리아　27, 33, 70
잉골슈타트　65
잉글랜드　26, 74

ㅈ

작센　28, 94, 109, 114, 133, 216
제네바　119, 135

ㅊ

취리히　117, 123
츠비카우　100, 154

ㅋ

코부르크　29, 128, 205
코부르크 성　128
콘스탄츠　65, 117
쾰른　28

ㅌ

토르가우　29, 51
튀니지　28
튀링엔　86, 96, 219
튀빙엔　81
트렌토　137, 210
트리어　36, 97

ㅍ

파리　74
페루　27
포메른　134, 139, 235
프라하　232
프랑스　27, 78, 135, 144, 236, 238
프랑켄　95, 96
프랑크푸르트　63, 82, 133
프로이센　134, 231, 236
플로센뷔르크　233
핀란드　135

ㅎ

하게나우　209
하이델베르크　28, 68
할레　236
할버슈타트　61, 62
함부르크　233
헝가리　27
헤센　113, 114, 133, 208

마르틴 루터와 그의 시대

MARTIN LUTHER
Sein Leben und seine Zeit

2017. 10. 17. 초판 1쇄 인쇄
2017. 10. 25. 초판 1쇄 발행

지은이 파이트-야코부스 디터리히
옮긴이 박흥식
펴낸이 정애주
국효숙 김기민 김의연 김준표 김진원 박세정
송승호 오민택 오형탁 윤진숙 이한별 임승철
임진아 정성혜 차길환 최선경 한미영 허은
펴낸곳 주식회사 홍성사
등록번호 제1-499호 1977. 8. 1.
주소 (04084) 서울시 마포구 양화진4길 3
전화 02) 333-5161
팩스 02) 333-5165
홈페이지 www.hsbooks.com
페이스북 facebook.com/hongsungsa
양화진책방 02) 333-5163

MARTIN LUTHER. Sein Leben und seine Zeit by Veit-Jakobus Dieterich
ⓒ 2008 Deutscher Taschenbuch Verlag GmbH&Co. KG, Munich/Germany
Korean Translation Copyright ⓒ 2017 Hong Sung Sa Ltd.
All rights reserved.
The Korean language edition is published by arrangement with
Deutscher Taschenbuch Verlag GmbH&Co. KG
through MOMO Agency, Seoul.

ⓒ 홍성사, 2017

이 책의 한국어판 저작권은 모모 에이전시를 통해 Deutscher Taschenbuch Verlag
GmbH &Co. KG와의 독점 계약으로 (주)홍성사에 있습니다.
신저작권법에 의하여 한국 내에서 보호받는 저작물이므로 무단전재와 무단복제를 금합니다.

- 잘못된 책은 바꿔 드립니다.
- 책값은 뒤표지에 있습니다.
- 이 도서의 국립중앙도서관 출판예정도서목록(CIP)은 서지정보유통지원시스템 홈페이지
  (http://seoji.nl.go.kr)와 국가자료공동목록시스템(http://www.nl.go.kr/kolisnet)에서 이용하실 수
  있습니다.(CIP제어번호: CIP2017026578)

ISBN 978-89-365-0349-9 (03230)